现代数控技术

主　编　任小中
副主编　翟梽锦

北京理工大学出版社
BEIJING INSTITUTE OF TECHNOLOGY PRESS

内 容 简 介

本书遵循"重基础、精内容、强实践"的原则，吸取国内外同类教材的精华，在编写上，立足于数控理论知识和实际应用技术相结合，精选课程内容，融加工工艺、数控原理、编程、数控装备结构于一体，力求使学生真正掌握本课程的专业知识和实用技能。本书共 6 章，包括数控技术及装备概述、数控加工工艺与数控编程、计算机数控系统、数控机床伺服系统、数控机床的位置检测装置、数控机床机械结构等。各章后均附有一定量的思考与练习。

本书内容全面、重点突出、编写形式新颖，既可作为机械工程类和近机械类专业本科、专科生的教学用书，也可作为机械制造行业从事数控产品开发和智能制造的科技工作者的参考用书。

图书在版编目（CIP）数据

现代数控技术 / 任小中主编. --北京：北京理工
大学出版社，2022.7
　　ISBN 978-7-5763-1471-7

　　Ⅰ. ①现… Ⅱ. ①任… Ⅲ. ①数控技术-高等学校-
教材 Ⅳ. ①TP273

　　中国版本图书馆 CIP 数据核字（2022）第 118388 号

出版发行 / 北京理工大学出版社有限责任公司	
社　　址 / 北京市海淀区中关村南大街 5 号	
邮　　编 / 100081	
电　　话 / （010）68914775（总编室）	
（010）82562903（教材售后服务热线）	
（010）68944723（其他图书服务热线）	
网　　址 / http：//www.bitpress.com.cn	
经　　销 / 全国各地新华书店	
印　　刷 / 北京广达印刷有限公司	
开　　本 / 787 毫米×1092 毫米　1/16	
印　　张 / 14	责任编辑 / 李　薇
字　　数 / 333 千字	文案编辑 / 李　硕
版　　次 / 2022 年 7 月第 1 版　2022 年 7 月第 1 次印刷	责任校对 / 刘亚男
定　　价 / 68.00 元	责任印制 / 李志强

图书出现印装质量问题，请拨打售后服务热线，本社负责调换

数控技术是先进制造技术的核心技术，是高端装备的使能技术，是衡量一个国家国际竞争力的重要标志。数控技术涉及的知识面广，工程应用性强，相关教材的更新速度快，为了适应数控技术日新月异的发展形势和企业岗位的实际需要，根据应用型本科院校人才培养要求，我们编写了这本《现代数控技术》教材。

本书本着"重基础、精内容、强实践"的原则，吸取国内外同类教材的精髓，重视基础理论和方法，强化理论和工程实践的融合，力求将现代数控技术与装备的基本知识、基本理论与制造业发展的新技术、新方法有机融合，以与当前企业对数控人才的需求相适应。全书按照数控基础—数控编程—数控、伺服控制系统—数控装备的层次架构，强调数控应用能力的培养，以内容的系统性、先进性、实用性和完整性，更好地反映机械行业的发展需要。

本书共6章。第1章为数控技术及装备概述，主要介绍数控机床的工作原理、组成与分类，以及现代数控技术的发展趋势。第2章为数控加工工艺与数控编程，主要介绍数控编程的基础知识和数控机床的编程技术。第3章为计算机数控系统，主要介绍计算机数控系统组成、可编程逻辑控制器、数控系统插补原理和刀具补偿原理。第4章为数控机床伺服系统，主要介绍常用的伺服驱动装置和典型伺服系统。第5章为数控机床的位置检测装置，主要介绍位置检测装置的工作原理和应用。第6章为数控机床机械结构，主要介绍数控机床的结构特点、数控机床的主传动装置和进给传动装置、数控回转工作台和自动换刀机构。本书具有以下特色：

（1）知识架构清晰。全书结构安排简洁合理、主干清晰、层次分明、循序渐进。

（2）内容全面，突出"现代"。删除过时知识，引入新的数控技术，注重学科的交叉融合。

（3）理论联系实际，注重综合素质培养。注重介绍数控原理、方法和技术，强调实例教学，坚持理论联系实际，培养学生分析和解决实际问题的能力，为学生毕业后择业奠定宽泛的专业基础。

（4）配套齐全。本书配有电子课件，还有章后的主要习题解答。

本书由黄河交通学院任小中教授任主编，翟梽锦任副主编。参加本书编写的还有黄河交通学院张光光、乔自强。具体编写分工：任小中（绪论、第1章、第2章、第6章）；翟梽锦（第3章）；张光光（第4章）；乔自强（第5章）。全书由任小中负责统稿。

本书参考了国内外出版的一些教材，谨在此向有关作者表示诚挚的谢意！并向所有关心和帮助本书出版的人表示感谢！

由于编者水平有限，书中难免有疏漏和不当之处，敬请各位专家和广大读者批评指正。

编　者

2022 年 3 月

目 录

绪　论

0.1　数控技术及其在机械制造业中的地位

0.1.1　制造与制造技术

在工业化国家，科学技术和生产力主要体现在制造业中。制造业作为各行各业的基础和生产力的一种表现形式，对于一个国家综合国力和国际地位的提高有着至关重要的地位。随着科学技术的飞速发展，社会对产品多样化的要求日益强烈，产品更新换代越来越快，多品种、中小批量生产的比重明显增加。同时，随着航空、汽车、军事、海洋和轻工业等领域消费品生产的高速增长，复杂形状的零件越来越多，精度要求也越来越高。图0-1所示的航空发动机以及透平机上的叶轮，不仅形状复杂，精度要求也相当高。此外，激烈的市场竞争要求产品研制周期越来越短。传统的加工设备和技术已经难以适应这种多样化、柔性化与复杂形状零件的高效高质量的加工要求。工欲善其事，必先利其器。制造业要能制造出满意的产品，必须采用先进的技术与装备。数控技术及装备能方便地改变加工工艺参数，能高质量地完成普通机床难以完成的复杂零件和零件曲面形状的加工。因而当今世界各国制造业广泛采用数控技术，以提高制造能力和水平，提高对动态多变市场的适应能力和竞争能力。

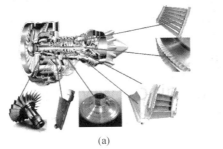
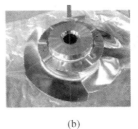

(a)　　　　　　　　　　　　　　　(b)

图0-1　航空发动机与叶轮

（a）航空发动机；（b）叶轮

1. 数控技术与数控装备

数控技术是数字控制（Numerical Control，NC）技术的简称，是用数字化的信息对机械运动和工作过程进行控制的技术。如今所说的数控是指计算机数控（Computer Numerical Control，CNC）。现代数控技术是集传统的机械制造技术、计算机技术、传感检测技术、信息处理技术、网络通信技术、光机电技术于一体的现代制造业基础技术，具有高精度、高效率、高柔性等特点。计算机软件替代早期使用纯硬件电路组成的数控装置，使得输入数据的存储、处理、判断、运算等功能均由现场可编辑的软件来完成，极大增强了机械制造的灵活性和设备的工作效率。

数控装备是指采用数控技术对机械设备的工作过程进行控制的装备，它是以数控技术为代表的新技术对传统制造产业和新兴制造业的渗透形成的机电一体化产品。数控技术应用最早、最成功的行业是制造业，最典型的代表是数控机床。目前，数控技术已被广泛应用于国民经济各行业的生产设备和成套技术装备。例如，制造业的工业机器人，医疗行业的CT机，电子制造行业的光刻机，轻工业的多色印刷机和木工机械等都是各行业典型的数控装备。数控技术已覆盖很多领域，如机械制造技术，信息处理、加工和传输技术，自动控制技术，伺服驱动技术，传感器技术以及软件技术等。

2. 数控技术及装备的重要性

（1）数控技术及装备是制造业实现自动化、柔性化、集成化生产的基础。工业化国家把提高制造业水平作为提高综合实力和竞争力的重要源泉。随着科学技术的迅猛发展，制造业正向自动化、柔性化、集成化、智能化方向发展。这些技术的应用，将对制造业乃至整个国民经济产生巨大影响，而这些技术和系统的研制与发展均是以数控技术与数控装备为基础的。现代的CAD/CAM、FMS、CIMS等都建立在数控技术之上，离开了数控技术，先进制造技术就成了无本之木。

（2）数控技术是提高产品质量和劳动生产率必不可少的物质手段。数控技术改变了产品的传统制造方式和理念。对于数控加工，在对零件进行工艺分析后，即可进行数控编程和仿真加工。在首件加工合格后，即可进行正式加工，中间无需操作人员的干预。一台数控机床往往可以完成好几道工序，不仅生产率高，加工质量也可靠。对于形状复杂、品种多样的零件，数控加工只需要改变加工程序就可以进行加工，从而节省大量工装夹具的制作时间和制造成本。

（3）数控装备是国防现代化的重要战略物资。"巴黎统筹委员会"（简称"巴统"）是西方国家对社会主义国家实行经济技术封锁禁运的机构。该机构有一项规定，具有三轴以上的数控装备属于战略物资，禁止向苏联、东欧等社会主义国家出口。举世瞩目的"东芝事件"是日本东芝公司20世纪80年代初，因违反"巴统"禁令，秘密向苏联出售了4台大型五轴联动

东芝事件

数控铣床，从而受到制裁的事件。"东芝事件"说明了什么？——高性能的潜艇需要高精度的数控机床来制造，而高精度数控机床的核心技术是数控技术。

（4）数控技术是关系到国家战略地位和体现国家综合国力的重要基础性产业。数控技术及装备是发展新兴高新技术产业和尖端工业的使能技术及最基本的装备。各工业化国家都把提高数控技术水平作为提高制造业水平的重要标志，竞相发展本国的数控产业。以数控技术为重要标志的现代制造技术成了美国、日本和欧洲等工业化国家竞争的焦点。数控技术是"中国制造2025"十大领域中"高档数控机床和机器人"的核心技术之一，是智能制造的重要基础，关系到我国的经济发展和综合实力。我国正积极采取各种有效措施大力发展数控产业，把发展数控技术作为振兴机械工业的重中之重。

0.2 数控技术的产生与发展

1. 数控机床的问世

采用数字技术进行机械加工要追溯到 20 世纪 40 年代末。美国一家小型飞机制造商——帕森斯（Parsons）公司在为西科斯基公司（Sikorsky Aircraft）制造直升机叶片梁时，利用电子计算机对叶片梁加工路径进行数据处理。1948 年，帕森斯公司受美国空军委托，研制飞机螺旋桨叶片轮廓模板的加工设备。由于样板形状复杂多样、精度高，一般加工设备难以胜任，于是就提出用数字脉冲信号控制机床的设想。1949 年，该公司与麻省理工学院（MIT）开始共同研究，于 1952 年研制成功世界上第一台三坐标立式数控铣床，如图 0-2 所示。其控制装置由 2 000 多个电子管组成，体积庞大，比铣床本体还要大得多。该铣床解决了普通机床难以加工的零件的制造问题。它的诞生开创了数控技术应用的新纪元，标志着机械制造数字控制时代的开始。

图 0-2　世界上第一台三坐标立式数控铣床

2. 数控技术的发展

自第一台数控机床问世以来，数控技术已先后经历了硬线数控和计算机数控两个阶段和六代的发展。

1）硬线数控时代

第一代数控（1952—1955 年）采用体积庞大的电子管元件和复杂的控制界面，没有存储器，且价格昂贵，只在航空工业等少数有特殊需要的部门用来加工复杂型面零件。

第二代数控（1956—1959 年）采用小型电子管和晶体管元件，仍没有存储器。

第三代数控（1960—1965 年）采用小规模集成电路。不仅体积小，功率消耗少，且可靠性提高，价格进一步下降。

2）计算机数控时代

第四代数控（1970—1974 年）：20 世纪 60 年代末，先后出现了由一台计算机直接控制多台机床的直接数控系统（DNC），以及采用小型计算机控制的计算机数控系统。

第五代数控（1974—1979 年）是采用微处理器和半导体存储器的微型计算机数控装置

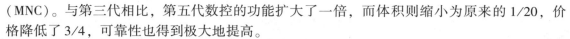

（MNC）。与第三代相比，第五代数控的功能扩大了一倍，而体积则缩小为原来的1/20，价格降低了3/4，可靠性也得到极大地提高。

第六代数控（1990年至今）基于PC+NC的智能数控系统开始得到发展，打破了原数控厂家各自为政的封闭式专用系统结构模式。

自1958年清华大学和北京研究所研制了第一代电子管数控机床以来，我国数控系统同样也经历了六代，如表0-1所示。

表0-1 我国数控系统的发展

年代序号	数控系统特征	发达国家出现的时间（年）	中国出现的时间（年）
第一代	电子管	1952	1958
第二代	晶体管	1958	1964
第三代	集成电路	1960	1972
第四代	小型计算机	1970	1978
第五代	微处理器	1974	1981
第六代	PC+NC	1990	1994

3. 数控机床的发展

（1）数控系统的发展。如前所述，数控系统已经发展到了第六代。由此看出，正是电子元器件和计算机技术的发展推动了数控系统的发展。数控系统中微处理器的CPU已由原来的8位字长增加至32位，时钟频率由2 MHz提高到了20 MHz和32 MHz，并已开发出了64位CPU。此外，大规模和超大规模集成电路和多个微处理器的采用，促成了数控系统硬件结构的标准化、模块化和通用化，使数控功能可根据需要进行组合和扩展。高性能的计算机数控系统可以同时控制十几个轴，甚至几十个轴，且能实现在线编程。操作者可以利用CRT显示实现人机对话，给机床调试和加工带来极大的方便。计算机数控系统可带有可编程逻辑控制器（PLC），二者结合可以有效地完成刀具管理和刀具寿命监控。

（2）伺服系统的发展。伺服系统用来完成数控机床移动部件（如主轴、工作台等）的位置和速度控制。伺服系统的发展与伺服电动机的发展密切相关，至今大致经历了三个主要发展阶段。

第一阶段（20世纪60年代以前）：采用步进电动机驱动，伺服系统的位置控制为开环系统。

第二阶段（20世纪60至70年代）：直流伺服电动机的诞生和全盛发展。伺服系统的位置控制由开环系统发展成为半闭环系统、闭环系统。永磁式直流电动机的控制电路简单，无励磁损耗，低速性能好。

第三阶段（20世纪80年代至今）：相继出现了无刷直流伺服电动机（方波驱动）、交流伺服电动机（正弦波驱动）等多种新型电动机。交流伺服系统的控制方式迅速向微机控制方向发展，并经历了从模拟式、模拟数字混合式，直至今天的全数字化的发展阶段。

（3）数控机床结构的发展。主运动部件不断向高速化方向发展。除采用直流调速电动机和交流变频调速电动机驱动主轴部件以提高主运动的速度和调速范围，并缩短传动链外，近年来更有采用电主轴，从而大大提高主轴转速和减少机械传动的情况。为提高进给速度，采用高速精密滚珠丝杠，甚至采用直线电动机。一般滚珠丝杠的最高进给速度只有 20～30 m/min，加速度约为（0.1～0.3）g，而新型高速滚珠丝杠的进给速度可达 60～120 m/min，加速度可达（1～2）g；采用直线电动机可大大简化机械结构（称为"零传动"），进给速度可达 60～200 m/min，加速度可达（2～10）g。复合化数控机床（如车铣中心）的结构发生了变化，零件的大多数甚至全部工序都集中在一台机床上完成，既节省了辅助时间，提高了生产率，同时也减少了由于多次安装引起的定位误差。

0.3　本书的主要研究内容和目的

本书主要是为主修机械工程相关专业的高校学生编写的。在编写上，精选课程内容，重视基础理论和方法，强化理论和工程实践的融合，力求将现代数控技术与装备的基本知识、基本理论与制造业发展的新技术、新方法有机融合，为读者介绍数控加工装备的应用和发展方向。本书的研究内容主要涉及数控技术及装备概述，数控加工工艺与数控编程，计算机数控系统，数控机床伺服系统，数控机床位置检测装置，典型数控机床机械结构等。

通过案例"东芝事件"讲解，让学生明白高档数控机床是一个国家的战略物资，是一个国家综合国力与实力的重要体现，高档数控机床是西方对我国封锁与限制的重点，中国不能没有自己的数控技术，从而激发学生的爱国主义热情。本书的目的是使读者全面了解现代数控技术及装备的基础知识，掌握数控编程的原理，具有数控车床、数控铣床和加工中心的数控编程能力，掌握数控系统和伺服系统的应用，具有开发现代数控装备的基本技能。

0.4　课程的特点和学习要求

1. 课程的特点

（1）"现代数控技术"是高等院校机械工程类专业的一门必修课。随着科学技术和制造业的发展，新的数控系统和数控装备不断涌现，因此课程内容也在不断地更新和充实。

（2）课程具有很强的工程性和实践性。课程内容与生产实际联系紧密，很多问题需要从工程应用的角度去理解和掌握，有了实践知识才能对所学内容理解得比较深入和透彻。

（3）课程教学与习题、实验、实习、课程设计等环节有机结合。

2. 学习要求

（1）充分认识到数控技术及装备的重要性，拥有认真学习这门课程的热情。

（2）掌握数控编程基本原理和方法，具有制订中等复杂零件加工工艺和编制数控加工程序的初步能力。

（3）掌握数控插补原理，熟悉数控装置的作用，掌握数控装置的硬件结构及数控软件的特点和结构。

（4）了解伺服系统的组成和分类，掌握数控机床伺服机构和位置检测装置的工作原理和选用方法，具有从事机床进给伺服系统结构设计的初步能力。

（5）了解数控机床常见的机械结构，掌握数控机床的设计步骤及方法。

（6）了解现代数控技术及装备的发展趋势。

总之，"现代数控技术"是一门综合性、实践性很强的课程。它涉及的内容繁多，知识面广，且与生产实际联系密切。在学习本课程时，不能仅死记硬背一些基本原理、原则和构成之类的知识，要善于学习和积累实践知识。只有把这门课程与生产实习、课程实验、课程设计等实践性教学环节相结合，善于发现、分析、总结和应用，才能提高数控编程能力和数控装备的改造与开发能力。

第1章
数控技术及装备概述

🎯 学习目标 ▶▶ ▶

（1）了解数控技术的基本概念；
（2）掌握数控机床的工作原理及组成，能够正确识别各组成部分及其功用；
（3）掌握数控机床的分类及其适用范围，学会依据不同的生产需求选择数控机床；
（4）了解现代数控技术的发展趋势，从多角度认识数控技术的重要性。

1.1 数控技术的基本概念

数字控制（Numerical Control，NC）是一种借助数字、字符或其他符号对某一工作过程（如加工、测量、装配等）进行控制的自动化方法。

数控技术（Numerical Control Technology，NCT）是指用数字量及字符发出指令并实现自动控制的技术。它所控制的对象通常是位置、角度、速度等机械量和与机械能量流向有关的开关量。现代数控技术指的是计算机数控（Computer Numerical Control，CNC）技术，以区别于传统的 NCT。采用计算机代替原来用硬件逻辑电路组成的数控装置，使得输入数据的储存、处理、运算、逻辑判断等各种控制功能的实现，均可以通过计算机软件来完成。数控技术是制造业实现自动化、柔性化和集成化生产的基础技术。

计算机数控系统（简称 CNC 系统）是根据计算机存储器中存储的控制程序，执行部分或全部数值控制功能，.并配有接口电路和伺服驱动装置，用于控制自动化加工设备的专用计算机系统。

1.2 数控机床的工作原理及组成

1.2.1 数控机床的工作原理

数控机床是用计算机通过数字信息来自动控制机械加工的机床。数控机床的工作过程如

图 1-1 所示，具体如下：

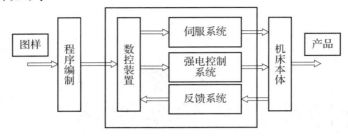

图 1-1 数控机床的工作过程

（1）根据被加工零件的有关信息——工件与刀具相对运动轨迹的尺寸参数、切削用量以及各种辅助操作等加工信息，用规定的代码和格式编写数控加工程序，并把它记录在程序载体上；

（2）用适当的方法将加工程序输入数控装置；

（3）数控装置对输入的加工程序进行处理，向机床的各个坐标轴的伺服系统发出指令；

（4）伺服系统根据指令，驱动机床的运动部件，并控制必要的辅助操作；

（5）通过机床的机械部件带动刀具与工件的相对运动，加工出所需要的零件；

（6）（对于半闭环、闭环系统）检测机床的运动，通过反馈系统反馈给数控装置，以减小加工误差。

最基本的信息和指令包括：各坐标轴的进给速度、进给方向和进给位移量，各状态控制的 I/O 信号等。

1.2.2　数控机床的组成

数控机床的基本组成包括加工程序、输入装置、数控装置、伺服系统、辅助控制装置、反馈系统及机床本体。图 1-2 为一般数控机床的组成。

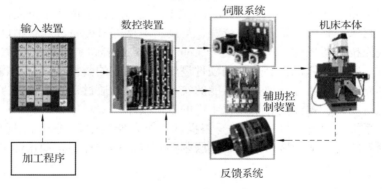

数控机床组成

图 1-2 一般数控机床的组成

（1）程序载体。目前指的是磁带、磁盘和 U 盘。

（2）输入装置。包括磁带机、软盘驱动器等；对于现代数控机床，还可以通过手动方式、DNC 网络通信、RS232 串口通信等方式输入。

（3）数控系统。它是机床实现自动加工的核心，主要由操作系统、主控制系统、可编程逻辑控制器、各类 I/O 接口等组成。其主要功能有：多坐标控制和多种函数的插补；多种程序输入功能以及编辑和修改功能；信息转换功能；补偿功能；多种加工方法选择；显示功能；自诊断功能；通信和联网功能。其控制方式可分为数据运算处理控制和时序逻辑控制两大类。

（4）伺服系统。它是数控系统的执行部分，主要由伺服电动机、驱动控制系统及位置检测反馈装置等组成。它根据数控装置发来的速度和位移指令控制执行部件的运动速度、方向和位移。伺服系统有开环、半闭环和闭环之分。

（5）主传动系统。它是机床切削加工时传递扭矩的主要部件之一。一般分为齿轮有级变速和无级调速两种类型。档次较高的数控机床都要求实现无级调速，以满足各种加工工艺的要求。它主要由主轴驱动控制系统、主轴电动机以及主轴机械传动机构等组成。

（6）强电控制系统。它是介于数控装置和机床机械、液压部件之间的控制系统，主要由各种中间继电器、接触器、变压器、电源开关、接线端子和各类电气保护元器件等构成。其主要作用是接收数控装置输出的主运动变速、刀具选择交换、辅助装置动作等指令信号，经必要的编译、逻辑判断、功率放大后直接驱动相应的电器、液压、气动和机械部件，以完成指令所规定的动作。此外行程开关和监控检测等开关信号也要经过强电控制装置送到数控装置进行处理。

（7）辅助控制装置。主要包括刀具自动交换装置（Automatic Tool Changer，ATC）、工件自动交换装置（Automatic Pallet Changer，APC）、工件夹紧放松机构、回转工作台、液压控制系统、润滑装置、切削液装置、排屑装置、过载与限位保护装置等。

（8）机床本体。它指的是数控机床机械结构实体。数控机床的整体布局、外观、传动机构、刀具系统及操作机构等具有如下特点：①具有高性能主传动及主轴部件；②具有高效传动件，如滚珠丝杠螺母副、直线滚动导轨副等；③具有较完善的刀具自动交换和管理系统；④具有工件自动交换、工件夹紧与放松机构；⑤床身机架具有很高的动、静刚度；⑥采用全封闭罩壳。

1.2.3　数控机床的加工特点

（1）加工精度高、质量稳定。目前数控机床的脉冲当量可达到 0.01 ~ 0.000 1 mm，而且进给传动链的反向间隙与丝杠螺距误差等均可由数控装置进行补偿，因此，数控机床可以获得比机床本身精度更高的加工精度，且加工质量稳定。

（2）生产效率高。数控机床主轴转速和进给量的变化范围比普通机床大，每一道工序都可选用最佳的切削用量。数控机床部件的快速移动和定位均采用加、减速控制，从而缩短了定位和非切削时间，更换被加工工件时几乎不需要重新调整机床。与普通机床相比，数控机床的生产率可提高 2 ~ 3 倍，有些可提高几十倍。

（3）适应性强。当加工对象改变时，只要重新编制零件程序，就能够实现对新零件的自动化生产。因此，在同一台机床上可实现对不同品种及尺寸规格工件的自动加工。

（4）良好的经济效益。数控机床的适应性强，在单件、小批生产情况下，可节省工艺装备费用、辅助生产工时、生产管理费用以及降低废品率。

（5）自动化程度高、劳动强度低。数控机床是按预先编制好的程序自动完成零件加工的，操作者一般只需装卸工件、操作键盘而无须进行繁杂的重复性手工操作，因而大大减轻了操作者的劳动强度。

（6）有利于实现现代化生产管理。采用数控机床加工，能很方便地准确计算零件加工工时、生产周期和加工费用，并有效地简化了检验以及夹具和半成品的管理工作。利用数控系统的通信功能，易于实现 CAD/CAM 一体化。

1.3 数控机床的分类及其适用范围

1.3.1 按工艺用途分类

1. 金属切削类数控机床

这类机床可分为两类：一类是普通型数控机床，如数控车床、数控铣床等；另一类是加工中心。下面介绍几种常见的金属切削类数控机床及其应用。

（1）数控车床。数控车床又称为 CNC 车床，如图 1-3 所示。与普通车床的结构类似，数控车床由主轴箱、刀架、进给传动系统、床身、液压系统、冷却系统、润滑系统等部分组成。但是，数控车床的进给系统采用了伺服电动机，经滚珠丝杠传到滑板和刀架，实现纵向和横向进给运动。可见，数控车床进给传动系统的结构较普通车床大为简化。

数控车床与普通车床一样，也是用来加工轴类或盘类等回转体零件的。数控车床由于能够自动完成内外圆柱面、圆锥面、圆弧面、端面、螺纹等工序的切削加工，因此特别适合加工形状复杂的轴类或盘类零件。数控车床常用加工工艺如图 1-4 所示。

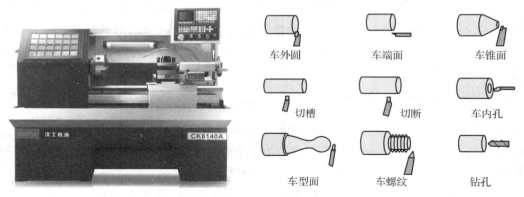

图 1-3　数控车床　　　　　　　　图 1-4　数控车床常用加工工艺

（2）数控铣床。数控铣床机械部分与普通铣床基本相同，工作台可以作横向、纵向和垂直三个方向的运动。一般情况下，在数控铣床上可加工平面曲线轮廓。如有特殊要求，可在机床上增加一个 A 轴或 C 轴，即增加一个数控分度头或数控回转工作台，可用来加工螺旋槽、叶片等立体曲面零件。

（3）加工中心。1968 年，市场上出现了一种能够自动换刀的数控机床，于是，在一台机床上可以完成多种不同的工艺。这种机床被称为"加工中心"，即一种在程序控制下可以进行各种加工和自动换刀的机床。这种计算机控制的加工中心具有所需要的柔性和多用途性，而其他机床并不具备这样的性能，因此，加工中心往往成为机床选择的首选。

加工中心的两种基本类型是立式加工中心和卧式加工中心。立式加工中心在垂直位置夹持刀具，如图1-5（a）所示，通常用于对需要在零件顶部表面进行切削的平面零件和带有深腔的零件（如模具）进行加工的场合。卧式加工中心在水平位置夹持刀具，如图1-5（b）所示，适用于加工那些需要加工多个表面的既大又高的零件。卧式加工中心可以在一次装夹中加工零件的多个表面，因此被广泛用于柔性制造系统。

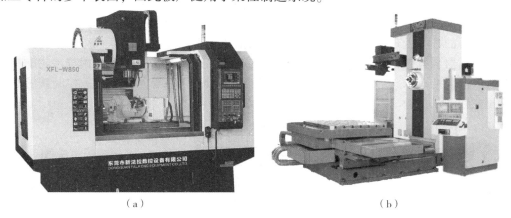

（a） （b）

图1-5 加工中心

（a）立式加工中心；（b）卧式加工中心

2. 金属成型类数控机床

这类机床是指采用冲、挤、压、拉等成型工艺的数控机床，如数控折弯机、数控弯管机、数控压力机等。

3. 特种加工类数控机床

这类机床主要有数控线切割机、数控电火花加工机床、数控激光切割机床、数控火焰切割机、数控三坐标测量机等。

1.3.2 按运动轨迹分类

1. 点位控制数控机床

点位控制系统只控制工作台到程序给定的位置，而不考虑到达该位置所经过的路径，如图1-6（a）所示。点位控制数控机床主要有数控钻床、数控镗床、数控冲床、三坐标测量机等。用于加工平面内的孔系。它控制在加工平面内的两个坐标轴（一个坐标轴就是一个方向的进给运动）带动刀具与工件相对运动，从一个坐标位置（坐标点）快速移动到下一个坐标位置，然后控制第三个坐标轴进行钻、镗、切削等加工。

2. 直线控制数控机床

这类机床的特点是除了要求控制点与点之间的准确位置外，还要控制两相关点之间的移动速度和轨迹，但其轨迹是与机床坐标轴平行的直线，如图1-6（b）所示。在移动过程中刀具能以指定的进给速度进行切削，但一般只能加工矩形、台阶形零件。这类机床主要有数控车床、数控铣床、数控磨床和加工中心等，其直线控制系统的控制功能比点位控制系统复杂，不仅要控制直线运动轨迹，还要控制进给速度及自动循环加工等功能。一般情况下，这类机床有2~3个可控轴，但同时控制的坐标轴只有一个。

3. 轮廓控制数控机床

轮廓控制系统的特点是能够对两个或两个以上坐标轴的位移和速度同时进行连续控制，以加工出任意斜率的直线、圆弧或任意平面曲线（如抛物线、阿基米德螺旋线等）或曲面，如图1-6（c）所示。在这类控制方式中，要求数控装置具有插补运算的功能，即根据程序输入的基本数据（如直线的终点坐标、圆弧的终点坐标和圆心坐标或半径）通过数控系统内插补运算器的数学处理，把直线或曲线的形状描述出来，并一边运算一边根据计算结果向各坐标轴控制器分配脉冲，从而控制各坐标轴的联动位移量与所要求轮廓相符。轮廓控制数控机床也包括数控车床、数控铣床、数控线切割机、加工中心等。所有轮廓控制系统都能进行直线插补和圆弧插补。

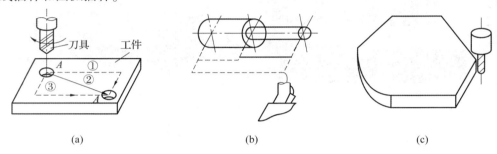

图1-6　不同的运动轨迹控制系统

（a）点位控制系统；（b）直线控制系统；（c）轮廓控制系统

1.3.3　按伺服控制方式分类

1. 开环控制数控机床

所谓开环指的是在进给伺服系统中没有位置检测反馈装置。即一旦控制信号发出了，没有检测装置去确认控制信号的作用如何。

在开环控制数控机床中，伺服电动机通常采用步进电动机，步进电动机的主要特征是控制电路每变换一次指令脉冲信号，电动机就转动一个步距角。由步进电动机驱动的开环进给伺服系统如图1-7所示。其优点是精度高，易于实现，且能与多种数字信号兼容；其缺点是扭矩低，速度有限，且在载荷作用下存在失步的危险。因此，开环控制系统多用于经济型数控机床或对旧机床进行改造。

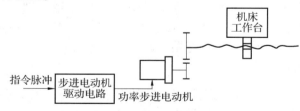

图1-7　开环进给伺服系统

2. 闭环控制数控机床

闭环控制系统是一种反馈控制系统，如图1-8所示。其位置检测装置安装在进给系统末端的执行部件（工作台）上，用于测量它的位置或位移量。数控装置将位移指令与位置检测装置测得的实际位置反馈信号随时进行比较。根据其差值与指令进给速度的要求，按一定的规律进行转换后，得到进给伺服系统的速度指令。此外，还利用和驱动电动机同轴刚性连接的测速元器件，随时实测驱动电动机的转速，得到速度反馈信号，将它与速度指令信号相比较。用其比较的结果即速度误差信号，对驱动电动机的转速随时进行校正。利用上述的位置控制和速度控制的两个回路，可以获得比开环进给系统精度更高、速度更快、驱动功率更大的特性指标。但是，由于在整个控制环内，许多机械传动环节的摩擦特性、刚性和间隙均为非线性，并且整个机械传动链的动态响应时间又非常大，这给整个闭环系统的稳定性校正带来很大困难，系统的设计和调整也都相当复杂，因此这种闭环控制系统主要用于精度要求很高的数控坐标镗床、数控精密磨床等。

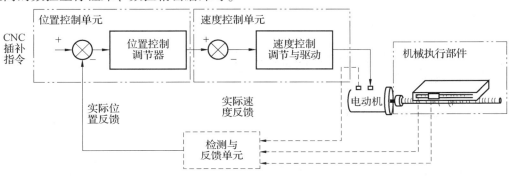

图 1-8　闭环控制系统

3. 半闭环控制数控机床

半闭环控制系统是另一种反馈控制系统，如图 1-9 所示。该系统的特点是把反馈传感器安装在伺服电动机轴或滚珠丝杠上，间接测量执行部件的实际位置或位移。半闭环控制系统比开环控制系统的精度高，但它的位移精度比闭环系统要低。与闭环系统相比，因大部分机械传动环节未包括在系统闭环环路内，故易于实现系统的稳定性。现在大多数数控机床都采用半闭环控制系统。

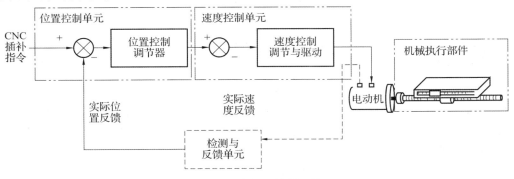

图 1-9　半闭环控制系统

1.3.4　数控机床的适用范围

数控机床主要适用于多品种小批量生产的工件、形状结构比较复杂的工件、需要频繁改型的工件以及需要最短生产周期的急需工件，如图 1-10 所示。

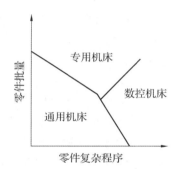

图 1-10　数控机床的适用范围

1.4　现代数控技术的发展趋势

1.4.1　高精度、高速化、高可靠性

1. 高精度

近 10 多年来，普通级数控机床的加工误差已由 ±10 μm 降低到 ±5 μm；精密级加工中心的加工误差则从 ±（3~5）μm 降低到 ±（1~1.5）μm，甚至更小；超精密加工精度已进入纳米级（0.001 nm）。目前高档数控机床定位精度在全行程内已达 0.004~0.006 mm，重复定位精度为 0.002~0.003 mm，主轴回转精度达到 0.01~0.05 μm，加工圆度为 0.1 μm，加工表面粗糙度为 Ra0.003 μm 等。这些机床一般都采用矢量控制的变频驱动电主轴，主轴径向圆跳动为 2 μm，轴向窜动为 1 μm。

提高数控机床的加工精度，一般可通过减少数控系统的误差和采用误差补偿技术等方法来实现。在减少 CNC 系统控制误差方面，通常采取提高数控系统的分辨率、提高位置检测精度、在位置伺服系统中采用前馈控制与非线性控制等方法；在机床误差补偿技术方面，除采用齿隙补偿、丝杠螺距误差补偿和刀具补偿等技术外，还可以对设备热变形进行误差补偿。现代数控机床采用了交流数字伺服系统，并采用新型控制理论，可实现高速响应伺服系统，以提高数控机床的加工精度。

2. 高速化

电主轴转速可达到 15 000~100 000 r/min。高速且高加/减速度的进给运动使部件的快移速度达到 60~120 m/min，切削进给速度高达 60 m/min，进给的加/减速度达到（1~2）g。目前车削和铣削的切削速度已达 5 000~8 000 m/min，工作台的移动速度，当分辨率为 1 μm 时，在 100 m/min（有的甚至达 200 m/min）以上；当分辨率为 0.1 μm 时，达到 24 m/min 以上。加工中心自动换刀时间从 5~10 s 减少到小于 1 s，而工作台自动交换时间也由过去的 12~20 s 减少到 2.5 s 以内。

要实现数控设备高速化，首先要求数控系统能对由微小程序段构成的加工程序进行高速处理，以计算出伺服电动机的移动量。同时，要求伺服电动机能高速度地作出反应，采用 64 位微处理器是提高数控系统高速处理能力的有效手段。

3. 高可靠性

随着数控机床网络化应用的发展，数控机床的高可靠性已经成为数控系统制造商和数控机床制造商追求的目标。要提高数控机床的可靠性，数控系统就须采用更高集成度的电路芯片，利用大规模或超大规模的专用及混合式集成电路，以减少元器件的数量，提高可靠性；通过硬件功能软件化以适应各种控制功能的要求，同时还应实现机床本体结构的模块化、标准化、通用化和系列化；还可通过自动运行启动诊断、在线诊断、离线诊断等多种诊断程序，实现对系统内硬件、软件和各种外部设备进行故障诊断和报警；利用报警提示及时排除故障；利用容错技术，对重要部件采用"冗余"设计，以实现故障自恢复；利用各种测试、监控技术，当生产超程、刀具破损、断电等各种意外发生时，自动进行相应的保护。

1.4.2　模块化、复合化、多轴化

1. 模块化

随着制造业的发展，市场对数控机床结构和技术性能的要求越来越多样化。为了适应市场变化，必须快速开发新的数控机床。模块化设计正是适应这一发展要求的数控机床现代设计主要方法之一。

数控机床的模块化设计是一种根据广大用户提出的各种要求，在功能分析的基础上，划分并设计出一系列具有不同用途（或性能）、结构，而功能相同的、可互换的功能模块（包括组件、部件、装置或系统等）和一些专用的独立部件，然后通过模块的选择和组合形成不同性能和规格的机床、柔性加工单元（或系统等）以满足市场不同需求的一种设计方法。模块化设计方法可以提高数控机床设计的柔性。

2. 复合化

复合化包含工艺复合化和功能复合化。数控机床的发展已模糊了粗、精加工工序的概念。加工中心的出现，又把车、铣、镗等工序集中到一台机床上来完成，打破了传统的工序界限和分开加工的工艺规程，可最大限度地提高设备利用率。为了进一步提高工效，现代数控机床还采用了多主轴、多面体切削，即同时对一个零件的不同部位进行不同方式的切削加工。另外，现代数控系统的控制轴数也在不断增加，有的多达15轴，其同时联动的轴数已达6轴。

复合机床的主要分类包括：第一类是以铣削为基础的复合加工机床，由加工中心发展演变而来；第二类是以车削为基础的复合加工机床，由车削中心发展演变而来；第三类是针对某一类零件加工而研发的专用复合加工机床，是为适合较大批量生产的零件专门设计的机床；另外，还有将激光加工、超声波加工、热处理等各种工艺组合而成的复合加工机床。

3. 多轴化

随着5轴联动数控系统和编程软件的普及，5轴联动控制的加工中心和数控铣床已经成为当前的一个开发热点。在加工自由曲面时，5轴联动控制对球头铣刀的数控编程比较简单，并且能使球头铣刀在铣削三维曲面的过程中始终保持合理的切速，从而显著改善加工表面的粗糙度和大幅度提高加工效率。因此，5轴联动机床已经成为各大机床厂家开发和竞争的焦点。

1.4.3 智能化、开放化、网络化

1. 智能化

智能化的内容包括数控系统中的各个方面：为追求加工效率和加工质量的智能化，如自适应控制、工艺参数自动生成；为提高驱动性能及使用连接方便的智能化，如前馈控制、电动机参数的自适应运算、自动识别负载、自动选定模型、自整定等；简化编程、简化操作的智能化，如智能化的自动编程、智能化的人机界面等；智能诊断、智能监控等。

为适应制造业生产柔性化、自动化发展的需要，智能化正成为数控设备研究及发展的热点。它不仅贯穿于生产加工的全过程（如智能编程、智能数据库、智能监控），还贯穿于产品的售后服务和维修中。目前采取的主要技术措施有：①自适应控制技术；②专家系统技术；③故障自诊断、自修复技术；④智能化交流伺服驱动技术；⑤模式识别技术。

2. 开放化

开放式体系结构可以大量采用通用微机的先进技术，如多媒体技术，实现声控自动编程、图形扫描自动编程等，其新一代数控系统的硬件、软件和总线规范都是对外开放的。这种数控系统可随 CPU 升级而升级，而结构上不必变动，使数控系统有更好的通用性、柔性、适应性、扩展性，并向智能化、网络化方向发展。目前，国际上有代表性的开放式数控系统有：美国的 OMAC（Open Modular Architecture Controller），欧共体的 OSACA（Open System Architecture for Control within Automation System），日本的 OSEC（Open System Environment for Controller）和我国的 ONC（Open Numerical Control System）等。

3. 网络化

数控机床的网络化主要是指机床通过所配装的数控系统与外部的其他控制系统或上位计算机进行网络连接和网络控制。随着信息化技术在数控机床上的大量采用，越来越多的国内用户在进口数控机床时要求具有远程通信服务等功能。

为了适应 FMC、FMS 以及进一步联网组成 CIMS 的要求，先进的 CNC 系统为用户提供了强大的联网能力。除有 RS232、RS422 等接口外，还带有远程缓冲功能的 DNC 接口，可以实现几台数控机床之间的数据通信和直接对几台数控机床进行控制。现代数控机床为了适应自动化技术的进一步发展和工厂自动化规模越来越大的要求，满足不同类型数控机床联网的需要，已配备与工业局域网（LAN）通信的功能以及制造自动化协议（Manufacturing Automation Protocol，MAP）接口，为现代数控机床进入 FMS 及 CIMS 创造了条件，促进了系统集成化和信息综合化，使远程操作和监控、遥控及远程故障诊断成为可能。

1.4.4 高柔性化、绿色化

1. 高柔性化

数控机床在提高单机柔性化的同时，朝着单元柔性化和系统柔性化的方向发展，如出现了可编程逻辑控制器（PLC）控制的可调组合机床、数控多轴加工中心、换刀换箱式加工中心、数控三坐标动力单元等具有柔性的高效加工设备、柔性加工单元（FMC）、柔性制造系统（FMS）以及柔性制造线（FML）。

数控机床向柔性自动化系统发展的趋势是：从"点"（数控单机、加工中心和数控复合

加工机床）、"线"（FMC、FMS、FML）向"面"（独立制造岛、FA）、"体"（CIMS、分布式网络集成制造系统）的方向发展。数控机床及其构成的柔性制造系统能方便地与CAD、CAPP、CAM连接，从而向信息集成方向发展。

2. 绿色化

现代数控加工的绿色化主要集中在不使用切削液上。通过干切削、准干切削、硬切削等措施避免切削液污染环境和危害工人健康。

在切削（含磨削）过程中，不使用切削液或使用极少量的切削液（小于50 ml/加工小时），且加工质量和加工时间与湿式切削相当或更好切削技术称为干切削。干切削通常是在大气氛围中进行，但在特殊气体氛围中（如氮气、冷风或干式静电冷却）而不使用切削液进行切削也取得了良好的效果。对于某些加工方式和工件组合，完全不使用切削液的干切削目前尚难于实际应用，故又出现了使用微量切削液（Minimal Quantity Lubrication，MQL）的准干切削（Near Dry Machining）。

高速干切削技术是将高速切削技术与干切削技术有机融合而形成的一项新兴先进制造技术。切削技术、刀具材料和刀具设计技术的发展，使高速干切削的实施成为可能。采用高速干切削技术可以获得高效率、高精度、高柔性，同时又限制使用切削液，消除了切削液带来的负面影响。因此，高速干切削技术是符合可持续发展要求的绿色制造技术。

本章小结

本章简要介绍了数控技术的基本概念，使学生对数控技术有一个初步的认识，详细讲述了数控机床的工作原理及组成，使学生能够掌握数控机床各组成部分的功用，介绍了数控机床的分类及其适用范围，使学生了解不同数控机床的区别和用途；多角度介绍了现代数控技术的发展趋势，开拓学生的视野。

思考与练习

1-1 什么是数字控制技术？什么叫数控机床？简述数控机床产生的背景。

1-2 数控机床的加工特点有哪些？试述数控机床的使用范围。

1-3 数控机床由哪几部分组成？各部分的基本功能是什么？

1-4 简述数控机床的工作原理。

1-5 试述数控机床按其功能的分类情况以及各类机床的特点。

1-6 试述闭环控制数控机床的控制原理，以及它与开环控制数控机床的差异。

1-7 什么叫点位控制、直线控制、轮廓控制数控机床？试述各自的特点和应用。

1-8 加工中心同一般数控机床的区别是什么？

第2章
数控加工工艺与数控编程

学习目标

（1）了解数控加工工艺的特点，熟知数控编程基本步骤；

（2）记住程序结构与格式、常用功能指令与代码，会确定数控机床的 X、Y、Z 坐标轴及其方向；

（3）掌握数控编程基本原理和方法，具有制订中等复杂零件加工工艺和编制数控加工程序的初步能力；

（4）通过数控车削和数控铣削编程案例，培养认真专注的工匠精神。

2.1 数控加工工艺基础

2.1.1 数控加工的主要内容

数控机床加工过程与普通机床加工过程的区别在于数控机床是严格按照事先编制好的加工程序自动、连续地加工工件。同一台数控机床输入不同的加工程序，就可以加工出不同形状、不同尺寸和不同技术要求的合格零件，而普通机床完全由人来操作。但从经济性考虑，并非所有零件都适合数控加工。

1. 适合数控加工的内容

在选择数控加工的内容时，一般可按下列顺序考虑：

（1）通用机床无法加工的内容应作为优先选择内容；

（2）通用机床难加工，质量也难以保证的内容应作为重点选择内容；

（3）通用机床加工效率低、工人手工操作劳动强度大的内容，可在数控机床尚存在富裕加工能力时选择。

2. 不适合数控加工的内容

（1）占机调整时间长。例如，以毛坯的粗基准定位加工第一个精基准，需用专用工装协调的内容。

（2）加工部位分散，需要多次安装、设置原点。这时，采用数控加工很麻烦，效果不明显，可安排通用机床补加工。

（3）按某些特定的制造依据（如样板等）加工的型面轮廓。主要原因是获取数据困难，易于与检验依据发生矛盾，增加了程序编制的难度。

一般来说，数控加工涉及数控编程技术和数控加工工艺两大方面。数控编程是数控加工的重要工作。除编程外，数控加工还包括编程前的工艺准备、程序调试及后置处理等工作，具体步骤如下。

（1）选择适合在数控机床上加工的零件，确定工序内容。

（2）分析被加工零件的图纸，明确加工内容及技术要求，确定零件的加工方案，划分和安排加工工序，制订数控加工工艺路线。

（3）设计数控加工工序。例如，选取零件的定位基准、夹具和辅具方案的确定、工步的划分、切削用量的确定等。

（4）数控加工程序的调整。选取对刀点和换刀点，确定加工路线，考虑刀具补偿。

（5）根据编程需要，对零件图形进行数学处理。

（6）分配数控加工中的加工余量。

（7）刀具的合理选择。

（8）首件试加工与现场问题处理。

（9）编制数控加工工艺技术文件（如数控加工工序卡、程序说明卡、走刀路线图等）。

2.1.2　数控机床加工零件的工艺分析

无论是手工编程还是自动编程，在编程前都要对所加工的零件进行工艺分析。在进行数控加工工艺分析时，编程人员应根据数控加工的特点、所用数控机床的功能和实际工作经验，力求把编程前的准备工作做得更仔细、更扎实，以便为后续工作铺平道路，减少失误和返工。也就是说，数控加工的工艺设计必须在加工程序编制工作开始之前完成，因为只有工艺方案确定以后，数控编程才有依据。工艺方案的优劣不仅会影响机床效率的发挥，还会直接影响零件的加工质量。

1. 数控加工工艺的主要内容

数控加工工艺主要包括以下内容：

（1）选择合适在数控机床上加工的零件，确定工序内容；

（2）对零件图进行数控工艺性分析；

（3）零件图形的数学处理及编程尺寸设定值的确定；

（4）选择数控机床；

（5）制订数控加工工艺路线，如工序划分、加工顺序的安排、基准选择、与非数控加工工艺的衔接等；

（6）数控工序设计，如工步划分、刀具选择、夹具定位与安装、走刀路线确定、切削用量的确定等；

（7）加工程序的编写、校验和修改；

（8）调整数控加工工艺程序，如对刀、刀具补偿等；

（9）制订数控加工工艺技术文件。

2. 数控加工工艺分析的一般步骤与方法

这里仅从数控加工的可能性和方便性两方面加以分析。

1）便于编程原则

（1）数控加工零件图上的尺寸标注应从同一基准引注，直接给出坐标尺寸。

（2）构成零件轮廓的几何元素的条件应充分。

对手工编程，要计算每个节点坐标；对自动编程，要对构成零件轮廓的所有几何元素进行定义。

2）零件各加工部位的结构工艺性应符合数控加工的特点

（1）零件的内腔和外形最好采用统一的几何类型和尺寸，这样可以减少刀具规格和换刀次数，使编程方便。

（2）内槽圆角的大小决定着刀具直径的大小，因而内槽圆角半径不应过小。

（3）零件铣削底平面时，槽底圆角半径不应过大，否则铣刀端刃铣削平面的能力差、效率低。

（4）基准应统一。

此外，还应分析零件所要求的加工精度、尺寸公差是否已得到保证，有无引起矛盾的多余尺寸或影响工序安排的封闭尺寸等。

2.1.3 数控加工工艺路线的确定

数控加工工艺路线设计中应注意以下几个问题：

1. 工序的划分

（1）以一次安装、加工作为一道工序。这种方法适合加工内容较少的零件，加工完后就能达到待检状态。

（2）以同一把刀具加工的内容划分工序。有些零件虽然能在一次安装中加工出很多待加工表面，但考虑到程序太长，会受到某些限制，如控制系统的内存容量限制、机床连续工作时间的限制等。此外，程序太长会增加出错与检索的困难。因此，程序不能太长，一道工序的内容不能太多。

（3）以加工部位划分工序。对于加工内容很多的工件，可按其结构特点将加工部位分成几个部分，并将每一部分的加工作为一道工序。

（4）以粗、精加工划分工序。一般来说，凡要进行粗、精加工的过程，都要将工序分开。

2. 加工顺序的安排

（1）先粗后精。整个工件的加工工序，应是粗加工在前，半精加工、精加工、光整加工相继在后。

（2）上道工序的加工不能影响下道工序的定位与夹紧，中间穿插有通用机床加工工序的也应综合考虑。

（3）以相同定位、夹紧方式加工或用同一把刀具加工的工序，最好连续加工，以减少重复定位次数、换刀次数与挪动压板次数。

（4）先内腔后外形。先加工内腔，以外形夹紧；然后加工外形，以内腔中的孔夹紧。

另外，在同一次安装中进行的多道工序，应先安排对工件刚性破坏较小的工序。

3. 数控加工工序与普通加工工序的衔接

数控加工工序前后一般都穿插有其他普通加工工序，如衔接得不好就容易产生矛盾。因此在分析零件整个加工工艺时，要清楚哪些工序要用数控加工，哪些工序是普通加工，要明确各自的技术要求、加工特点，如是否需要留加工余量，留多少余量；定位面与孔的精度要求及形位公差是多少等。

2.1.4 数控加工工序设计

数控加工工序设计的主要任务是进一步把本工序的加工内容、切削用量、工艺装备、定位夹紧方式及刀具运动轨迹确定下来，为编制加工程序作好准备。

1. 确定加工路线

在数控加工中，刀具刀位点相对于工件运动轨迹称为加工路线，它不但包括了工步的内容，也反映出工步顺序。加工路线是编写程序的依据之一。确定加工路线时应注意以下几点。

（1）加工路线应保证被加工零件的精度和表面粗糙度，且效率高。

例如：铣削外轮廓表面时，铣刀的切入和切出点应沿零件轮廓曲线的延长线上切向切入和切出零件表面，而不应沿法向直接切入零件，以避免加工表面产生划痕，保证零件轮廓光滑。铣削内轮廓表面时，切入和切出无法外延，这时铣刀可沿零件轮廓的法线方向切入和切出，并将其切入、切出点选在零件轮廓两几何元素的交点处。图 2-1 和图 2-2 分别表示铣削外轮廓表面和铣削内轮廓表面时刀具的切入和切出过渡。

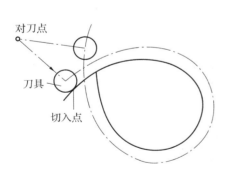

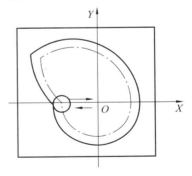

图 2-1　铣削外轮廓表面时刀具的切入和切出过渡　　图 2-2　铣削内轮廓表面时刀具的切入和切出过渡

图 2-3 为加工封闭凹槽的走刀路线。图 2-3（a）为行切法进给路线，所谓行切法是指刀具与零件轮廓的切点轨迹是一行一行的，而行间的距离是按零件加工精度的要求确定的。图 2-3（b）为环切法进给路线，所谓环切法是指刀具走刀轨迹为沿型腔边界走等距线。图 2-3（c）表示先用行切法，最后一刀用环切法的进给路线。图 2-3（a）方案的加工路线较短，但表面质量较差；图 2-3（b）方案克服了表面加工不连续的缺点，但进给路线太长；图 2-3（c）方案加工出的表面轮廓光洁，因此，该方案最好。

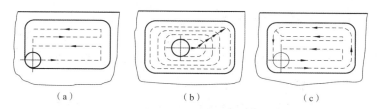

图 2-3 封闭凹槽加工走刀路线

（a）行切法；（b）环切法；（c）先行切再环切

对于一些位置精度要求较高的各孔加工时，应特别关注各孔加工顺序的安排，若安排不当，就有可能把坐标轴的反向间隙带入行程中，会直接影响各孔之间的位置精度。各孔的加工顺序和路线应按同向行程进行，即采用单向趋近定位点的方法，以免引入反向误差。例如，图 2-4（a）所示的孔系加工路线，在加工孔Ⅳ时，X 方向的反向间隙将会影响Ⅲ、Ⅳ两孔的孔距精度；如果改为图 2-4（b）所示的加工路线，可使各孔的定位方向一致，从而提高孔距精度。

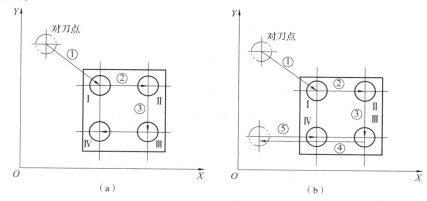

图 2-4 孔系加工方案比较

（a）方案一；（b）方案二

（2）应使加工路线最短。

欲加工图 2-5 所示零件上的孔系。按照一般习惯，总是先加工均布于同一圆周上的 8 个孔，再加工另一圆周上的孔，如图 2-5（a）所示。但是对点位控制的数控机床而言，要求定位精度高，定位过程尽可能快，因此这类机床应按空程最短来安排走刀路线，如图 2-5（b）所示，以节省加工时间。

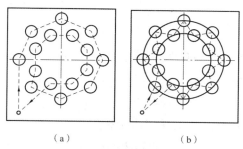

图 2-5 最短加工路线选择

（a）方案一；（b）方案二

（3）应使数值计算简单，以减少编程工作量；此外，还要考虑工件的加工余量和机床、刀具的刚度等情况，确定是一次走刀，还是多次走刀来完成加工以及在铣削加工中采用顺铣还是逆铣等。

2. 确定定位和夹紧方案

在确定定位和夹紧方案时应注意以下几个问题：

（1）尽可能做到设计基准、工艺基准与编程计算基准的统一；

（2）尽量采用工序集中原则，减少装夹次数，尽可能在一次装夹后能加工出全部的待加工表面；

（3）避免采用占机人工调整时间长的装夹方案；

（4）夹紧力的作用点应落在工件刚性较好的部位。

3. 确定刀具与工件的相对位置

在数控机床加工工件时，首先要确定好刀具与工件的相对位置。这一相对位置是通过确认对刀点来实现的。对刀点是指刀具相对工件运动的起点，这个起点也是编程时程序的起点，因此"对刀点"也称"程序起点"或"起刀点"。对刀点可以选在工件上（如工件上的设计基准或定位基准），也可选在夹具或机床上（夹具或机床上设相应的对刀装置）。若对刀点选择在夹具或机床上，则必须与工件的定位基准有一定的尺寸联系，这样才能确定机床坐标系与工件坐标系的关系。图2-6为对刀点的设定。

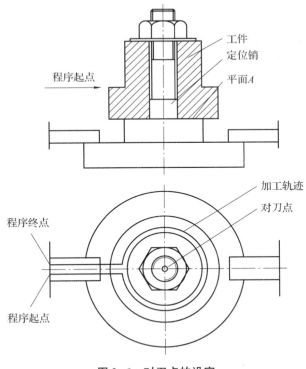

图2-6 对刀点的设定

对刀点选择的原则是：

（1）选定的对刀点应使程序编制简单；

（2）在机床上容易找正；

（3）加工过程中便于检查；

（4）引起的加工误差小。

对刀时，应使刀位点与对刀点重合。刀位点是指在编制加工程序时用以表示刀具位置的特征点。对于端铣刀、立铣刀和钻头，刀位点是它们的底面中心；对于球头铣刀，刀位点是球头球心；对圆弧车刀，刀位点在圆弧的圆心上；对尖头车刀和镗刀，刀位点在刀尖。数控加工程序控制刀具的运动轨迹，实际上是控制刀位点的运动轨迹。

对刀点不仅是程序的起点，往往也是程序的终点。因此在批量生产中，要考虑对刀点的重复定位精度。一般情况下，刀具在加工一段时间后或每次启动机床时，都要进行一次刀具回机床原点或参考点的操作，以减少对刀点累积误差的产生。

对装有多把切削刀具的数控机床，当在加工过程中需要换刀时，应规定换刀点。换刀点是指刀架转位换刀时的位置。该点可以是某一固定点（如加工中心机床，其换刀机械手的位置是固定的），也可以是任意的一点（如车床）。换刀点应设在工件或夹具的外部，以刀架转位时不碰工件及其他部件为准。其设定值可用实际测量方法或计算确定。

4. 切削用量的确定

编程人员在编程时必须确定每道工序的切削用量，并以指令的形式写入程序中。切削用量包括主轴转速、进给量和背吃刀量三要素。"机械制造技术基础"课程讲过切削用量的选择问题，这里不再赘述。需要指出，与传统机床加工相比，数控机床加工零件有其特殊性，如选择的切削用量要充分保证刀具能加工完一个零件，或保证刀具寿命不低于一个工作班、最少不低于半个工作班的工作时间；数控精加工余量应比通用机床加工的余量小一些。由于数控刀具发展迅速，而切削用量与刀具寿命关系密切，因此，切削用量选择的具体数值应根据机床说明书、切削用量手册，并结合实践经验而定。

2.1.5 数控加工工艺文件

数控加工工艺文件主要有：数控编程任务书、工件安装和原点设定卡（简称装夹图和零件设定卡）、数控加工工序卡、数控加工走刀路线图、数控刀具卡等。具体可根据企业实际情况自行设计。

1）数控编程任务书

它阐明了工艺人员对数控加工工序的技术要求和工序说明，以及数控加工前应保证的加工余量。它是编程人员和工艺人员协调工作和编制数控程序的重要依据之一。

2）工件安装和原点设定卡

它应表示出数控加工原点定位方法和夹紧方法，并应注明加工原点设置位置和坐标方向，使用的夹具名称和编号等。

3）数控加工工序卡

数控加工工序卡与普通加工工序卡有许多相似之处，所不同的是：工序简图中应注明编程原点与对刀点，要进行简要编程说明（如所用机床型号、程序编号、刀具半径补偿、镜向对称加工方式等）及切削参数（即程序编入的主轴转速、进给速度、最大背吃刀量或宽度等）的选择。

4）数控加工走刀路线图

在数控加工中，常常要注意并防止刀具在运动过程中与夹具或工件发生意外碰撞，为此

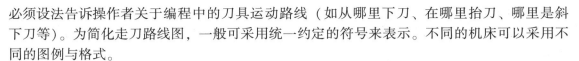

必须设法告诉操作者关于编程中的刀具运动路线（如从哪里下刀、在哪里抬刀、哪里是斜下刀等）。为简化走刀路线图，一般可采用统一约定的符号来表示。不同的机床可以采用不同的图例与格式。

5）数控刀具卡

数控加工时，对刀具的要求十分严格，一般要在机外对刀仪上预先调整刀具直径和长度。数控刀具卡应反映刀具编号、刀具结构、尾柄规格、组合件名称代号、刀片型号和材料等。它是组装刀具和调整刀具的依据。

2.2 数控编程基础

2.2.1 数控编程的基本概念

数控编程是将零件的加工顺序、运动轨迹与方向、位移量、工艺参数（主轴转速、进给量、背吃刀量等）以及辅助动作（换刀、变速、切削液开停等），按照动作顺序，用数控机床上的数控系统所规定的代码和程序格式编制成加工程序单（相当于工艺规程），再将加工程序单中的内容通过控制介质输入数控系统，从而控制数控机床自动加工。这种从零件图纸到制成控制介质的过程，称为数控机床的程序编制。

2.2.2 程序结构与格式

1. 数控加工程序的组成

在数控机床上加工零件，首先要编制程序，然后用该程序控制机床的运动。数控指令的集合称为程序。在程序中根据机床的实际运动顺序书写这些指令。一个完整的数控加工程序由程序开始部分（程序号）、若干个程序段、程序结束部分组成。一个程序段由程序段号和若干个程序字组成，一个程序字由地址符和数字组成。

下面是一个完整的数控加工程序，该程序由程序号开始，以 M02 结束。

程序	说明
O1002	程序开始
N1 G90 G92 X0 Y0 Z0；	程序段1
N2 G42 G01 X-60.0 Y10.0 D01 F200；	程序段2
N3 G02 X40.0 R50.0；	程序段3
N4 G00 G40 X0 Y0；	程序段4
N5 M02；	程序结束

1）程序号

为了区分每个程序，对程序要进行编号，这样可给今后的使用、存储和检索等带来很大方便。程序号由程序号地址和程序的编号组成，程序号必须放在程序的开头。例如：O1002，其中 O 为程序号地址（编号的指令码），1002 为程序的编号（1002 号程序）。

不同的数控系统，程序号地址也有所差别，如 SIMENS 系统用%，而 FANUC 系统用 O。编程时一定要参考说明书，否则程序无法执行。

2）程序字

一个程序字由字母加数字组成，如 Z-16.8，其中 Z 为地址符，-16.8 表示数字（有正、负之分）。

3）程序段

程序段号加上若干个程序字就可组成一个程序段。在程序段中表示地址的英文字母可分为尺寸地址和非尺寸地址两种。表示尺寸地址的英文字母有 X、Y、Z、U、V、W、P、Q、I、J、K、A、B、C、D、E、R、H，共 18 个字母。表示非尺寸地址有 N、G、F、S、T、M、L、O，共 8 个字母。常用地址符如表 2-1 所示。

表 2-1 常用地址符

机能	地址符	说明
程序号	O 或 P 或%	程序编号地址
程序段号	N	程序段顺序编号地址
坐标字	X，Y，Z；U，V，W；P，Q，R	直线坐标轴
	A，B，C；D，E	旋转坐标轴
	R	圆弧半径
	I，J，K	圆弧中心坐标
准备功能	G	指令动作方式
辅助功能	M，B	开关功能，工作台分度等
补偿值	H 或 D	补偿值地址
暂停	P 或 X 或 F	暂停时间
重复次数	L 或 H	子程序或循环程序的循环次数
切削用量	S 或 V	主轴转数或切削速度
	F	进给量或进给速度
刀具号	T	刀库中刀具编号

4）程序段格式和组成

程序段由程序段号、若干个程序指令字和程序段结束符组成，而指令字又由地址码、数字和代数符号组成，各指令字根据需要选用，不用的可省略。

程序段格式是指一个程序段中字的排列顺序和表达方式。数控系统曾用过的程序段格式有三种：固定顺序程序段格式、带分隔符的固定顺序程序段格式和字地址程序段格式，其中字地址程序段格式目前在数控系统中得到广泛采用。

字地址程序段格式也称为字地址可变程序段格式。这种格式的程序段，其长短、字数和字长（位数）都是可变的，字的排列顺序没有严格要求，不需要的字以及与上一程序段相同的续效字可以不写。例如：N004 G01 X5 Y10 F100，其中 N 是程序段地址符，用于指定程序段号；G 是指令动作方式的准备功能地址，G01 为直线插补；X、Y 是坐标轴地址；F 是进给速度指令地址，其后的数字表示进给速度的大小，如 F100 表示进给速度为 100 mm/min。这种格式程序简短、可读性强、易于检验和修改，因此现代数控机床广泛采用这种格式。

字地址程序段的一般格式如图 2-7 所示。

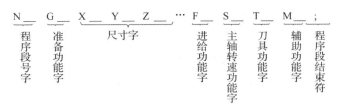

图 2-7　字地址程序段的一般格式

2. 数控加工程序的分类

数控加工程序可分为主程序和子程序。主程序是指一个完整的零件加工程序，程序结束指令为 M02 或 M30。

在数控编程时，有时会遇到一组程序段在一个程序中多次出现，或者在几个程序中都要使用它，那么这组程序段可以按一定格式编成一个固定程序体，并单独加以命名，这个程序体就叫作子程序。

子程序的指令格式

特别提醒：子程序不可以作为独立的加工程序使用，只能通过主程序调用。当主程序中遇到调用子程序的指令时，控制转到子程序执行。当子程序遇到返回主程序的指令时，控制返回到主程序继续执行。

在数控加工程序中可以使用用户宏（程序）。宏程序就是含有变量的子程序，在程序中调用宏程序的指令称为用户宏指令，系统可以使用用户宏程序的功能叫作用户宏功能。执行时只需写出用户宏指令，就可以执行其用户宏功能。使用用户宏的主要方便之处是可以用变量代替具体数值，在实际加工时，只需将此零件的实际尺寸数值用用户宏命令赋予变量即可。

2.2.3　坐标系及其确定

1. 标准坐标系

机床的一个直线进给运动或一个旋转进给运动定义为一个坐标轴。我国标准 GB/T 19660—2005 与国际标准 ISO 841—2001 等效，其中规定数控机床的坐标系采用右手笛卡儿直角坐标系，如图 2-8 所示。右手的拇指、食指、中指互相垂直，分别代表 X 轴、Y 轴和 Z 轴，指尖指向各坐标轴的正方向，即增大刀具和工件距离的方向。

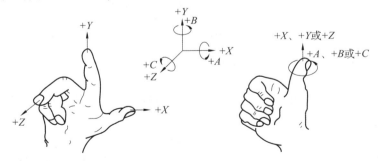

图 2-8　右手笛卡儿直角坐标系

（1）刀具相对于工件运动的原则。由于机床的结构不同，有的是刀具运动、工件固定，有的是刀具固定、工件运动等，因此为编程方便，一律规定为工件固定、刀具运动。

（2）规定平行于 X、Y、Z 轴的第一组附加轴分别为 U、V、W 轴；第二组附加轴分别为 P、Q、R 轴。

（3）规定绕 X、Y、Z 轴的旋转轴为 A、B、C 轴，其方向为右旋螺纹方向，如图 2-8 所示。旋转轴的原点一般定在水平面上。若还有附加的旋转轴时用 D、E 轴定义，其与直线轴没有固定关系。

2. 坐标轴的规定

在确定机床坐标轴时，一般先确定 Z 轴，然后确定 X 轴和 Y 轴，最后确定其他轴。JB 3051—82 规定，机床运动的正方向，是指增大工件和刀具之间距离的方向。

（1）Z 轴。Z 轴的方向是由传递切削力的主轴确定的，与主轴轴线平行的坐标轴即为 Z 轴。如果机床没有主轴，则 Z 轴垂直于工件装卡面。同时，规定刀具远离工件的方向作为 Z 轴的正方向。例如，在钻镗加工中，钻入和镗入工件的方向为 Z 坐标的负方向，而退出为正方向。

（2）X 轴。X 轴是水平的，平行于工件的装卡面，且垂直于 Z 轴。这是在刀具或工件定位平面内运动的主要坐标。对于工件旋转的机床（如车床、磨床等），X 坐标的方向是在工件的径向上，且平行于横滑座。刀具离开工件旋转中心的方向为 X 轴正方向。对于刀具旋转的机床（铣床、镗床、钻床等），如 Z 轴是垂直的，当从刀具主轴向立柱看时，X 运动的正方向指向右。如果 Z 轴是水平的，当从主轴向工件方向看时，X 轴的正方向指向右。对于无主轴的机床（如刨床），X 轴正方向平行于切削方向。

（3）Y 轴。Y 轴垂直于 X、Z 轴。Y 轴运动的正方向根据 X 和 Z 轴坐标的正方向，按照右手直角笛卡儿坐标系来判断。

图 2-9 给出了几种典型机床的标准坐标系简图。

3. 机床坐标系

以机床原点为坐标原点建立起来的 X、Y、Z 轴直角坐标系，称为机床坐标系。机床原点为机床上的一个固定点，也称机床零点或机械原点。机床原点是通过机床参考点间接确定的，机床参考点也是机床上的一个固定点，通常设置在机床各轴靠近正向极限的位置，通过减速行程开关粗定位而由零位点脉冲精确定位。其与机床原点间有一确定的相对位置，一般设置在刀具运动的 X、Y、Z 轴正向最大极限位置。在机床每次通电之后，工作之前，必须进行回机床原点操作，使刀具运动到机床参考点，其位置由机械挡块确定。这样，通过机床回原操作，确定了机床零点，从而准确地建立机床坐标系，即相当于数控系统内部建立一个以机床原点为坐标原点的机床坐标系。机床坐标系是机床固有的坐标系，一般情况下，机床坐标系在机床出厂前已经调整好，不允许用户随意变动。

在数控加工程序中可用相关指令使刀具经过一个中间点自动返回参考点。机床参考点已由机床制造厂测定后输入数控系统，并且记录在机床说明书中，用户不得更改。但有些数控机床间机床原点与机床参考点重合。

数控铣床的机床原点因生产厂家而异，如有的数控铣床的机床原点位于机床的左前上方，如图 2-9 所示 M 点。立式加工中心的机床原点一般在机床最大加工范围平面的左前角，如图 2-10 所示 M 点。

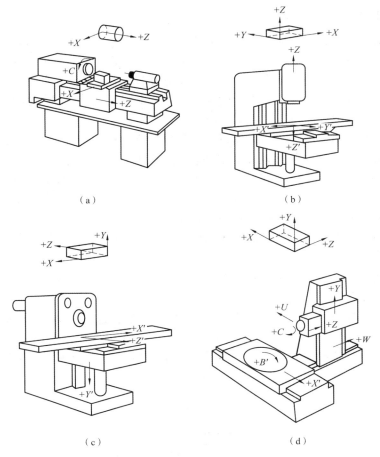

图 2-9 典型数控机床的标准坐标系

（a）卧式数控车床坐标系；（b）立式升降台数控铣床坐标系；
（c）卧式升降台数控铣床坐标系；（d）卧式数控镗铣床坐标系

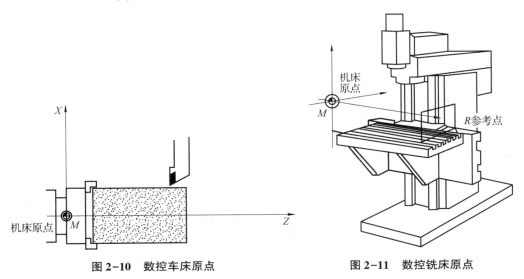

图 2-10 数控车床原点

图 2-11 数控铣床原点

4．工件坐标系

工件图样给出以后，首先应找出图样上的设计基准点。其他各项尺寸均是以此点为基准进行标注。该基准点称为工件原点（又称工件零点）。以工件原点为坐标原点建立的 X、Y、Z 轴直角坐标系，称为工件坐标系。工件坐标系是用来确定工件几何形体上各要素的位置而设置的坐标系，工件原点的位置是人为设定的，它是由编程人员在编制程序时根据工件的特点选定的，所以也称编程原点。选择工件坐标系时应注意：

（1）工件原点应选在零件的尺寸基准上，这样便于坐标值的计算，并减少错误；

（2）工件原点尽量选在精度较高的工件表面，以提高被加工零件的加工精度；

（3）对于一般零件，工件原点设在工件轮廓某一角上；对于对称零件，工件原点设在对称中心上；

（4）Z 轴方向上原点一般设在工件表面；

（5）数控车床加工零件的工件原点一般选择在工件右端面、左端面或卡爪的前端面与 Z 轴的交点上；

（6）对于卧式加工中心，最好把工件原点设在回转中心上，即设置在工作台回转中心与 Z 轴连线适当位置上；

（7）编程时，应将刀具起点和程序原点设在同一处，这样可以简化程序，便于计算。同一工件，由于工件原点变了，程序段中的坐标尺寸也随之改变。因此，数控编程时，应该首先确定编程原点，确定工件坐标系。编程原点的确定是在工件装夹完毕后，通过对刀确定。加工中心原点如图 2-12 所示。

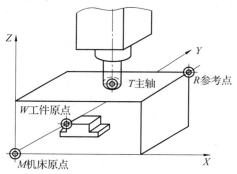

图 2-12　加工中心原点

2.2.4　常用的程序代码及其功能

数控机床的各种操作是按照给定加工程序中的各项指令来完成的。这些指令包括 G 指令、M 指令、T 指令、F 指令、S 指令。

1．G 指令

G 指令也称准备功能指令，这类指令在数控装置插补运算之前需要预先规定，为插补运算、刀补运算、固定循环等做好准备，在数控编程中极其重要。G 指令通常由地址符 G 和其后两位数字组成，目前，不同数控系统的 G 指令并非完全一致，因此编程人员必须对所用机床的数控系统有深入的了解（一般 G 指令在机床说明书中给出）。

G 指令分为模态指令（又称续效指令）和非模态指令（又称非续效指令）两类。模态指令一经程序段中指定，便一直有效，直到以后程序段中出现同组另一指令或被其他指令取消时才失效。编写程序时，与上段相同的模态指令可省略不写；非模态指令只有在被指定的程序段中才有意义。

同一条程序段中，相同指令（相同地址符）或同一组指令，后出现的起作用。

2. M 指令

M 指令也称辅助功能指令，这类指令是控制机床或系统的辅助功能动作，如冷却泵的开、关；主轴的正反转；程序结束等。M 指令通常由地址符 M 和其后两位数字组成。

1）M00——程序停止指令

M00 实际上是一个暂停指令。功能是执行此指令后，机床停止一切操作。即主轴停转、切削液关闭、进给停止。但模态信息全部被保存，在按下控制面板上的启动指令后，机床重新启动，继续执行后面的程序。

该指令主要用于工件在加工过程中需停机检查、测量零件、手工换刀或交接班等。

2）M01——计划停止指令

M01 的功能与 M00 相似，不同的是，M01 只有在预先按下控制面板上"选择停止开关"按钮的情况下，程序才会停止。如果不按下"选择停止开关"按钮，程序执行到 M01 时不会停止，而是继续执行下面的程序。M01 停止之后，按启动按钮可以继续执行后面的程序。

该指令主要用于加工工件抽样检查，清理切屑等。

3）M02——程序结束指令

M02 的功能是程序全部结束。此时主轴停转、切削液关闭，数控装置和机床复位。该指令写在程序的最后一段。

4）M03、M04、M05——主轴正转、反转、停止指令

M03 表示主轴正转，M04 表示主轴反转。所谓主轴正转，是从主轴向 Z 轴正向看，主轴顺时针转动；反之，则为反转。M05 表示主轴停止转动。M03、M04、M05 均为模态指令。要说明的是有些系统（如华中数控系统 CJK6032 数控车床）不允许 M03 和 M05 程序段之间写入 M04，否则在执行到 M04 时，主轴立即反转，进给停止，此时按"主轴停"按钮也不能使主轴停止。

5）M06——自动换刀指令

M06 为手动或自动换刀指令。当执行 M06 时，进给停止，但主轴、切削液不停。M06 不包括刀具选择功能，常用于加工中心切削液开关指令。

6）M07、M08、M09——切削液开关指令

M07、M08、M09 用于冷却装置的启动和关闭。属于模态指令。

M07 表示 2 号切削液开。

M08 表示 1 号切削液开。

M09 表示关闭切削液开关，并注销 M07、M08、M50 及 M51（M50、M51 为 3 号、4 号切削液开）。

7）M30——程序结束指令

M30 与 M02 的功能基本相同，不同的是，M30 能自动返回程序起始位置，为加工下一个工件作好准备。

8）M98、M99——子程序调用与返回指令

M98 为调用子程序指令，M99 为子程序结束并返回到主程序的指令。

注意 M00、M01、M02 和 M30 的区别与联系，具体如下：

M00 为程序暂停指令。程序执行到此进给停止，主轴停转。重新按启动按钮后，再继续执行后面的程序段。主要用于编程者想在加工中使机床暂停（检验工件、调整、排屑等）。

M01 为程序选择性暂停指令。程序执行时控制面板上"选择停止"键处于"ON"状态时此功能才能有效，否则该指令无效。执行后的效果与 M00 相同，常用于关键尺寸的检验或临时暂停。

M02 为主程序结束指令。执行到此指令，进给停止，主轴停止，切削液关闭。但程序光标停在程序末尾。

M30 为主程序结束指令。功能同 M02，不同之处是，光标返回程序头位置，不管 M30 后是否还有其他程序段。

3. T 指令

T 指令也称为刀具功能指令，表示选择刀具和刀补号。一般具有自动换刀的数控机床上都可使用 T 指令。

T 指令的编程格式因数控系统不同而不完全一样，主要有以下两种格式。

1）"T"编程

刀具功能用地址符 T 加 4 位数字表示，前两位是刀具号，后两位是刀补号。刀补号即刀具参数补偿号，一把刀具可以有多个刀补号。如果后两位数为 00，则表示刀具补偿取消。例如：

N01 G92 X140.0 Z300.0;	建立工件坐标系
N02 G00 S2000 M03;	主轴以 2 000 r/min 的速度正转
N03 T0304;	3 号刀具，4 号刀补
N04 X40.0 Z120.0;	快速点定位
N05 G01 Z50.0 F20;	直线插补
N06 G00 X140.0 Z300.0;	快速点定位
N07 T0300;	3 号刀具，补偿取消

2）"T、D"编程

T 后接两位数字，表示刀号，选择刀具；D 后面也是接两位数，表示刀补号。

定义这两个参数时，其编程的顺序为 T、D。T 和 D 可以编写在一起，也可以单独编写，例如，T5D8 表示选择 5 号刀，采用刀具偏置表 8 号的偏置尺寸；如果在前面程序段中写 T5，后面程序段中写入 D8，则仍然表示选择 5 号刀，采用刀具偏置表 8 号的偏置尺寸。如果选用了 D0，则表示取消刀具补偿。

4. F 指令

F 指令也称进给功能指令，表示进给速度，属于模态指令。在 G01、G02、G03 和循环指令程序段中，必须要有 F 指令，或者在这些程序段之前已经写入了 F 指令。如果没有 F 指令，不同的系统处理方法不一样，有的系统显示出错，有的系统自动取轴参数中各轴"最高允许速度"的最小设置值。快速点定位 G00 指令的快速移动速度与 F 指令无关。

根据数控系统不同，F 指令的表示方法也不一定相同。进给功能用地址符 F 和其后 1～5 位数字表示，通常用 F 后跟 3 位数字（F×××）表示。进给功能的单位一般为每分钟进给量（mm/min），当进给速度与主轴转速有关时（如车削螺纹），单位为主轴每转进给量（mm/r）。

1）切向进给速度的恒定控制

F 指令设定的是各轴进给速度的合成速度，目的在于使切削过程的切向进给速度始终与指令速度一样。系统自动根据 F 指令的切向进给速度控制各轴的进给速度。

2）进给量设定

一般用 G94 表示进给速度，单位是 mm/min，用 G95 表示进给量，单位是 mm/r。G94 和 G95 都是模态代码，G94 为缺省值。在华中数控系统中，用 G98、G99 指令设定 F 指令的进给量，单位分别为 mm/min 和 mm/r。G98 和 G99 都是模态指令，G98 为缺省值。

3）进给速度的调整

F 指令给定的进给速度可通过"进给修调"形状调整。

注意："进给修调"在螺纹加工时无效。

4）快速移动速度

各轴的快速移动速度是在轴参数中设定的"最高允许速度"，可用"进给修调"形状调整，与 F 指令的进给速度无关。

5. S 指令

S 指令也称主轴转速功能指令，主要表示主轴转速或速度，属于模态指令，用地址符 S 加 2~4 位数字表示。用 G97 和 G96 分别指令单位为 r/min 或 m/min，通常使用 G97（r/min）。例如：

G96 S300；　　　　　　　　主轴转速为 300 m/min
G97 S1500；　　　　　　　主轴转速为 1 500 r/min

注意：在车床系统里，G97 表示主轴恒转速，G96 表示恒切削速度。

6. 常用准备指令功能及用法

1）与坐标和坐标系有关的指令

（1）绝对尺寸与增量尺寸指令 G90/G91。

G90 为绝对值编程指令，G91 为增量值编程指令。在 G90 下，程序段中的轨迹坐标都是相对于某一固定编程原点所给定的绝对尺寸。在 G91 下，程序段中的轨迹坐标都是相对于前一位置坐标的增量尺寸。G90 与 G91 应用如图 2-13 所示。

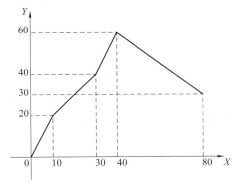

图 2-13　G90 与 G91 应用

用绝对值编程的程序如下：

N01 G90；
N02 G01 X10 Y20 F120；

N03 X30 Y30；

N04 X40 Y60；

N05 X80 Y30；

N06 M02；

用增量值编程的程序如下：

N01 G91；

N02 G01 X10 Y20 F120；

N03 X20 Y20；

N04 X10 Y20；

N05 X40 Y-30；

N06 M02；

如果在开始程序段不注明是 G90 还是 G91，则系统按 G90 运行。

（2）工件坐标系设定指令 G92。

G92 用来设定刀具在工件坐标系中的坐标值。用绝对值编程时必须设定工件坐标系，必须先将刀具的起刀点坐标及工件坐标系的绝对坐标原点（也称编程原点）告诉数控系统。当工件安装后须确定工件零点在机床坐标系中的位置。G92 用于实现此功能。

程序段格式为：G92 X_ Y_ Z_；

其中，X、Y、Z 为刀位点在工件坐标系中的初始位置。例如：

G92 X25.0 Z350.0；　　　　　　　　设定工件坐标系为 $X_1O_1Z_1$

G92 X25.0 Z10.0；　　　　　　　　　设定工件坐标系为 $X_2O_2Z_2$

以上两程序段所设定的工件坐标系如图 2-14 所示。工件坐标系建立以后，程序内所有用绝对值指定的坐标值，均为这个坐标系中的坐标值。

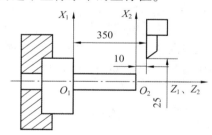

图 2-14　工件坐标系设定

注意：数控机床在执行 G92 时并不动作，只是显示器上的坐标值发生了变化。

（3）工件坐标系选择指令 G54、G55、G56、G57、G58、G59。

指令与所选坐标系对应的关系是：

G54：选定工件坐标系 1；

G55：选定工件坐标系 2；

G56：选定工件坐标系 3；

G57：选定工件坐标系 4；

G58：选定工件坐标系 5；

G59：选定工件坐标系 6；

程序段格式为：G54（G55、G56、G57、G58、G59） X_ Y_ Z_;

编程过程中，为了避免尺寸换算，需多次把工件坐标系平移。此法是将机床原点（参考点）与要设定的工件零点间的偏置坐标值，即工件坐标系原点在机床坐标系中的数值用手动数据输入方式输入，事先存储在机床存储器内，然后用 G54～G59 任一指令调用。这些坐标系的原点在机床重开机时仍然存在。用此方法可以将工件坐标系原点平移至工件基准处，如图 2-15 所示。

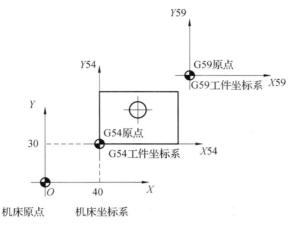

图 2-15　工件坐标系的设定

一旦指定了 G54～G59 其中之一，则该工件坐标系原点即为当前程序原点，后续程序段中的工件绝对坐标均为相对此程序原点的值，例如以下程序：

N01 G54 G00 G90 X30 Y20;

N02 G55;

N03 G00 X40 Y30;

执行 N01 句时，系统会选定 G54 坐标系作为当前工件坐标系，然后再执行 G00 移动到该坐标系中的 A 点；执行 N02 句时，系统又会选择 G55 坐标系作为当前工件坐标系；执行 N03 句时，机床就会移动到刚指定的 G55 坐标系中的 B 点，如图 2-16 所示。

G54～G59 指令与 G92 指令的使用方法不同。使用 G54～G59 建立工件坐标系时，该指令可单独指定（见上面程序 N02 句），也可与其他程序指令同段指定（见上面程序 N01 句），如果该程序段中有位置指令就会产生运动。可使用定位指令自动定位到加工起始点。

若在工作台上同时加工多个相同零件时，可以设定不同的程序零点（见图 2-15），共可建立 G54～G59 六个加工坐标系。其坐标原点（程序零点）可设在便于编程的某一固定点上，这样只需按选择的坐标系编程。所以，对于多程序原点偏移，采用 G54～G59 原点偏置寄存器存储所有程序原点与机床参考点的偏移量，然后在程序中直接调用 G54～G59 进行原点偏移是很方便的。采用程序原点偏移的方法还可实现零件的空运行试切加工，即在实际应用时，将程序原点向刀轴（Z 轴）方向偏移，使刀具在加工过程中抬起一个安全高度。

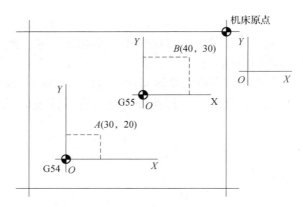

图 2-16　工件坐标系的使用

G92 与 G54 ~G59 都是用于设定工件坐标系的，但它们在使用中是有区别的：G92 是通过程序来设定工件坐标系的，G92 所设定的加工坐标原点是与当前刀具所在位置有关的，这一加工原点在机床坐标系中的位置是随当前刀具位置的不同而改变的。G54 ~G59 是通过 CRT/MDI 在设置参数方式下设定工件坐标系的，一经设定，加工坐标原点在机床坐标系中的位置是不变的，它与刀具的当前位置无关，除非再通过 CRT/MDI 方式更改。G92 只是设定工件坐标系，而不产生任何动作；G54 ~G59 则可以和 G00、G01 组合，在选定的工件坐标系中进行位移。

注意：这类指令只在绝对坐标（G90）下有意义，在 G91 下无效。

（4）坐标平面选择指令 G17、G18、G19。

G17、G18、G19 分别指定空间坐标系中的 XY 平面、ZX 平面和 YZ 平面，如图 2-17 所示，其作用是让机床在指定坐标平面上进行插补加工和加工补偿。

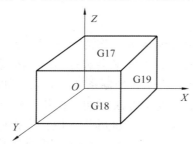

图 2-17　坐标平面选择指令

对于三坐标数控铣床和铣镗加工中心，开机后数控装置自动将机床设置成 G17 状态，如果在 XY 坐标平面内进行轮廓加工，就不需要由程序设定 G17。同样，数控车床总是在 XZ 平面内运动，在程序中也不需要用 G18 指定。

要说明的是，移动指令和平面选择指令无关，如选择了 XY 平面之后，Z 轴仍旧可以移动。

2）与控制方式有关的指令

（1）快速定位指令 G00。

程序段格式为：G00　X_ Y_ Z_；

G00 的功能是指令刀具从当前点，以数控系统预先调定的快进速度，快速移动到程序段所指令的下一个定位点。

注意：G00 的运动轨迹不一定是直线，若不注意则容易干涉。

（2）直线插补指令 G01。

程序段格式为：G01　X＿ Y＿ Z＿ F＿；

其中，X、Y、Z 分别为 G01 的终点坐标，F 指定进给速度（mm/min）。

G01 的功能是指令多坐标（2、3 坐标）以联动的方式，按程序段中规定的合成进给速度，使刀具相对于工件按直线方式，由当前位置移动到程序段中规定的位置。当前位置是直线的起点，为已知点，而程序段中指定的坐标值即为终点坐标。

（3）圆弧插补指令 G02，G03。

G02 为顺时针圆弧插补，G03 为逆时针圆弧插补。

G02、G03 的功能是使机床在给定的坐标平面内进行圆弧插补运动。顺时针圆弧和逆时针圆弧在不同坐标平面内的判别方法如图 2-18 所示。即在圆弧插补中沿垂直于要加工圆弧所在平面的坐标轴由正方向向负方向看，刀具相对于工件的转动方向是顺时针方向为 G02，逆时针方向为 G03。

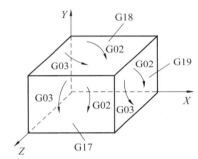

图 2-18　不同坐标平面内 G02、G03 的判别方法

程序段格式为：

XY 平面：G02（G03）G17 X＿ Y＿I＿ J＿（R＿）F＿；

ZX 平面：G02（G03）G18 X＿ Z ＿I＿ K ＿（R＿）F＿；

YZ 平面：G02（G03）G19 Y＿ Z ＿J＿ K ＿（R＿）F＿；

其中，X、Y、Z 为圆弧终点坐标值。在绝对值编程（G90）下，圆弧终点坐标是绝对坐标尺寸；在增量值编程（G91）下，圆弧终点坐标是相对于圆弧起点的增量值。I、J、K 表示圆弧圆心相对于圆弧起点在 X、Y、Z 方向上的增量坐标，与 G90 和 G91 方式无关。F 为刀具沿圆弧切向的进给速度。I、J、K 的指定也可用 R 指定，R 为圆弧半径，当两者同时被指定时，R 指令优先，I、J、K 无效；在圆弧切削时注意，当圆弧的圆心角 $\alpha \leqslant$ 180°时，R 值为正，当圆弧的圆心角 $\alpha > 180$°时，R 值为负。R 不能做整圆切削，整圆切削只能用 I、J、K 编程，因为经过同一点，半径相同的圆有无数个。用 R 指令编程圆弧如图 2-19 所示。

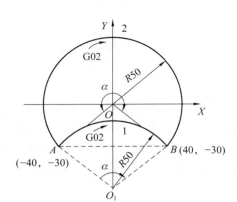

图 2-19 用 R 指令编程圆弧

圆弧段 1：由图 2-19 可知，*A*、*B* 两点的坐标为 *A*（-40，-30），*B*（40，-30）。程序为：

G90 G02 X40 Y-30 R50 F100；

或 G91 G02 X80 Y0 R50 F100；

圆弧段 2 程序为：

G90 G02 X40 Y-30 R-50 F100；

或 G91 G02 X80 Y0 R-50 F100；

图 2-20 为一封闭圆，现设起刀点在坐标原点 *O*，加工是从 *O* 快速移动至 *A* 逆时针加工整圆。

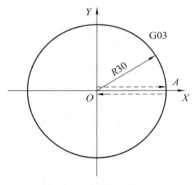

图 2-20 整圆编程

用绝对尺寸编程：

N10 G92 X0 Y0 Z0；

N20 G90 G00 X30 Y0；

N30 G03 I-30 J0 F100；

N40 G00 X0 Y0；

用增量尺寸编程：

N20 G91 G00 X30 Y0；

N30 G03 I-30 J0 F100；

N40 G00 X-30 Y0；

下面以图 2-21 为例，说明 G01、G02、G03 的编程方法。

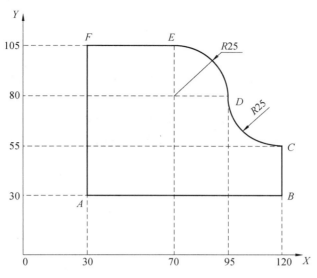

图 2-21 G01、G02、G03 编程

设刀具由坐标原点 O 快进至 A 点，从 A 点开始沿 A、B、C、D、E、F、A 切削，最终回到原点 O。

用绝对值编程程序如下：

N01 G92 X0 Y0；

N02 G90 G00 X30 Y30；

N03 G01 X120 F120；

N04 Y55；

N05 G02 X95 Y80 I0 J25 F100；

N06 G03 X70 Y105 I-25 J0；

N07 G01 X30 Y105 F120；

N08 Y30；

N09 G00 X0 Y0；

G10 M02；

用增量值编程程序如下：

N01 G91 G00 X30 Y30；

N02 G01 X90 F120；

N03 Y25；

N04 G02 X-25 Y25 I0 J25 F100；

N05 G03 X-25 Y25 I-25 J0；

N06 G01 X-40 F120；

N07 Y-75；

N08 G00 X-30 Y-30；

N09 M02；

需要说明的是，上述圆弧加工程序中，假定刀具中心与工件轮廓轨迹重合，没有考虑刀具半径对编程轨迹的影响。实际加工时，应考虑刀具中心与工件轮廓轨迹之间永远相差一个

刀具半径值 R，这要用到刀具半径补偿功能。刀具补偿将在后面进行介绍。

3）与刀具补偿有关的指令

（1）刀具半径补偿指令 G40、G41/G42。

G41 为刀具半径左补偿，表示沿着刀具前进方向看，刀具偏在工件轮廓的左边，相当于顺铣；G42 为刀具半径右补偿，表示沿着刀具前进方向看，刀具偏在工件轮廓的右边，相当于逆铣，如图 2-22 所示。从刀具寿命、加工精度、表面粗糙度而言，顺铣效果较好，因此 G41 使用较多。G40 表示取消刀具半径补偿指令。G41、G42 需要与 G00～G03 等共同构成程序段。G40、G41、G42 为模态指令。

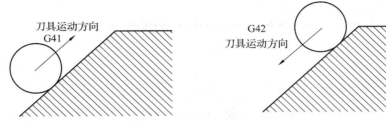

图 2-22　G41/G42

程序段格式（假设在 XY 平面）为：

G00（G01）G41（G42）X_Y_D_F_；

G02（G03）G41（G42）X_Y_I_J_D_F_；或 G02（G03）G41（G42）X_Y_R_D_F_；

G00（G01）G40　X_Y_　F_；

在程序段中，X、Y 为刀具半径补偿起始点的坐标；D 为刀具半径补偿寄存器代号，一般补偿号为两位数（D00～D99），补偿值预先寄存到刀补寄存器中，F 为进给速度（用 G00 编程时 F 省略）。

注意：G40 必须和 G41 或 G42 成对使用。

a）刀具补偿的功能。

在平面轮廓铣削加工时，由于圆柱铣刀半径 R 的存在，使得刀具中心轨迹和工件轮廓轨迹不重合，始终相差一个刀具半径值 R。数控机床具备刀具半径补偿功能，利用这一功能，可在编程时将刀具半径值预先储存在数控系统中，不论刀具半径值的大小，只需按照工件轮廓轨迹进行编程。执行程序时，系统将根据储存的刀具半径值自动计算出刀具中心的轨迹，然后按照刀具中心轨迹运行程序，从而加工出要求的工件形状。在刀具磨损、刃磨后刀具半径减小，或重新换刀后的刀具半径值与编程时设定的刀具半径不同时，可以仅改变刀具半径补偿值，无需重新编写程序。

另外，对工件粗、精加工，可以用同一个程序，而不必另外编写。如图 2-23 所示，当按零件轮廓编程以后，在粗加工零件时我们可以把偏置量设为 D，$D = R + \Delta$，其中 R 为铣刀半径，Δ 为精加工前的加工余量，那么零件被加工完成以后将得到一个比零件轮廓 $ABCDEF$ 各边都大 Δ 的零件 $A'B'C'D'E'F'$。在精加工零件时，我们设偏置量 $D = R$，这样零件被加工完后，将得到零件的实际轮廓 $ABCDEF$。

b）刀具补偿的动作过程。

刀具补偿的动作过程分为三步，即刀补建立、刀补执行和取消刀补，如图2-24所示。

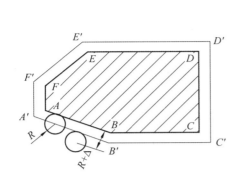

图2-23 刀补功能的利用

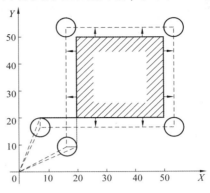

图2-24 刀补的动作过程

按增量方式编程：

O0001

N10 G54 G91 G17 G00 M03；　　　　G17指定刀补平面（XOY平面）

N20 G41 X20.0 Y10.0 D01；　　　　建立刀补（刀补号为01）

N30 G01 Y40.0 F200；　　　　　　刀补执行开始

N40 X30.0；

N50 Y-30.0；

N60 X-40.0；　　　　　　　　　　刀补执行结束

N70 G00 G40 X-10.0 Y-20.0 M05；取消刀补

N80 M02；

按绝对方式编程：

O0002

N10 G54 G90 G17 G00 M03；　　　　G17指定刀补平面（XOY平面）

N20 G41 X20.0 Y10.0 D01；　　　　建立刀补（刀补号为01）

N30 G01 Y50.0 F200；　　　　　　刀补执行开始

N40 X50.0；

N50 Y20.0；

N60 X10.0；　　　　　　　　　　　刀补执行结束

N70 G00 G40 X0 Y0 M05；　　　　　取消刀补

N80 M02；

注意：在启动阶段开始后的刀补状态中，如果存在有两段以上的没有移动指令或存在非指定平面轴的移动指令段，则可能产生进刀不足或进刀超差。其原因是进入刀具状态后，只能读出连续的两段，这两段都没有进给，也就作不出矢量，确定不了前进的方向。

c）刀具半径补偿指令在加工中的应用。

（a）自动计算刀具中心轨迹，简化编程。

（b）用同一程序、同一尺寸的刀具，通过改变刀具半径补偿值的大小，可进行粗、精加工。

（c）通过半径补偿值的调整，来控制零件轮廓尺寸加工精度，以修正由于刀具磨损、系统刚性不足及零件弹性变形回复等原因所造成的尺寸误差。

【例2-1】考虑刀具半径补偿编制零件的加工程序，如图2-25所示，设加工开始时刀具距离工件上表面50 mm，切削深度为10 mm。

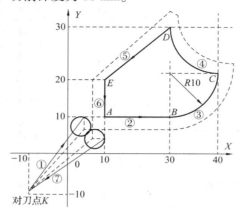

图2-25 考虑刀具半径补偿编程实例

解：零件的加工程序如表2-2所示。

表2-2 零件的加工程序

程序		注释
	O1008	程序名
N1	G17 G98 G90 G54;	
N2	M03 S900;	主轴正转，转速900 r/min
N3	G00 Z50;	主轴抬高一定的安全距离
N4	X-10 Y-10;	定位
N5	G42 G00 X4 Y10 D01;	建立刀具半径右刀补
N6	Z2;	刀具下移
N7	G01 Z-10 F800;	
N8	X30;	
N9	G03 X40 Y20 I0 J10;	
N10	G02 X30 Y30 I0 J10;	
N11	G01 X10 Y20;	
N12	Y4;	
N13	G00 Z50 M05;	刀具抬高
N14	G40 X-10 Y-10;	取消刀具半径补偿
N15	M30;	程序结束

（2）刀具长度补偿（偏置）指令 G43/G44、G49。

刀具长度补偿（偏置）指令的主要作用是在编程时不必考虑刀具的实际长度及各把刀

具不同的长度尺寸，当刀具在长度方向的尺寸发生变化时（刀具磨损或重新换刀），可以在不改变程序的情况下，通过改变偏置量，加工出所要求的零件尺寸。

G43 为刀具长度正补偿（偏置）指令，用于刀具的实际位置正向偏离编程位置时的补偿（或称刀具伸长补偿），它的作用是对刀具编程终点坐标值作减去一个刀具偏差量 e 的运算，也就是使编程终点坐标向负方向移动一个偏差量 e。

G44 为刀具长度负补偿（偏置）指令，用于刀具的实际位置负向偏离编程位置时的补偿（或称刀具缩短补偿），它的作用是对刀具编程终点坐标值作加上一个刀具长度偏差量 e 的运算，也就是使编程终点坐标向正方向移动一个偏差量 e。

G49 是撤消刀具长度补偿（偏置）的指令，指令刀具移回原来的实际位置，即作与前面长度补偿指令相反的运算。不管刀具实际长度比编程时的刀具长度短（即刀具短于编程时的长度）还是长，e 都取正值。

程序段格式为：G43（G44）Z_(X_/Y_)H_(D_)； *刀具长度正补偿或负补偿*
　　　　　　　　G01 G49 Z；　　　　　　　　　 *刀具长度补偿取消*

其中，Z（X/Y）为补偿轴的编程坐标，刀具长度补偿指令一般用于刀具轴向（Z 向）的补偿；H（D）为刀具长度补偿代号，其中 H00 或 D00 也为取消长度补偿偏置。

注意：G43、G44、G49 为模态指令，本身不能产生运动，长度补偿的建立与取消必须与 G00（或 G01）指令同时使用，且在 Z 轴方向上的位移量不为零。

【例 2-2】 如图 2-26 所示槽形，设进给速度为 $F = 100 \text{ mm/min}$，主轴转速 $S = 1\,000 \text{ r/min}$，用 $\phi6$ 的铣刀，试编写其加工程序（工件零点选择在工件中心）。

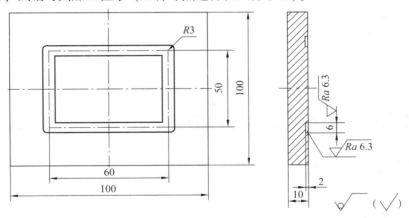

图 2-26 考虑刀具长度补偿编程实例

解：零件的加工程序如表 2-3 所示。

表 2-3 零件的加工程序

	程序	注释
	O1212	程序名
N1	G90 G54 G00　X0 Y0；	设置工件零件于 O 点
N2	G43　T01　H01；	选择刀具，建立刀具长度补偿
N3	M03 S1000；	主轴正转，转速为 1 000 r/min

续表

程序		注释
N4	G00 X-30 Y-25 Z1;	刀具快速降至（-30，-25，1）
N5	G01 Y25 Z-2 F50;	刀具斜线下刀至 Z-2 mm 处
N6	X30 F100;	直线插补
N7	Y-25;	直线插补
N8	X-30;	直线插补
N9	G00 Z100;	刀具 Z 向快退
N10	X0 Y0 G49;	刀具回起刀点，取消长度补偿
N11	M05;	主轴停转
N12	M02;	程序结束

4）暂停指令 G04

G04 可使刀具作短时间（如几秒钟）的暂停（延迟），进行无进给的光整加工，用于车槽、镗平面、镗孔、锪孔等场合，以获得圆整而光滑的表面。

程序段格式为：G04 X_；或 G04 P_；

其中，X 或 P 为地址符，后面紧跟的数字一般表示停留时间，视具体机床数控系统而定。有时，规定 X 后面的数字为带小数点的数，单位为 s；P 后面的数字为整数，单位为 ms。G04 为非模态指令，仅在本程序段有效。G04 的程序段里不能有其他指令。

例如，暂停 1.8 s 的程序是：

G04 X1.8；或 G04 P1800；

2.3 数控机床的加工程序编制

2.3.1 数控车床编程

数控车床是目前使用最广泛的数控机床之一，主要用来加工回转体零件，能对轴类和盘类零件自动地完成内外圆柱面、圆锥面、球面、圆柱螺纹、圆锥螺纹等工序的切削加工，并能进行切槽、钻、扩、铰孔等工序的加工。车削中心可在一次装夹中完成更多的加工工序，提高加工精度和生产效率，特别适合复杂形状回转类零件的加工。

1. 数控车床及车削中心的编程特点

（1）数控车床上工件的毛坯大多为圆棒料，加工余量较大，一个表面往往需要进行多次反复的加工。如果对每个加工循环都编写若干个程序段，就会增加编程的工作量。为了简化加工程序，一般情况下，数控车床的数控系统中都有车外圆、车端面和车螺纹等不同形式的循环功能。

（2）数控车床的数控系统中都有刀具补偿功能。在加工过程中，对于刀具位置的变化、刀具几何形状的变化及刀尖的圆弧半径的变化，都无需更改加工程序，只要将变化的尺寸或圆弧半径输入到存储器中，刀具便能自动进行补偿。

（3）数控车床的编程有直径、半径两种方法。直径编程是指 X 轴上的有关尺寸为直径值，半径编程是指 X 轴上的有关尺寸为半径值。数控车床出厂时一般设定为直径编程。如需用半径编程，要改变系统中相关参数，使系统处于半径编程状态，本章以后，若非特殊说明，各例均为直径编程。例如：采用 FANUC 系统的数控车床是采用直径编程。

（4）在一个程序段中，根据零件图上标注的尺寸，可以采用绝对值编程，增量值编程或二者混合使用编程。大多数数控车床用 X、Z 表示绝对坐标，用 U、W 表示增量坐标，而不用 G90 或 G91 表示。

2. 数控车床的常用编程指令

当前，数控系统的种类较多，数控车床可配置不同的数控系统，虽然不同的数控系统功能和具体指令会有所不同，但编程的基本原理和方法是相同的，下面以 FANUC 系列数控系统为例介绍一些数控车床的常用编程指令。

1）主轴转速功能设定指令 G50、G96、G97

主轴转速功能有恒线速度控制和恒转速控制两种指令方式，并可限制主轴最高转速。

（1）最高转速限制指令 G50。

程序段格式：G50 S_；

S 后面的数字表示的是最高转速（r/min）。该指令可防止因主轴转速过高，离心力太大，产生危险及影响机床寿命。

例如，G50 S2000 表示最高转速限制为 2 000 r/min。

另外，G50 还可用于加工坐标系设置，程序段格式：G50 X_ Z_；其使用方法与 G92 类似。图 2-27 为一车削加工实例。

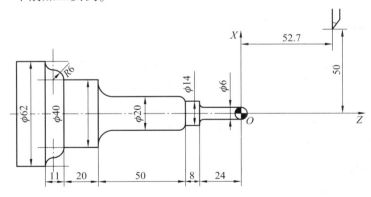

图 2-27　车削加工实例

程序如下：

```
O0031
N001 G50 X100.0 Z52.7;
N002 S800 M03;
N003 G00 X6.0 Z2.0;
N004 G01 Z-20.0 F1.3;
N005 G02 X14.0 Z-24.0 R4.0;
```

```
N006 G01 W-8.0;
N007 G03 X20.0 W-3.0 R3.0;
N008 G01 W-37.0;
N009 G02 U20.0 W-10.0 R10.0;
N010 G01 W-20.0;
N011 G03 X52.0 W-6.0 R6.0;
N012 G02 U10.0 W-5.0 R5.0;
N013 G00 X100.0 Z52.7;
N014 M05;
N015 M02;
```

（2）恒线速控制指令 G96。

程序段格式：G96 S_;

S 后面的数字表示的是恒定的线速度（m/min）。该指令用于车削端面或工件直径变化较大的场合。采用此功能，可保证当工件直径变化时，主轴的线速度不变，从而保证切削速度不变，提高了加工质量。

例如，G96 S180 表示切削点线速度控制在 180 m/min。

（3）主轴速度以转速设定指令 G97。

程序段格式：G97 S_;

S 后面的数字表示的是线速度（r/min），该指令用于车削螺纹或工件直径变化较小的场合。采用此功能，可设定主轴转速并取消恒线速度控制。

例如，G97 S3000 表示恒线速控制取消后主轴转速 3 000 r/min。

2）T 指令

T 指令用于选择加工所用刀具。

程序段格式：T_;

T 后面通常有两位数表示所选择的刀具号码。但也有 T 后面用四位数字，前两位是刀具号，后两位是刀具长度补偿号，又是刀尖圆弧半径补偿号。

例如，T0303 表示选用 3 号刀及 3 号刀具长度补偿值和刀尖圆弧半径补偿值。刀具号和刀具补偿号不必相同，但为了方便通常使它们一致。

T0300 表示取消刀具补偿。

3. 数控车床的一些常用固定循环指令

1）简单固定循环指令

（1）内径、外径车削循环指令 G90。

G90 功能：适用于在零件的内、外圆柱面（圆锥面）上毛坯余量较大或直接从棒料车削零件时进行精车前的粗车，以去除大部分毛坯余量。

a）直线车削循环。

程序段格式：G90 X（U）_ Z（W）_ F_

其轨迹如图 2-28 所示，由 4 个步骤组成。刀具从定位点 A 开始沿 ABCDA 的方向运动，其中 X（U）、Z（W）给出 C 点的位置。图中 1（R）表示第一步是快速运动，2（F）表示第二步按进给速度切削，3（F）表示第三步按进给速度退刀、4（R）表示第四步是以快速运动复位。用一个循环，以一段程序指令完成四段动作，使程序简单化。

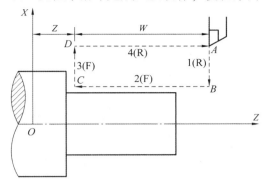

图 2-28　直线切削循环轨迹

b）锥体车削循环。

程序段格式：G90 X（U）_ Z（W）_ I（R）_ F_

$$I = \frac{D1 - D2}{2}$$

式中，$D1$ 为圆锥起点直径，$D2$ 为圆锥终点直径，I（或 R）为锥体两端的半径之差。$I = 0$ 时为直线车削。

其轨迹如图 2-29 所示，刀具从定位点 A 开始沿 $ABCDA$ 的方向运动，其中 X（U）、Z（W）给出 C 点的位置，I（R）值的正负由 B 点和 C 点的 X 坐标之间的关系确定，图中 B 点的 X 坐标比 C 点的 X 坐标小，所以 I（R）应取负值。

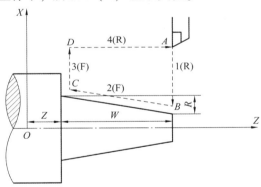

图 2-29　锥体切削循环轨迹

（2）端面车削循环指令 G94。

G94 功能：适用于在零件的端面上毛坯余量较大时进行精车前的粗车，以去除大部分毛坯余量。

a）端面车削循环。

程序段格式：G94 X（U）_ Z（W）_ F_

其轨迹如图 2-30 所示，由 4 个步骤组成。刀具从循环起点开始沿，其中 X（U）、Z（W）给出终点的位置。图中 1（R）表示第一步是快速运动，2（F）表示第二步按进给速度切削，3（F）表示第三步按进给速度退刀，4（R）表示第四步是以快速运动复位。

b）带锥度的端面车削循环。

程序段格式：G94 X（U）_Z（W）_I（R）_F_

其轨迹如图 2-31 所示，刀具从循环起点开始，其中 X（U）、Z（W）给出终点的位置，I（R）值的正负由 B 点和 C 点的 X 坐标之间的关系确定，图中 B 点的 X 坐标比 C 点的 X 坐标小，所以 I（R）应取负值（见图 2-30）。

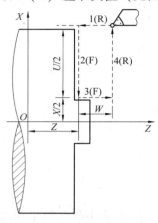

图 2-30　端面车削循环轨迹

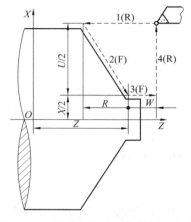

图 2-31　带锥度的端面车削循环轨迹

2）复合固定循环指令

（1）外径、内径粗车循环指令 G71。

该指令只需指定精加工路线，系统会自动给出粗加工路线，适用于工件形状复杂，车削量较大，毛坯为圆棒料的零件，其轨迹如图 2-32 所示。

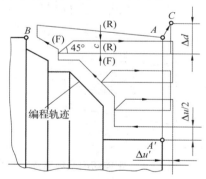

图 2-32　外径、内径粗车循环轨迹

程序段格式为：G71 U（Δd）R（e）；

　　　　　　　G71 P（ns）Q（nf）U（Δu）W（ΔW）F（f）S（s）T（t）；

其中，Δd 为背吃刀量（半径值，无正负符号）；e 为每回切削退刀量；ns 为开始切削循环之单节号码；nf 为最后切削循环之单节号码；Δu 为 X 方向之精切预留量（直径值）；Δw 为 Z 方向之精切预留量；f 为进给速度；s 为主轴转速设定；t 为刀具号码。

F、S、T 功能写在 ns 和 nf 之间的程序段均无效，只有写在 G71 之单节才有效。G71 中最后的加工是依包含的指令单元减去预留量而依序切削。

（2）端面粗车循环指令 G72。

该指令的执行过程除了其切削进程平行于 X 轴之外，其他与 G71 相同，其轨迹如图 2-33 所示。

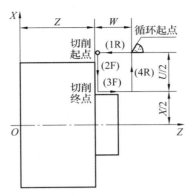

图 2-33 端面粗车循环轨迹

程序段格式为：G72 W（Δd）R（e）;

　　　　　　　G72 P（ns）Q（nf）U（Δu）W（ΔW）F（f）S（s）T（t）;

（3）成型车削循环指令 G73。

该指令只需指定精加工路线，系统会自动给出粗加工路线，适于车削铸造、锻造等方式已经加工成型的工件，其轨迹如图 2-34 所示。

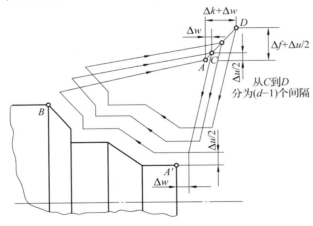

图 2-34 成型车削循环轨迹

程序段格式为：G73 U（Δi）W（Δk）R（d）;

　　　　　　　G73 P（ns）Q（nf）U（Δu）W（ΔW）F（f）S（s）T（t）;

其中，Δi 为 X 方向总退刀量，半径值；Δk 为 Z 方向总退刀量；d 为循环次数；ns 为指定精加工路线的第一个程序段的段号；nf 为指定精加工路线的最后一个程序段的段号；Δu 为 X 方向上的精加工余量，直径值；ΔW 为 Z 方向上的精加工余量。

粗车过程中从程序段号 ns ~ nf 之间的任何 F、S、T 功能均被忽略，只有 G73 指令中指定的 F、S、T 功能有效。

（4）外径、内径精车循环指令 G70。

程序段格式为：G70 P (ns) Q (nf)；

其中，ns 为精车程序第一个程序段的顺序号；nf 为精车程序最后一个程序段的顺序号。

在 G71、G72、G73 之后必须使用 G70 执行精车削，以达到所需要之尺寸。F、S、T 机能写在 ns 和 nf 之间的程序段在 G70 中有效。G70 执行后，刀具会回到 G71、G72、G73 开始的切削点。

使用 G70、G71 编程的加工实例如图 2-35 所示。

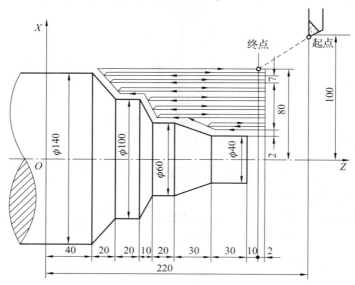

图 2-35　使用 G70、G71 编程的加工实例

程序如下：

```
O0032                              程序名
N010 G50 X200 Z220;                坐标系设定
N020 M04 S800 T0300;               主轴旋转
N030 G00 X160 Z180 M08;            快速到达点 (160, 180)
N040 G71 P050 Q110 U4 W2 D7 F0.2 S500;粗车循环, 从程序段 N050 到 N110
N050 G00 X40 S800;                 背吃刀量为 7 mm
N060 G01 W-40 F0.1;
N070 X60 W-30;
N080 W-20;
N090 X100 W-10;
N100 W-20;
N110 X140 W-20;
N120 G70 P050 Q110;                精车循环
N130 G00 X200 Z220 M09;
N140 M30;
```

4. 数控车床的刀具补偿

全功能的数控车床基本上都具有刀具补偿功能。刀具补偿又分为刀具位置补偿和刀尖半径补偿。刀具功能指令（T××××）中后两位数字所表示的刀具补偿号从01开始，00表示取消刀补，编程时一般习惯于设定刀具号和刀具补偿号相同。

1）刀具位置补偿

在机床坐标系中，CRT上显示的X、Z轴坐标值是刀架左侧中心相对机床原点的距离；在工件坐标系中X、Z轴坐标值是车刀刀尖（刀位点）相对工件原点的距离，而且机床在运行加工程序时，数控系统控制刀尖的运动轨迹。这就需要进行刀具位置补偿。

刀具位置补偿包括刀具几何尺寸补偿和刀具磨损补偿，前者用于补偿刀具形状或刀具附件位置上的偏差，后者用于补偿刀尖的磨损。

在实际加工工件时，使用一把刀具一般不能满足工件的加工要求，通常要使用多把刀具进行加工。作为基准刀的1号刀刀尖点的进给轨迹如图2-36所示（图中各刀具无刀位偏差）。在程序里使用M06使刀架转动，实现换刀，T指令则使非基准刀刀尖点从偏离位置移动到基准刀的刀尖点位置（A点）然后再按编程轨迹进给，如图2-37的实线所示。刀具在加工过程中出现的磨损也要进行位置补偿。

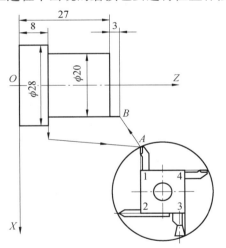

图2-36 1号刀刀尖点的进给轨迹

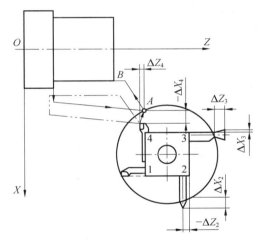

图2-37 刀具位置补偿

2）刀尖半径补偿

数控车床编程时可以将车刀刀尖看作一个点，按照工件的实际轮廓编制加工程序。但实际上，为保证刀尖有足够的强度和提高刀具寿命，车刀的刀尖均为半径不大的圆弧。一般粗加工所使用车刀的圆弧半径为0.8 mm；精加工所使用车刀的圆弧半径为0.4 mm和0.2 mm。如图2-38所示，编程时以假想刀尖点P来编程，数控系统控制P点的运动轨迹。而切削时，实际起作用的切削刃是刀尖圆弧的各切点。切削工件右端面时，车刀圆弧的切点A与假想刀尖点P的Z轴坐标值相同；车削外圆柱面时，车刀圆弧的切点B与P点的X轴坐标值相同，因此切削出的工件轮廓没有形状误差和尺寸误差。

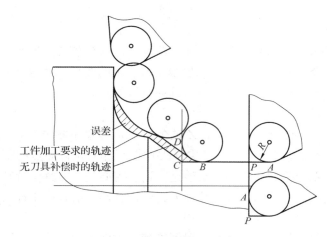

图 2-38　刀尖圆弧半径切削时的情况

当切削圆锥面和圆弧面时，刀具运动过程中与工件接触的各切点轨迹为图 2-38 中所示无刀具补偿时的轨迹。该轨迹与工件的编程轨迹之间存在着阴影部分的切削误差，直接影响工件的加工精度，而且刀尖圆弧半径越大，切削误差则越大。可见，对刀尖圆弧半径进行补偿是十分必要的。当程序中采用刀尖半径补偿时，切削出的工件轮廓与编程轨迹是一致的。

对于采用刀尖半径补偿的加工程序，在工件加工之前，要把刀尖半径补偿的有关数据输入到刀补存储器中，以便执行加工程序时，数控系统对刀尖圆弧半径所引起的误差自动进行补偿。

为使系统能正确计算出刀具中心的实际运动轨迹，除要给出刀尖圆弧半径 R 以外，还要给出刀具的理想刀尖位置号 T。数控车削使用的刀具有很多种，不同类型的车刀其刀尖圆弧所处的位置不同，如图 2-39 所示。箭头表示刀尖方向，刀尖方位参数共有 8 个（1~8）。当使用刀尖圆弧中心编程时，可以选用 0 或 9。图 2-39（a）为后置刀架的数控车床假想刀尖的位置；图 2-39（b）为前置刀架的数控车床假想刀尖的位置。

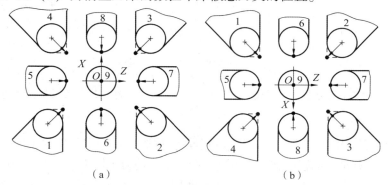

图 2-39　刀尖方位号

（a）后置刀架；（b）前置刀架

3）子程序的应用

在编制车削中心的加工程序时，经常会遇到需要加工端面上均布的孔和圆弧槽或是圆周上均布的径向孔等，对于零件上几处相同的几何形状，编程时为了简化加工程序，通常要使用子程序。具体的方法是将加工相同几何形状的重复的程序段按规定的格式，编写成子程序，并存储在数控系统的子程序存储器中。主程序在执行过程中，如果需要某一子程序，可以通过子程序调用指令调用该子程序，子程序执行完后返回主程序，继续执行后面的程序段。

（1）子程序的组成格式。

O××××   子程序号

N_ …;   子程序的加工内容

…

N_ …;

N_ M99;   子程序结束指令

说明：

a）子程序必须在主程序结束指令后建立；

b）子程序的作用如同一个固定循环，供主程序调用。

（2）子程序的调用。

子程序是从主程序或上一级的子程序调出并执行的。调用子程序的程序段格式为：

M98 P×××××; 或 M98 P_ L_;

其中，第一种程序段格式中的 M98 是调用子程序的指令，地址 P 后面的第一位数字表示重复调用子程序的次数，后四位数字为子程序号。如果只调用一次子程序，P 后面的第一位数字可以省略不写。第二种程序段格式中的 M98 是调用子程序的指令，地址 P 后边的数字为子程序的号码，L 后边的数字为子程序调用的次数。当 L 被省略时，意味着子程序被调用一次。

子程序不但可以从主程序中调用，而且也可以从子程序中调用其他子程序，这叫作子程序的嵌套。注意：子程序的嵌套不是无限次的，一般用二重嵌套。图 2-40 是子程序的嵌套及执行顺序。

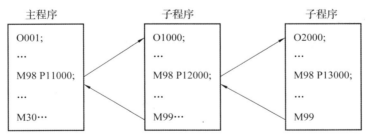

图 2-40 子程序的嵌套及执行顺序

（3）子程序使用时注意事项。

a）主程序中的模态 G 指令可被子程序中同一组的其他 G 指令所更改。如主程序中的 G90 被子程序中同一组的 G91 更改，从子程序返回时主程序也变为 G91 状态了。

b）最好不要在刀具补偿状态下的主程序中调用子程序，否则很容易出现过切等错误。

c）子程序与主程序编程时的区别是子程序结束时的指令用"M99"，主程序结束时的指令用"M30"或"M02"。子程序不能单独运行。

（4）采用子程序编程的加工实例。

欲用数控车床加工图 2-41 所示零件。已知毛坯直径为 42 mm，长度为 77 mm。选用 01

号外圆车刀（刀尖圆弧半径为0.8 mm）和03 号车槽刀（刀尖圆弧半径为0.2 mm），车槽刀宽度为2 mm。工件加工到图示尺寸后切断。

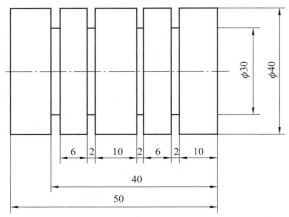

图 2-41　子程序编程的加工实例

加工程序如下：

O0033

N02 G50 X150.0 Z100.0;	设定工件坐标系
N04 S800 M03 T0101;	主轴正转，转速800 r/min，调01 号刀
N06 G00 X45.0 Z0 M08;	快进至车端面的起始点，切削液开
N08 G01 X-1.6 F0.2;	车削右端面，进给速度0.2 mm/r
N10 G00 Z2.0;	Z 向退刀
N12 X40.0:	X 向退刀
N16 G01 X-55.0;	车 ϕ40 mm 外圆
N18 G00 X150.0 Z100.0 T0100;	返回换刀点
N20 T0303;	调03 号刀
N22 G00 X42.0 Z0;	
N24 M98 P22501;	调用程序号为2501子程序两次，切4处 ϕ30×2 槽
N26 G00 W-12.0;	
N28 G01 X-0.4;	车断工件（刀尖圆弧半径为0.2 mm）
N30 G00 X150.0 Z100.0 T0300 M09;	返回换刀点，切削液关
N32 M05;	主轴停转
N34 M30;	程序结束
O2501	子程序号
N10 G00 W-12.0;	
N11 G01 U-12.0 F0.15	从右侧起车削第一个槽
N12 G04 X2.0	在槽底停留2 s
N13 G00 U12.0;	退出车槽刀

```
N14 W-8.0;
N15 G01 U-12.0;                          车削第二个槽
N16 G04 X2.0;
N17 G00 U12.0;
N18 M99;                                 子程序结束
```

5. 数控车削编程实例

欲用数控车床加工图2-42所示轴类零件。已知毛坯为 $\phi25$ mm×100 mm 棒材，材料为45 钢，试以某数控车床为例编制数控车削程序。

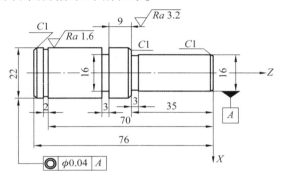

图2-42 轴类零件

1）根据零件图要求和毛坯情况，确定工艺方案及加工路线

（1）对细长轴类零件，轴心线为工艺基准，用三爪自定心卡盘夹持 $\phi25$ mm 外圆一头，使工件伸出卡盘 85 mm，用顶尖顶持另一头，一次装夹完成粗、精加工。

（2）工步顺序。

a）手动粗车端面。

b）手动钻中心孔。

c）自动加工粗车 $\phi16$ mm、$\phi22$ mm 外圆，留精车余量 1 mm。

d）自右向左精车各外圆面：倒角→车削 $\phi16$ mm 外圆，长 35 mm→车 $\phi22$ mm 右端面→倒角→车 $\phi22$ mm 外圆，长 45 mm。

e）粗车 2 mm×0.5 mm 槽、3 mm×$\phi16$ mm 槽。

f）精车 3 mm×$\phi16$ mm 槽，粗车 3 mm×0.5 mm 槽，切断。

2）选择机床设备

根据零件图要求，选用型号为 CK0630 的经济型数控车床。

3）选择刀具

根据加工要求，选用 5 把刀具：T01 为粗加工刀，选90°外圆车刀；T02 为中心钻；T03 为精加工车刀，选90°外圆车刀；T05 为切槽刀，刀宽为 2 mm；T07 为切断刀，刀宽为 3 mm（刀具补偿设置在左刀尖处）。同时，把 5 把刀装在自动换刀刀架上，且都对好刀，把它们的刀偏值输入相应的刀具参数中。

4）确定切削用量

切削用量应根据该机床性能、相关的手册并结合实际经验确定，详见加工程序。

5）确定工件坐标系、对刀点和换刀点

确定以工件右端面与轴心线的交点 O 为工件原点，建立 XOZ 工件坐标系，如图 2-42 所示。

采用手动试切对刀方法把 O 点作为对刀点。换刀点设置在工件坐标系下 $X35$、$Z30$ 处。

6）编写程序（以 CK0630 车床为例）

按该机床规定的指令代码和程序段格式，把加工零件的全部工艺过程编写成程序清单。该工件的加工程序如下：

```
O0034
N0010 G59 X0 Z105;
N0020 G90;
N0030 G92 X35 Z30;
N0040 M03 S700;
N0050 M06 T01;
N0060 G00 X20 Z1;
N0070 G01 X20 Z-34.8 F80;
N0080 G00 X20 Z1;
N0090 G00 X17 Z1;
N0100 G01 X17 Z-34.8 F80;
N0110 G00 X23 Z-34.8;
N0120 G01 X23 Z-80 F80;
N0130 G28;
N0140 G29;
N0150 M06 T03;
N0160 M03 S1100;
N0170 G00 X14 Z1;
N0171 G01 X14 Z0;
N0180 G01 X16 Z-1 F60;
N0190 G01 X16 Z-35 F60;
N0200 G01 X20 Z-35 F60;
N0210 G01 X22 Z-36 F60;
N0220 G01 X22 Z-80 F60;
N0230 G28;
N0240 G29;
N0250 M06 T05;
N0260 M03 S600;
N0270 G00 X23 Z-72.5;
N0280 G01 X21 Z-72.5 F40;
```

N0290 G04 P2；

N0300 G00 X23 Z-46.5；

N0310 G01 X16.5 Z-46.5 F40；

N0320 G28；

N0330 G29；

N0340 M06 T07；

N0350 G00 X23 Z-47；

N0360 G01 X16 Z-47 F40；

N0370 G04 P2；

N0380 G00 X23 Z-35；

N0390 GO1 X15Z-35 F40；

N0400 G00 X23 Z-79；

N0410 G01 X20 Z-79 F40；

N0420 G00 X22 Z-78；

N0430 G01 X20 Z-79 F40；

N0440 G01 X0 Z-79 F40；

N0450 G28；

N0460 G29；

N0470 M05；

N0480 M02；

2.3.2 数控铣床和加工中心编程

数控铣床和加工中心在结构、工艺和编程等方面有许多相似之处。特别是全功能型数控铣床与加工中心相比，区别主要在于数控铣床没有自动刀具交换装置及刀具库，只能用手动方式换刀，而加工中心因具备自动刀具交换装置及刀具库，故可将使用的刀具预先安排存放于刀具库内，需要时再通过换刀指令，由自动刀具交换装置自动换刀。数控铣床和加工中心都能够进行铣削、钻削、镗削及攻螺纹等加工。加工中心的编程除了增加了自动换刀的功能指令外，其他和数控铣床编程基本相同。

1. 数控铣床和加工中心的编程特点

（1）使用固定循环指令，可进行钻孔、扩孔、锪孔、铰孔和镗孔等加工，提高编程工作效率。

（2）使用刀具半径补偿指令，就可按零件的实际轮廓编程，简化编程和数值计算。通过改变刀具半径补偿值，就可用同一程序实现对工件的粗、精加工。

（3）使用刀具长度补偿指令，可补偿由于刀具磨损、更换新刀或刀具安装误差引起的刀具长度方向尺寸变化，而不必重新编程。

（4）使用用户宏程序，可加工一些形状相似的系列零件或非圆曲线。

（5）增加数控回转工作台，能实现四轴以上的联动加工，加工出形状较为复杂的工件。

（6）使用子程序，可在工件上加工多个形状相同的结构。

（7）使用简化编程指令，可实现镜像、缩放、旋转的功能。

2. 数控铣床和加工中心的常用编程指令

同数控车床一样，数控铣床和加工中心的编程指令也随控制系统的不同而不同，但一些常用的指令，如某些准备功能、辅助功能，还是符合 ISO 标准的。本节通过对一些常用编程指令的介绍，使大家不但了解这些指令的规定、用法，而且对利用这些指令进行实际编程有所认识。

1）镜像功能指令 G24，G25

程序段格式：G24 X_ Y_ Z_ ;

　　　　　　　M98 P_ ;

　　　　　　　G25 X_Y_ Z_ ;

如图 2-43 所示的镜像功能，程序如下。

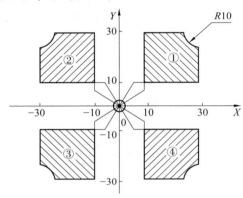

图 2-43　镜像功能

O0037　　　　　　　　　　　　　　主程序

N10 G91 G17 M03 ;

N20 M98 P100 ;　　　　　　　　　加工①

N30 G24 X0 ;　　　　　　　　　　Y 轴镜像，镜像位置为 X=0

N40 M98 P100 ;　　　　　　　　　加工②

N50 G24 X0 Y0 ;　　　　　　　　X 轴、Y 轴镜像，镜像位置为（0，0）

N60 M98 P100 ;　　　　　　　　　加工③

N70 G25 X0 ;　　　　　　　　　　取消 Y 轴镜像

N80 G24 Y0 ;　　　　　　　　　　X 轴镜像

N90 M98 P1000 ;　　　　　　　　加工④

N100 G25 Y0 ;　　　　　　　　　取消镜像

N110 M05 ;

N120 M30 ;

子程序（①的加工程序）：

O1000

N200 G41 G00 X10.0 Y4.0 D01 ;

N210 Y1.0；

N220 Z-98.0；

N230 G01 Z-7.0 F100；

N240 Y25.0；

N250 X10.0；

N260 G03 X10.0 Y-10.0 I10.0；

N270 G01 Y-10.0；

N280 X-25.0；

N290 G00 Z105.0；

N300 G40 X-5.0 Y-10.0；

N310 M99；

2）缩放功能指令 G50、G51

程序段格式：G51 X_Y_Z_P_；

　　　　　　 M98 P_；

　　　　　　 G50；

该指令以给定点（X，Y，Z）为缩放中心，将图形放大到原始图形的 P 倍；如省略（X，Y，Z），则以程序原点为缩放中心。

如图 2-44 所示，起刀点为 X10 Y-10，缩放功能编程如下。

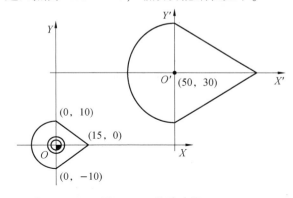

图 2-44　缩放功能

O0038　　　　　　　　　　　　　　　　主程序

N100 G92 X-50 Y-40；

N110 G51 P2；　　　　　　　　　　　　以程序原点为缩放中心，将图放大一倍

N120 M98 P0100；

N130 G50；　　　　　　　　　　　　　　取消缩放

N140 M30；

O0100　　　　　　　　　　　　　　　　子程序

N10 G00 G90 X0 Y-10 F100；

N20 G02 X0 Y10 I10 J10；

N30 G01 X15 Y0；

N40 G01 X0 Y-10；

N50 M99；   子程序返回

3）图形旋转指令 G68、G69

程序段格式：G68 X_Y_P_；

                G69；

该指令以给定点（X，Y）为旋转中心，将图形旋转 P 角；如果省略（X，Y），则以程序原点为旋转中心。

如图 2-45 所示，起刀点为 X0 Y0，旋转变换功能编程如下。

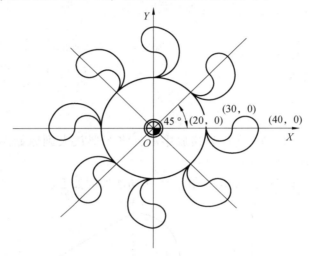

图 2-45　旋转变换功能

O0039   主程序

N100 G90 G00 X0 Y0；

N110 G68 P45；

N120 M98 P0200；

…   旋转加工八次

N250 G68 P45；

N260 M98 P0200；

N270 G69；

N280 M30；

O0200   子程序

N10 G91 G17；

N20 G01 X20 Y0 F250；

N30 G03 X20 Y0 R10；

N40 G02 X-10 Y0 R5；

N50 G02 X-10 Y0 R5；

N60 G00 X-20 Y0；

N70 M99；

在有刀具补偿的情况下，是先进行坐标旋转，然后才进行刀具半径补偿、刀具长度补偿。在有缩放功能的情况下，是先缩放，再旋转。

在有些数控机床中，缩放、镜像和旋转功能的实现是通过参数设定来进行的，不需要在程序中用指令来实现。这种处理方法表面上看，好像省却了编程的麻烦，事实上，它远不如程序指令实现来得灵活。要想在这类机床上实现上述几个例程的加工效果，虽然可以不需编写子程序，但却需要多次修改参数设定值后，重复运行程序，并且程序编写时在起点位置的安排上必须恰当。由于无法一次调试完成，因此出错的可能性较大。

4）自动返回参考点的指令 G28

程序段格式：G28 X_ Y_ Z_；

说明：

（1）该指令使刀具以点位方式经中间点快速返回到参考点，中间点的位置由该指令后面的 X、Y、Z 坐标值所决定，其坐标值可以用绝对值也可以用增量值，但这要取决于使用 G90 还是 G91。设置中间点，是为防止刀具返回参考点时与工件或夹具发生干涉。一般地，该指令用于整个加工程序结束后使工件移出加工区，以便卸下加工完毕的零件和装夹待加工的零件。

（2）为了安全起见，原则上应在执行该指令前取消各种刀具补偿。

（3）在 G28 程序段中不仅记忆移动指令坐标值，而且记忆了中间点的坐标值。换句话说，对于在使用 G28 的程序段中没有被指令的轴，以前 G28 中的坐标值就作为那个轴的中间点坐标值。例如：

N10 X20.0 Y54.0；

N20 G28 X40.0 Y25.0；   中间点坐标值（40.0，25.0）

N30 G28 Z35.0；   中间点坐标值（40.0，25.0，35.0）

5）从参考点自动返回指令 G29

程序段格式：G29 X_ Y_ Z_；

说明：

（1）执行这条指令，可以使刀具从参考点出发，经过一个中间点到达由这个指令后面 X、Y、Z 坐标值所指令的位置。中间点的坐标由 G28 或 G30 确定。一般地，该指令用在 G28 或 G30 之后，被指令轴位于参考点或第二参考点的时候。

指令中 X、Y、Z 是到达点的坐标，由 G90/G91 状态决定是绝对值还是增量值，若为增量值时，则是指到达点相对于 G28 中间点的增量值。

（2）在选择 G28 或 G30 之后，这条指令不是必须的，使用 G00 定位有时可能更为方便。

如图 2-46 所示，加工后刀具已定位到 A 点，取点 B 为中间点，C 点为执行 G29 时应到达的点，则程序如下：

N040 G91 G28 X100 Y100；

N050 M06；

N060 G29 X300 Y-170；

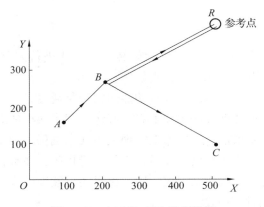

图 2-46　G28 与 G29 应用举例

此程序执行时，刀具首先从 A 点出发，以快速点定位的方式由 B 点到达参考点，换刀后执行 G29，刀具从参考点先运动到 B 点再到达 C 点，B 点至 C 点的增量坐标为 X300 Y-170。

6）返回第二参考点指令 G30

程序段格式：G30 X_ Y_ Z_；

该指令的使用和执行都和 G28 非常相似，唯一不同的就是 G28 使指令轴返回机床参考点，而 G30 使指令轴返回第二参考点。和 G28 相似，G30 后可以使用 G29 使指令轴从第二参考点自动返回。

第二参考点也是机床上的固定点，它和机床参考点之间的距离由参数给定，第二参考点指令一般在机床中主要用于刀具交换，因为机床的 Z 轴换刀点为 Z 轴的第二参考点，也就是说，刀具交换之前必须先执行 G30。

7）参考点返回检查指令 G27

程序段格式：G27 X_ Y_ Z_；

该指令可以检验刀具是否能够定位到参考点上，指令中 X、Y、Z 分别代表参考点在工件坐标系中的坐标值，执行该指令后，如果刀具可以定位到参考点上，则相应轴的参考点指示灯就点亮。在刀具补偿方式中使用该指令，刀具到达的位置将是加上补偿量的位置，此时刀具将不能到达参考点因而指示灯也不亮，因此执行该指令前，应先取消刀具补偿。

8）固定循环指令

在数控车削加工编程中，已经介绍了采用固定循环编程的方便之处，同样，在数控铣床和加工中心上，当需要钻、镗多个孔时，每一个孔的加工都至少需要几段程序，程序量相当大。尽管可用子程序调用技术，但其功能也受到限制，特别是当孔深不同时，子程序处理起来难度也很大，而用固定循环就可以很方便地处理钻、镗加工编程问题。

数控铣床和加工中心常用的固定循环指令能完成的工作有：钻孔、攻螺纹和镗孔等。这类循环指令的动作基本都是相同的，归纳起来有 6 个动作组成，如图 2-47 所示。

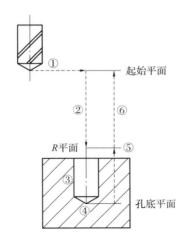

①—刀具在被加工孔的位置坐标 X、Y 定位；②—快速进给至 R 平面，刀具工作进给由 R 平面开始；

③—孔加工操作，以进给速度进行孔的加工；④—在孔底位置暂停，以光整孔底表面；

⑤—快速返回 R 平面；⑥—快速返回至起始平面。

图 2-47　固定循环指令动作

图中虚线表示刀具快速运动，实线表示进给运动。

刀具在动作④完了后是返回至 R 平面，还是直接由孔底返回至起始平面，要视具体情况而定。有的数控系统用 G98、G99 定义刀具返回的平面位置。G98 定义刀具返回至起始平面；G99 则定义刀具返回至 R 平面。在用 G99 刀具返回至 R 平面时应注意：如果在台阶面上继续加工其他的孔，当从低面向高面加工时会产生碰撞现象，这时，应使刀具返回至起始平面后再继续其他孔的加工。

固定循环指令中，刀具沿 Z 轴方向运动时，各坐标点的指定由 G90 或 G91 的选择方式决定。图 2-48（a）和图 2-48（b）分别表示了在 G90 和 G91 下 R 和 Z 值的确定方法。在 G90 下，R 和 Z 值按 Z 轴坐标原点设定；在 G91 下，R 值是由起始平面至 R 平面的距离，Z 值是自 R 平面至孔底平面的距离。

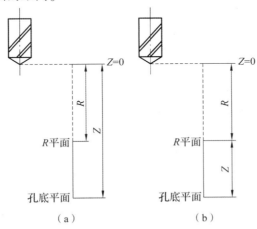

（a）　　　　　　　　　　　（b）

图 2-48　R 和 Z 值确定

（a）G90；（b）G91

常用的固定循环有高速深孔钻循环、螺纹切削循环、精镗循环等。表2-4列出了常用固定循环的指令及功能。

表2-4　常用固定循环的指令及功能

指令	加工运动（Z轴负向）	孔底动作	返回运动（Z轴正向）	功能
G73	分次，切削进给	—	快速定位进给	高速深孔钻削
G74	切削进给	暂停-主轴正转	切削进给	攻左螺纹
G76	切削进给	主轴定向，让刀	快速定位进给	精镗循环
G80	—	—	—	取消固定循环
G81	切削进给	—	快速定位进给	普通钻削循环
G82	切削进给	暂停	快速定位进给	钻削或粗镗削
G83	分次，切削进给	—	快速定位进给	深孔钻削循环
G84	切削进给	暂停-主轴反转	切削进给	攻右螺纹
G85	切削进给	—	切削进给	镗削循环
G86	切削进给	主轴停	快速定位进给	镗削循环
G87	切削进给	主轴正转	快速定位进给	反镗削循环
G88	切削进给	暂停-主轴停	手动	镗削循环
G89	切削进给	暂停	切削进给	镗削循环

程序段格式：G90/G91 G98/G99 G73~G89 X_Y_Z_R_Q_P_F_K_;

其中，G90/G91为绝对坐标编程或增量坐标编程；G98为返回起始点；G99为返回R平面；G73~G89为孔加工方式，如钻孔加工、高速深孔钻加工、镗孔加工等；X、Y为孔的位置坐标；Z为孔底坐标（与G90或G91的选择有关）；R为安全面（R平面）的坐标。（与G90或G91的选择有关）；Q为每次切削深度；P为孔底的暂停时间；F为切削进给速度；K为规定重复加工次数。

下面列举几个常用的固定循环指令。

1）高速深孔钻循环指令G73

程序段格式：G73 X_Y_Z_R_Q_P_F_K_;

该指令用于深孔钻削，在钻孔时采取间断进给，有利于断屑和排屑，适合深孔加工。图2-49为高速深孔钻循环轨迹。其中，q为增量值，指定每次切削深度；d为排屑退刀量，由系统参数设定。

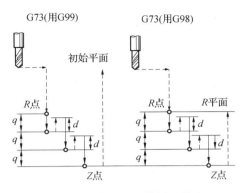

图 2-49　高速深孔钻循环轨迹

2）右旋螺纹加工循环指令 G84

程序段格式：G84 X_Y_Z_R_P_F_K_；

该指令用于切削右旋螺纹孔。向下切削时主轴正转，孔底动作是变正转为反转，再退出。F 表示导程，在 G84 切削螺纹期间速率修正无效，移动将不会中途停顿，直到循环结束。图 2-50 为右旋螺纹加工循环轨迹。

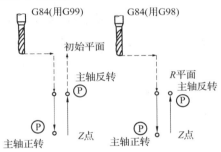

图 2-50　右旋螺纹加工循环轨迹

3）左旋螺纹加工循环指令 G74

程序段格式：G74 X_Y_Z_R_P_ F_K_；

该指令用于切削左旋螺纹孔。主轴反转进刀，正转退刀，正好与 G84 中的主轴转向相反，其他运动均与 G84 相同。

刚性攻螺纹方式：在 G84 或 G74 的前一程序段指令 M29 S××××；则机床进入刚性攻螺纹模态。NC 执行到该指令时，主轴停止，然后主轴正转指示灯亮，表示进入刚性攻螺纹模态，其后的 G74 或 G84 被称为刚性攻螺纹循环，由于刚性攻螺纹循环中，主轴转速和 Z 轴的进给严格成比例同步，因此可以使用刚性夹持的丝锥进行螺纹孔的加工，并且还可以提高螺纹孔的加工速度，提高加工效率。G74 或 G84 中 F 值与 M29 中 S 值的比值（F/S）即为螺纹孔的螺距值。

4）定点钻孔循环指令 G81

程序段格式：G81 X_Y_Z_R_F_K_；

该指令用于钻一般的通孔或螺纹孔等。图 2-51 为定点钻孔循环轨迹。

5）钻孔循环指令 G82

程序段格式：G82 X_Y_Z_R_P_F_K_；

该指令与 G81 不同之处仅在于在钻削到孔底位置时暂停一段时间。主要用于钻不通孔时，孔底表面质量要求比较高的加工，也可用于锪孔、反镗孔的循环。图 2-52 为钻孔循环。

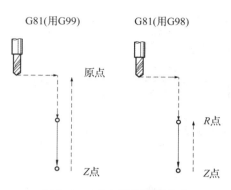
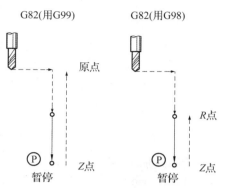

图 2-51　定点钻孔循环轨迹　　　　图 2-52　钻孔循环轨迹

6）排屑钻孔循环指令 G83

程序段格式：G83 X_Y_Z_R_Q_F_K_;

该指令用于深孔加工时的往复排屑钻孔。与 G73 略有不同的是每次刀具间歇进给后回退至 R 平面。图 2-53 为排屑钻孔循环轨迹。此处的 d 表示刀具间断进给每次下降时由快进转为工进的那一点至前一次切削进给下降的点之间的距离。该距离由参数来设定。

7）镗孔循环指令 G89

程序段格式：G89 X_Y_Z_R_P_F_K_;

该指令用于镗阶梯孔或镗不通孔时孔底表面质量要求比较高的加工。图 2-54 为镗孔循环轨迹。

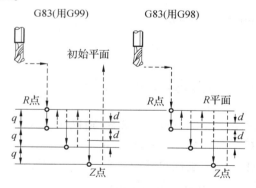
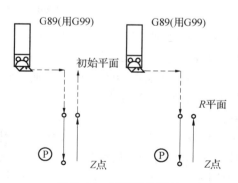

图 2-53　排屑钻孔循环轨迹　　　　图 2-54　镗孔循环轨迹

8）取消固定循环指令 G80

程序段格式：G80;

该指令用于取消固定循环方式，机床回到执行正常操作状态。孔的加工数据，包括 R 点、Z 点等都被取消；但是移动速率命令会继续有效。

此外，如果中间出现了 G00 或 G01 组的 G 指令，则孔加工的循环方式也会自动取消。G00 等取消固定循环其效果与 G80 是完全一样的。

9）使用孔加工固定循环的注意事项

（1）在固定循环指令之前，必须先使用 S 和 M 指令主轴旋转。

（2）在固定循环程序段中，X、Y、Z、R 数据应至少指令一个才能进行孔加工。

（3）在使用控制主轴回转的固定循环（如 G74、G84、G86 等）中，如果连续加工一些孔间距比较小，或者初始平面到 R 平面的距离比较短的孔时，会出现在进入孔的切削动作前，主轴还没有达到正常转速的情况，这种情况下，需要在孔加工操作之间加入 G04 暂停指令，以获得时间。

（4）当用 G00 ~ G03 注销固定循环时，若 G00 ~ G03 和固定循环出现在同一程序段，按后出现的指令运行。

（5）在固定循环程序段中，如果指定了 M，则在最初定位时送出 M 信号，等待 M 信号完成，才能进行孔加工循环。

10）固定循环举例

【例 2-3】如图 2-55 所示零件，要求用 G81 加工所有的孔。

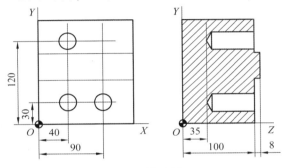

图 2-55 钻孔循环

解：表 2-5 列出了图 2-55 所示零件的加工程序。

表 2-5 零件的加工程序

	程序	注释
	O0017	程序名
N1	G90 G54 G17 S300 M03；	绝对坐标指令，建立 G54 坐标点，选用 G17 加工平面
N2	G00 Z50；	刀具快速定位到工件上方 50 mm 处
N3	G98 G81 X40. Y120. Z-65. R5. F20；	在（40，120）位置钻孔，孔的深度为 65 mm，参考面高度为 5 mm，G81 为模态指令，直到用 G80 取消为止
N4	Y30；	在（40，30）位置钻孔
N5	X90；	在（90，30）位置钻孔
N6	G80；	取消钻孔循环指令
N7	Z100；	
N8	M05 M30；	程序结束

【例 2-4】图 2-56（a）所示零件上共有 13 个孔，需要使用三把直径不同的刀具，其刀具号、刀具直径和刀杆长度如图 2-56（b）所示，分别按 H11 = 200，H15 = 190，H31 = 150 设置刀具长度补偿。全部都是钻、镗点位加工，不需使用刀径补偿，均采用钻镗固定循环编程。

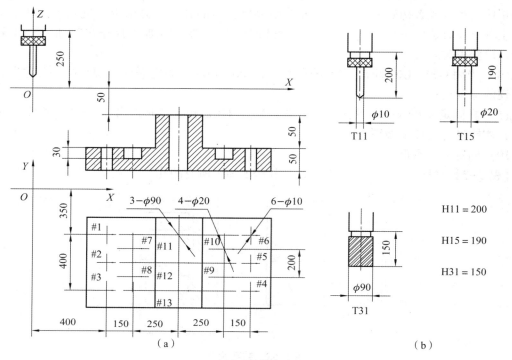

图 2-56　固定循环加工

（a）加工内容；（b）所用刀具

解：零件的加工程序如表 2-6 所示。

表 2-6　零件的加工程序

程序	注释
G92 X0 Y0 Z0;	设定工件坐标系
G90 G00 Z250.0 T11 M06;	换刀
G43 Z0 H11;	初始平面，刀具补偿
S30 M03;	主轴正转
G99 G81 X400.0 Y−350.0 Z−153.0 R−97.0 F120;	钻#1 孔，返回 R 平面
Y−550.0;	钻#2 孔，返回 R 平面
G98 Y−750.0;	钻#3 孔，返回初始平面
G99 X1200.0;	钻#4 孔，返回 R 平面
Y−550.0;	钻#5 孔，返回 R 平面
G98 Y−350.0;	钻#6 孔，返回初始平面

续表

程序	注释
G00 X0 Y0 M05;	回起刀点，主轴停
G40 Z250.0 T15 M06;	刀补取消，换刀
G43 Z0 H15;	下到初始平面
S20 M03;	主轴启动
G99 G82 X550.0 Y-450.0 Z-130.0 R-97.0 F70;	钻#7孔，返回R平面
G98 Y-650.0;	钻#8孔，返回初始平面
G99 X1050.0;	钻#9孔，返回R平面
G98 Y-450.0;	钻#10孔，返回初始平面
G00 X0 Y0 M05;	返回起刀点，主轴停
G40 Z250.0 T31 M06;	刀补取消，换刀
G43 Z0 H31;	下到初始平面
S10 M03;	主轴启动
G85 G99 X800.0 Y-350.0 Z-153.0 R-47.0 F50;	钻#11孔，返回R平面
G91 Y-200.0 L2;	钻#12、#13孔，返回R平面
G28 X0 Y0 M05;	返回参考点，主轴停
G40 Z0 M02;	取消刀长补偿，程序结束

2.3.3 加工中心自动换刀程序的编写

1. 加工中心编程注意事项

用加工中心加工的工件一般形状复杂、工序多，使用的刀具种类也多，往往一次装夹后要完成从粗加工、半精加工到精加工的全部过程，因此程序比较复杂。在编程时要注意以下事项：

（1）对被加工零件图要进行工艺分析，确定合理的工艺路线；

（2）要选好刀具，并将测出的实际尺寸填入刀具卡；

（3）合理确定切削用量；

（4）应留有足够的自动换刀空间，以避免与工件或夹具碰撞；

（5）为便于检查和调试程序，可将各工步的加工内容安排到不同的子程序中，而主程序主要完成换刀和子程序的调用。

对编好的程序要进行校验和试运行，注意刀具、夹具或工件之间是否有干涉。在检查M、S、T功能时，可以在Z轴锁定状态下进行。

2. 加工中心的换刀指令

1）T指令

T指令用于选刀，其后的数值表示选择的刀具号，T指令与刀具的关系是由机床制造厂规定的。

在加工中心上执行 T 指令，刀库转动选择所需的刀具，然后等待，直到 M06 作用时自动完成换刀。

T 指令同时调入刀补寄存器中的刀补值（刀补长度和刀补半径）。T 指令为非模态指令，但被调用的刀补值一直有效，直到再次换刀调入新的刀补值。

2）数控加工中心换刀指令 M06

（1）有机械手换刀。

这种指令分为两类，一类是与 T 指令在同一程序段中，如 G91 G28 Z0 T02 M06，其中 02 号刀是下次要换的刀具。

另一类是与 T 指令不在同一程序段中，先选刀再换刀，不容易混淆。例如：

G91 G28 Z0 T10；

M06；

（2）没有机械手换刀。

对于一些带有转盘式刀库且不用机械手换刀的加工中心，其换刀程序如下：M06 T07；执行该指令，首先执行 M06，主轴上的刀具与当前刀库中处于换刀位置的空刀位进行交换；然后刀库转位寻刀，将 7 号刀转换到当前的换刀位置再次执行 M06，将 7 号刀装入主轴。因此，此换刀指令每次都试执行两次 M06。

（3）子程序换刀。

在 FANUC-0、华中等系统等中，为了方便编写换刀程序，系统自带了换刀程序，子程序号通常为 O8999，其程序内容如下：

O8999	立式加工中心换刀子程序
M05 M09；	主轴停转，切削液关
G80；	取消固定循环
G91 G28 Z0；	Z 轴返回机床原点
G49 M06；	取消刀具补偿，刀具交换
M99；	返回主程序

3. 加工中心换刀程序及换刀方法

由于加工中心的加工特点，在编写加工程序前，首先要注意换刀程序的应用。

不同的数控系统，其换刀程序是不相同的，通常选刀和换刀分开进行。换刀完毕启动主轴后，方可进行下面程序段的加工内容。选刀动作可与机床的加工重合，即利用切削时间进行选刀。多数加工中心都规定了固定的换刀点位置，各运动部件只有移动到这个位置，才能开始换刀动作。

换刀程序可采用下列方法设计。

方法 1：N10 G91 G28 Z0 T02 M06；

在执行该程序时，先执行 G28，再执行 M06，当换刀完成后再执行 T 指令。也就是说，T02 选择 2 号刀，而 2 号刀是用于下一次换刀的刀具，而当前程序中 M06 所换的刀具是由前面的程序来进行选择的。用这种换刀指令的优点是可以节省换刀时间，但要注意每一把刀所选择的刀具号码不能有误。

方法 2：N10 G91 G28 Z0 T02；

　　　　　　　N20 M06；

　　在执行该程序时，先执行 G28，再执行刀具选择指令，将 2 号刀转换到当前换刀位置，只有当刀库转换位完成后，才执行 M06，将 2 号刀与主轴上的刀具进行交换。这种方式换刀占用了较多的换刀时间，但刀具号码清楚直观，不易出错。

方法 3：N100 G01 Z30 T02；

　　　　　　　N200 G91 G28 Z0 M06；

　　　　　　　N210 G01 Z30 T05；

　　　　　　　…

　　N200 程序段换上 N100 程序段选出的 T02 号刀；在换刀后，紧接着选出下次要用的 T05 号刀。在 N100 程序段和 N210 程序段执行选刀时，不占用机动时间，所以这种方法较好。

　　实际上，加工中心的编程和数控铣床编程的不同之处，主要在于增加了用 M06、M19 和 T×× 进行自动换刀的功能指令，其他指令基本上没有太大的区别。

　　M06——自动换刀指令。本指令用于驱动机械手进行换刀动作，但并不包括刀库转动的选刀动作。

　　M19——主轴准停。本指令将使主轴定向停止，确保主轴停止的方位和装刀标记方位一致。

　　T××——选刀指令。本指令用于驱动刀库电动机带动刀库转动而实施选刀动作。T 指令后跟的两位数字，是将要更换的刀具地址号，本功能是数控铣床所不具备的。

　　对于不采用机械手换刀的立、卧式加工中心而言，它们在进行换刀动作之时，先取下主轴上的刀具，再进行刀库转位的选刀动作；然后，再换上新的刀具。其选刀动作和换刀动作无法分开进行，故编程上一般用 "T×× M06" 的形式。

　　有些加工中心将换刀所需要执行的各个动作代码做成一个子程序 "O9000"，自动换刀时就采用 "T×× M98 P9000" 的指令格式来调用。

　　换刀子程序如下：

```
O9000
N10 G90;              选择绝对方式
N20 G53 Z-124.8;      主轴 Z 向移动到换刀点位置（即与刀库在 Z 向上相应）
N30 M06;              刀库旋转至其上空刀位对准主轴，主轴准停
N40 M28;              刀库前移，使空刀位上刀夹夹住主轴上刀柄
N50 M11;              主轴放松刀柄
N60 G53 Z-9.3;        主轴 Z 向向上，回设定的安全位置（主轴与刀柄分离）
N70 M32;              刀库旋转，选择将要换上的刀具
N80 G53 Z-124.8;      主轴 Z 向向下至换刀点位置（刀柄插入主轴孔）
N90 M10;              主轴夹紧刀柄
N100 M29;             刀库向后退回
N110 M99;             换刀子程序结束，返回主程序
```

而对于采用机械手换刀的加工中心来说，合理地安排选刀和换刀的指令，是其加工编程的要点。不同的加工中心，其换刀程序是不同的，通常选刀和换刀分开进行。换刀完毕启动主轴后，方可执行后面的程序段。选刀可与机床加工重合，即利用切削时间进行选刀。多数加工中心都规定了换刀点位置。主轴只有运动到这个位置，机械手或刀库才能执行换刀动作。一般立式加工中心规定的换刀点位置在机床 Z 轴零点处，卧式加工中心规定在机床 Y 轴零点处。

注意以下两种换刀方法的区别。

（1）"T01 M06"。

该条指令是先执行 T01，再执行 M06。它是先由刀库转动将 T01 号刀送到换刀位置上后，再由机械手实施换刀动作。换刀以后，主轴上装夹的就是 T01 号刀，而刀库中目前换刀位置上安放的则是刚换下的旧刀具。执行完 "T01 M06" 后，刀库即保持当前刀具安放位置不动。

（2）"M06 T01"。

该条指令是先执行 M06，再执行 T01。它是先由机械手实施换刀动作，将主轴上原有的刀具和目前刀库中当前换刀位置上已有的刀具（上一次选刀 T×× 指令所选好的刀具）进行互换；然后，再由刀库转动将 T01 号刀送到换刀位置上，为下一次换刀作准备。换刀前后，主轴上装夹的都不是 T01 号刀。执行完 "M06 T01" 后，刀库中目前换刀位置上安放的则是 T01 号刀，它是为下一个 M06 换刀指令预先选好的刀具。

在对加工中心进行换刀动作的编程安排时，应考虑以下问题。

（1）换刀动作必须在主轴停转的条件下进行，且必须实现主轴准停即定向停止（用 M19 指令）。

（2）换刀点的位置应根据所用机床的要求安排，有的机床要求必须将换刀位置安排在参考点处或至少应让 Z 轴方向返回参考点，这时就要使用 G28。有的机床则允许用参数设定第二参考点作为换刀位置，这时就可在换刀程序前安排 G30。无论如何，换刀点的位置应远离工件及夹具，应保证有足够的换刀空间。

（3）为了节省自动换刀时间，提高加工效率，应将选刀动作与机床加工动作在时间上进行重合。比如，可将选刀动作指令安排在换刀前的回参考点移动过程中，如果返回参考点所用的时间小于选刀动作时间，则应将选刀动作安排在换刀前的耗时较长的加工程序段中。

（4）若换刀位置在参考点处，换刀完成后，可使用 G29 返回到下一道工序的加工起始位置。

（5）换刀完毕后，不要忘记安排重新启动主轴的指令，否则加工将无法持续。程序结束并复位。

2.3.4 数控铣床和加工中心编程实例

加工中心的编程方法与数控铣床的编程方法基本相同，加工坐标系的设置方法也一样。本节用几个实例来说明数控铣床和加工中心的编程方法。

【例2-5】欲加工图 2-57 所示零件上的 3 个槽。试利用子程序编写加工程序。已知选用

φ8 mm 的键槽铣刀，使用刀具半径补偿的左补偿功能，刀具已安装好。

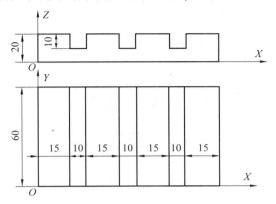

图 2-57 子程序加工

解：铣槽程序如下。

```
O0310
G00 X0 Y0 Z40.0;
G97 S800 M03;
G90 X-5.0 Y-10.0 M08;
Z20.0;
M98 P1001 L4;
G90 G00 Z40.0 M05;
X0 Y0 M09;
M02;
O1001
G91 G00 Z-2.5;
M98 P1002 L3;
G00 X-75.0 M99;
O1002
G91 G00 X25.0;
G41 D21 X5.0;
G01 Y80.0 F100;
X-10.0;
Y-80.0;
G40 G00 X5.0;
M99;
```

【例 2-6】编写加工图 2-58 所示零件的数控程序。已知板料厚度为 12 mm，图中各孔为 φ8 mm，使用刀具为 T01——φ16 mm 的立铣刀，T02——中心钻，T03——钻头（φ8 mm）。用立铣刀铣削工件的外轮廓。设工件上表面为工件坐标系 Z 的零点。

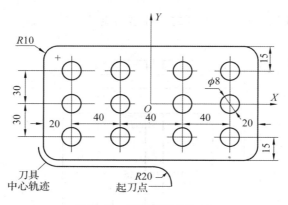

图 2-58 换刀子程序加工

解：数控加工程序如下。

子程序：（交换刀具）

O1001	换刀子程序
M09；	
G91 G28 Z0 M05；	
G49 M06；	
M99；	子程序结束

主程序

O0327	
T0101；	立铣刀转到待换刀位置
M98 P1001；	将立铣刀换装在主轴上
G00 G97 S800 T02 M03；	中心钻转到待换刀位置
G90 G00 X0 Y-73.0；	起刀点
Z5.0；	
G01 Z-14.0 F150；	
G00 G41 X28.0 D01；	D01 中存入的值为 8
G03 X0.0 Y-45.0 R28.0；	切向切入
G01 X-70.0；	
G02 X-80.0 Y-35.0 R10.0；	
G01 Y35.0；	
G02 X-70.0 Y45.0 R10.0；	铣四边形
G01 X70.0；	
G02 X80.0 Y35.0 R10.0；	
G01 Y-35.0；	
G02 X70.0 Y-45.0 R10.0；	
G01 X0；	
G03 X-28.0 Y-73.0 R28.0；	切向切出
G00 G40 X0；	
M98 P1001；	将中心钻装在主轴上

```
G97 S1000 M03 T03;                              钻头转到待换刀位置
G90 G00 X-100.0 Y30.0;
G43 H02 Z20.0;
G91 G99 G81 X40.0 Z-8.0 R-17.0 L4 F40;          开始加工中心孔
Y-30.0;
X-40.0 L3;
Y-30.0;
X40.0 L3;
G00 G80 X0.0 Y0.0 Z60.0;                         中心孔加工结束
M98 P1001;                                       将钻头装在主轴上
G97 S800 M03;
G90 G00 X-100.0 Y30.0;
G43 H03 Z20.0;
G91 G99 G81 X40.0 Z-19.0 R-17.0 L4 F60;          开始钻孔
Y-30.0;
X-40.0 L3;
Y-30.0;
X40.0 L3;
G00 G80 G49 X0.0 Y0.0 Z60.0;                     钻孔结束
G91 G28 Z0 M05;
M02;                                             主程序结束
```

【例2-7】 如图2-59所示零件，分别用 ϕ40 mm 的端面铣刀铣上表面，用 ϕ20 mm 的立铣刀铣4个侧面和 A、B 面，用 ϕ6 mm 的钻头钻6个小孔，ϕ12 mm 的钻头钻中间的2个大孔。试编写加工中心的数控加工程序。已知以毛坯中心离上表面-15 mm处为G54的原点，各刀具长度和刀具直径分别设定在 H01～H04、D01～D04 中。

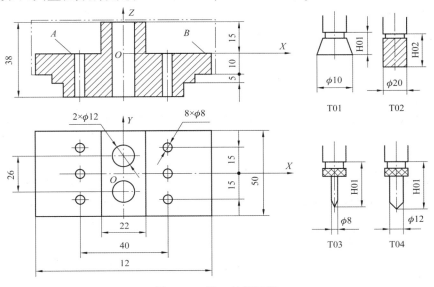

图2-59 换刀编程图例

解：编程如下。

O0311	程序号
T01 M06;	换上 T01 号刀
G90 G54 G00 X60.0 Y15.0 S1000 M03;	移刀到毛坯右侧外部，并启动主轴
G43 Z20.0 H01 M08;	Z 向下刀到一定距离处，开切削液
G01 Z15.0 F100;	工进下刀到欲加工上表面高度处
X-60.0;	加工到左侧
Y-15.0;	移到 Y=-15 上
X60.0 T2;	往回加工到右侧，同时刀库预先选 T2 号刀
Z20.0 M9;	上表面加工完成，抬刀，关切削液
M5;	主轴停
G91 G28 Z0.0;	Z 向返回参考点
G28 X0 Y0 M06;	X、Y 回零，换刀
G90 G54 X60.0 Y25.0 S1200 M3;	走刀到右上角的起刀位置，启动主轴
G43 Z-12.0 H02 M8;	下刀到 Z=-12 高度处，开切削液
G01 G42 X36.0 D02 F80;	刀径补偿引入，铣四侧开始
X-36.0 T3;	铣后侧面，同时选 T3 号刀
Y-25.0;	铣左侧面
X36.0;	铣前侧面
Y30.0;	铣右侧面
G00 G40 Y40.0;	刀补取消，引出
Z0;	抬刀至 A、B 面高度
G01 Y-40.0 F80;	工进铣削 B 面开始
X21.0;	……
Y40.0;	……
X-21.0;	移到左侧
Y-40.0;	铣削 A 面开始
X-36.0;	……
Y40.0;	……
Z20.0 M9;	A 面铣削完成，抬刀，关切削液
M5;	主轴停
G91 G28 Z0.0;	Z 向返回参考点
G28 X0 Y0 M06;	X、Y 向返回参考点，自动换刀
G90 G54 X20.0 Y15.0 S2500 M3;	走刀到右上侧第一个 φ6 mm 小孔，启动主轴
G43 Z25.0 H03 M8;	下刀到初始高度面，开切削液
G99 G83 Z-25.0 R3.0 Q3.0 F100;	钻孔 1、返回参考高度
Y0;	钻孔 2、返回参考高度
G98 Y-15.0;	钻孔 3、返回初始高度
X-20.0 Y-15.0;	钻孔 4、返回参考高度

Y0;	钻孔 5、返回参考高度
G98 Y15.;	钻孔 6、返回初始高度
M9;	关切削液
M5;	主轴停
G91 G28 Z0.0 T4;	Z 向返回参考点，同时选 T4 号刀
G28 X0 Y0 M06;	X、Y 向返回参考点。自动换刀
G90 G54 X0 Y8.0 S800 M3;	走刀到中间上方第一个 ϕ12 mm，启动主轴
G43 Z25.0 H04 M8;	下刀到离上表面 10 mm 的高度，开切削液
G99 G83 Z-28.0 R18.Q10.F80;	钻孔 7、返回参考高度
Y-8.0;	钻孔 8、返回参考高度
M9;	关切削液
M5;	主轴停
G91 G28 Z0.0;	Z 向返回参考点
G28 X0 Y0;	X、Y 向返回参考点
M30;	程序结束并复位

2.4 自动编程简介

2.4.1 自动编程概述

1. 自动编程的概念

当零件形状比较简单时，可以采用手工编程进行加工程序的编制。但是，随着零件复杂程度的增加，数学计算量、程序段数目也将大大增加，如果采用手工编程将极其困难，甚至是不可能完成的。这时，我们就可以利用 APT 软件系统或 CAD/CAM 软件系统代替人来完成数控加工程序的编制，这就是自动编程。

自动编程的特点是编程工作主要由计算机完成。在自动编程方式下，编程人员只需输入工件的几何信息和工艺信息，计算机就可以自动完成数据处理、编写零件加工程序以及程序检验的工作。根据当前的自动编程技术，分析零件图纸以及工艺处理仍然需要人工来完成，但随着技术的进步，将来的数控自动编程系统将从只能处理几何参数发展到能够处理工艺参数。即按加工的材料、零件几何尺寸、公差等原始条件，自动选择刀具、决定工序和切削用量等数控加工中的全部信息。

2. 自动编程分类

自动编程技术的种类很多，这里介绍三种常见的分类方法。

1）按使用的计算机硬件分

按使用的计算机硬件可分为：微机自动编程、小型计算机自动编程、大型计算机自动编程、工作站自动编程，依靠机床本身的数控系统进行自动编程等。

2）按编程系统与数控系统的紧密程度分

（1）离线自动编程。与数控系统相脱离，采用独立机器进行程序编制工作称为离线自动编程。其特点是可为多台数控机床编程，功能多而强，编程时不占用机床工作时间。随着计算机硬件价格的下降，离线编程将是未来的趋势。

（2）在线自动编程。数控系统不仅用于控制机床，而且用于自动编程，称为在线自动编程。

3）按编程信息的输入方式分

（1）语言自动编程。编程人员在分析零件加工工艺的基础上，采用编程系统所规定的数控语言，对零件的几何信息、工艺参数、切削加工时刀具和工件的相对运动轨迹和加工过程进行描述形成所谓"零件源程序"。然后，把零件源程序输入计算机，由存于计算机内的数控编程软件自动完成机床刀具运动轨迹数据的计算、加工程序编制和控制介质制备（或加工程序的输入）、所编程序的检查等工作。

（2）图形自动编程。编程人员首先输入各种图形要素，从而在计算机内部建立加工对象的几何模型；然后在该模型上进行工艺规划、选择刀具、确定切削用量以及走刀方式；最后由计算机自动完成机床刀具运动轨迹数据的计算、加工程序的编制和控制介质的制备（或加工程序的输入）等工作。此外，计算机系统还能够对所生成的程序进行检查与模拟仿真，以消除错误，减少试切。

（3）其他方式的自动编程。语音自动编程是指采用语音识别技术，直接采用音频数据作为自动编程的输入。使用语音编程系统时，操作人员使用记录在计算机内部的词汇，通过麦克风将所要进行的操作传给编程系统，编程系统会自动生成加工所需程序。数字化自动编程是指通过三坐标测量机，对已有零件或实物模型进行测量，然后将测得的数据直接传输到数控编程系统，将其处理成数控加工指令，形成加工程序。

目前使用的编程软件主要有 UG、CATIR、MASTERCAM3、CAXA 制造工程师等自动编程软件。

2.4.2 自动编程应用

本节以 CAXA 为例介绍自动编程过程。被加工零件如图 2-60 所示。

首先通过二维建模将零件的轮廓形状用 CAXA 绘制出来，绘制轮廓的加工曲线，并将其切除的坯料形状绘制出来，如图 2-61 所示。

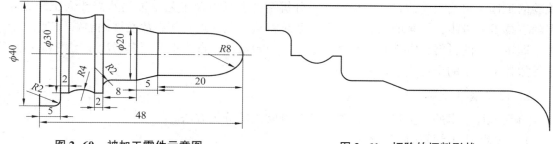

图 2-60　被加工零件示意图　　　　　图 2-61　切除的坯料形状

对坯料进行粗加工，单击图 2-62 中的"数控车（L）"下拉菜单，选择"轮廓粗车"，出现如图 2-63 所示的"粗车参数表"对话框。在"加工精度"选项卡上选择相应的加工参数，如加工表面类型、加工精度、加工余量、切削用量、刀具类型等。

图2-62　数控车（L）下拉菜单

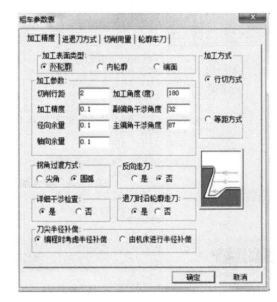

图2-63　"粗车参数表"对话框

确定好相应的加工参数后，拾取加工轮廓曲线和坯料轮廓线，输入相应的起刀点后，可得到零件的粗加工路线，如图2-64所示。删除坯料的轮廓线和加工路线，只余下零件的加工路线。在"数控车"下列菜单中选择"精车加工"选项，出现"精车参数表"对话框，如图2-65所示。

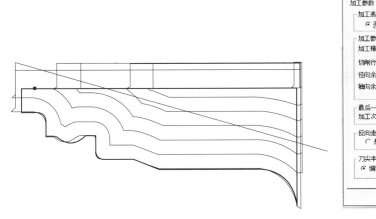

图2-64　零件的粗加工路线

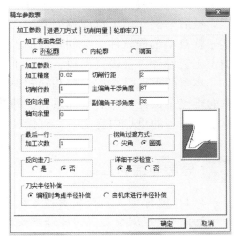

图2-65　"精车参数表"对话框

确定好具体的精车加工参数后，选择零件的加工曲线，再对其进行动态的仿真加工，并生成相应的加工程序。至此，被加工零件的数控车削自动编程已经完成，零件加工程序如图2-66所示。

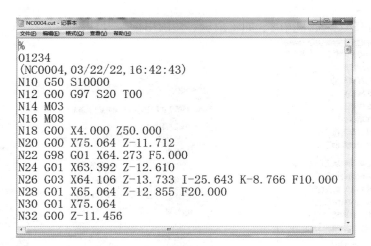

图 2-66　零件加工程序

本章小结

本章首先介绍了数控加工的工艺基础知识。对于学过"机械制造技术基础"课程的学生来说，这些内容相对不难，但要能灵活应用于零件的数控加工中则需要多加练习。

接着，讲述了数控编程的基础知识。这些知识是数控加工的基础，有些知识点，如各种机床的坐标系、繁多的 G 指令和 M 指令等，它们不仅重要，而且掌握、会用还有一定的难度。

然后对数控车床、数控铣床和加工中心的数控编程分别做了阐述，并做了举例说明。这是本章的核心内容，学会它、掌握它就能够编制一般复杂程度工件的数控加工程序。

最后举例介绍了自动编程方法。对此感兴趣，或日后打算从事这方面工作的学生，应自学一款自动编程软件，会创建被加工零件的三维模型，能运用软件的 CAM 功能对零件进行加工工艺设计，会设置参数，最后生成零件的刀具加工路径及数控程序。

本章的重点是数控编程基础知识，以及数控车床、铣床和加工中心的手工编程方法。本章的难点是数控机床的坐标系和各种数控机床的固定循环功能、子程序功能。特别指出，本章是本课程的重点内容之一，直接关系到学生能力的培养和提高，务必要熟练掌握。

思考与练习

2-1　数控加工的特点是什么？与普通机床加工有何区别？

2-2　数控编程都有哪些基本步骤？每一个步骤中的主要内容是什么？

2-3　数控编程需要掌握哪些基础知识？

2-4　简述在数控机床上如何确定 X、Y、Z 轴及其方向。

2-5　机床坐标系和工件坐标系的区别是什么？

2-6　G 指令和 M 指令的基本功能是什么？

2-7　G00 和 G01 都是从一点移到另一点，它们有什么不同？

2-8 什么是刀具补偿？数控车床上一般应考虑哪些刀具补偿？

2-9 数控车床的编程特点有哪些？

2-10 与普通机床铣削相比，数控机床铣削零件具有哪些特点？

2-11 加工中心的编程与数控铣床的编程主要有何区别？

2-12 加工中心有哪些工艺特点？适合加工中心加工的对象有哪些？

2-13 数控铣床加工的刀具补偿包括哪些内容？分别用什么指令实现？

2-14 设在机床坐标系中已确立了以下两个坐标系：

G57：X=-40，Y=-40，Z=-20。

G58：X=-80，Y=-80，Z=-40。

（1）试用坐标简图把这两个工件坐标系表示出来。

（2）写出刀具从机械坐标系的（0，0，0）点到G57的坐标系的（5，5，10）点，再到G58的（10，10，5）点的G指令。

2-15 试述数控铣削加工时程序起始点、返回点、切入点、切出点的确定方法和原则。

2-16 如何确定数控铣削加工时固定循环指令中的初始平面、返回平面和安全平面？

2-17 画图表示G73和G83动作之间的区别。指令格式中的Q值指的是什么？

2-18 试编制图2-67、图2-68所示零件的数控加工程序。

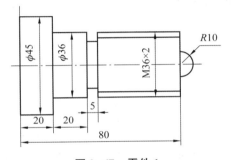

图2-67 零件1

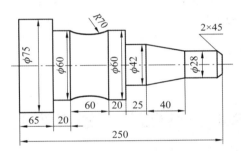

图2-68 零件2

第3章
计算机数控系统

（1）掌握数控系统软硬件结构、可编程逻辑控制器的分类和工作原理；

（2）拥有能用逐点比较法和数字积分法进行直线和圆弧插补的计算能力；

（3）具备分析数控刀具补偿的工作原理及其应用能力；

（4）具备严谨的数控轨迹计算能力。

（5）培育学生精益求精、不断创新的精神。

3.1 计算机数控系统的组成

计算机数控系统，简称 CNC（Computer Numerical Control）系统，是一种采用存储器存储控制程序并执行控制程序实现部分或全部数控功能，并配有接口电路和伺服驱动装置的专用计算机系统。

CNC 系统的核心是 CNC 装置。随着计算机技术的发展，数控装置性能越来越高，价格越来越低。CNC 装置通常由硬件和软件两部分组成，硬件具有一般计算机的结构，又分通用硬件和专用硬件，软件是数控系统的专用软件；软件和硬件是相辅相成的，二者缺一不可。计算机数控系统的组成框图如 3-1 所示。

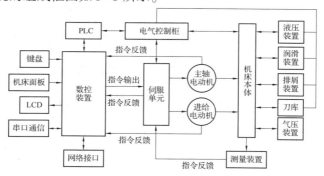

图 3-1 计算机数控系统的组成框图

3.1.1　计算机数控硬件系统

1. 数控系统的硬件构成

（1）计算机部分：是数控装置的核心，主要作用是对输入到数控装置的各种数据信息进行相应的算数和逻辑运算，根据处理结果，向其他功能模块发出控制命令、传送数据，使用户的指令得以执行。

（2）系统总线：包括数据总线、地址总线、控制总线。

（3）显示模板：是人机交流的重要媒介，它给用户提供直观的操作环境，使用户能快速熟悉适应其操作过程。

（4）输入输出模块：将数控装置中的数据输送给外部设备。

（5）存储模块：如硬盘、光盘等。

（6）辅助控制接口模块：一类是对各坐标轴的速度和位置的"轨迹控制"，另一类是对设备动作的"顺序控制"。

2. 单微处理器结构和多微处理器结构

CNC装置的硬件结构依据处理器的数量不同，一般分为单微处理器结构和多微处理器结构。经济型数控装置一般采用单微处理器结构，多微处理器则应用在高级型数控装置中。

1）单微处理器结构

（1）单机系统。

CNC装置中只有1个中央处理器（CPU），采用集中控制、分时处理的模式进行各项数控任务的处理工作，如存储、插补运算、输入输出控制、CRT显示等。优势在于价格低、结构简单、便于实现，但由于处理速度慢，已经被多微处理器结构取代。

（2）主从结构。

拥有两个或两个以上CPU，但只有一个CPU（称为主CPU）对系统的资源有控制和使用权，其他CPU服从主CPU的命令，即其他CPU处于从属地位，称为主从结构，也属于单微处理器结构。

单微处理器结构的CNC装置由微处理器、存储器、总线、显示装置、PLC功能模块、功能通信接口等组成，如图3-2所示。

2）多微处理器结构

多微处理器结构是指CNC装置中有两个或两个以上微处理器，一般采用紧耦合和松耦合两种结构，紧耦合拥有集中的操作系统，可共享资源；而松耦合拥有多重操作系统，实现功能的并行处理。

（1）多微处理器CNC装置的功能模块。

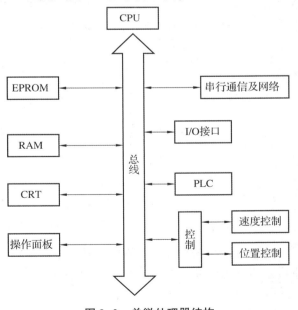

图3-2　单微处理器结构

a）CNC 管理模块。实现管理和组织整个 CNC 系统工作过程所需要的功能，如系统初始化、中断管理、总线裁决、系统出错识别和处理等。

b）CNC 插补模块。该模块完成译码、刀具补偿计算、坐标位移量的计算和进给速度处理等插补前的预处理。然后再进行插补计算，为各坐标轴提供位置给定量。

c）PLC 模块。该模块将零件加工中的某些辅助功能和从机床来的信号在 PLC 模块中作逻辑处理，实现各功能与操作方式之间的连接，机床电气设备的启停、刀具交换、转台分度、工件数量和运转时间的计数等。

d）位置控制模块。该模块将插补后的坐标位置给定值与位置监测器测得的位置实际值进行比较，进行自动加减速、回基准点、伺服系统滞后量的监视和飘移补偿，最后得到速度控制的模拟电压，驱动进给电动机。

e）存储器模块。该模块指存放程序和数据的主存储器，或功能模块间数据传送的共享存储器。

f）操作面板监控和显示模块。该模块监控零件加工程序、参数和数据、各种操作命令的输入输出，显示所要求的各种电路。

（2）多微处理器 CNC 装置的两种典型结构。

多微处理器 CNC 装置通常采用共享总线和共享存储器两种典型结构实现模块间的互连与通信。

a）共享总线结构。

这种结构以系统总线为中心，把 CNC 装置内各功能模块划分成带有 CPU 或 DMA 器件（直接数据存取控制器）的各种主模块和不带 CPU 或 DMA 器件的从模块（RAM/ROM、I/O 模块）两大类。所有的主、从模块都插在配有总线插座的机柜内，共享标准系统总线。系统总线有效地将各个模块连接，进行各种数据和控制信息的交换，形成完整的系统，实现数控规定的各种功能。图 3-3 为共享总线结构。

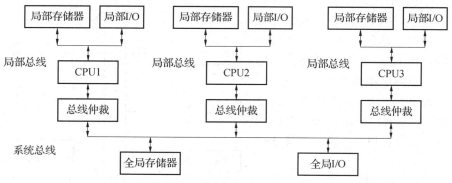

图 3-3　共享总线结构

共享总线结构具有结构简单、系统组配灵活、成本较低、可靠性高等优点。其缺点是：总线是系统的"瓶颈"，一旦总线出现故障，将使整个系统受到影响；而且由于使用总线要经总裁，使信息传输效率降低。

b）共享存储器结构。

这种结构是面向公共存储器来设计的，采用存储器的多个端口实现各个主模块间的互连与通信，每个端口都配有一套数据、地址、控制线，供端口访问，存储器的访问冲突由专门的逻辑电路来解决。存储器在同一时刻只允许一个 CPU 使用，因此功能复杂，当多个 CPU 同时工作时，数据传输量增加导致信息传输阻塞，降低了效率，因此扩展功能受限制。图 3-4 为一个采用共享存储器结构的 CPU 数控系统，功能模块之间通过公用存储器连接耦合在一起。

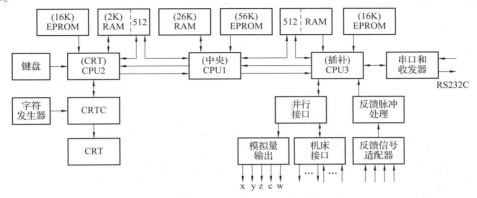

图 3-4　采用共享存储器结构的 CPU 数控系统

3.1.2　计算机数控软件系统

CNC 系统的软件结构取决于 CNC 装置中软件和硬件的分工，取决于软件本身所应完成的工作内容。

1. CNC 系统软、硬件的界面

CNC 装置由软件和硬件组成，硬件为软件的运行提供支持环境。在信息处理方面，软件与硬件在逻辑上是等价的，即硬件能完成的功能从理论上讲也可以用软件来完成。但是，硬件和软件在实现这些功能时各有不同的特点：硬件处理速度快，但灵活性差，实现复杂控制的功能困难；软件设计灵活，适应性强，但处理速度相对较慢。

因此，哪些功能应由硬件来实现，哪些功能应由软件实现，即如何合理确定软件硬件的功能分担是 CNC 装置结构设计的重要任务。这就是所谓的软件和硬件的功能界面划分的概念。通常，功能界面划分的准则是系统的性能价格比。图 3-5 是 4 种典型 CNC 系统的软硬件界面划分。

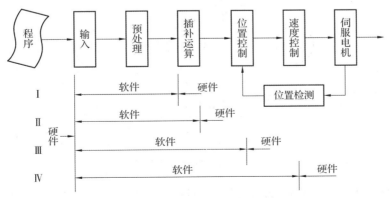

图 3-5　4 种典型 CNC 系统的软硬件界面划分

2. CNC 控制软件的特点

1）CNC 装置的多任务并行处理

CNC 系统的软件是为实现其各项功能而编写的专用软件，又称系统软件。系统软件进一步可分为管理软件和控制软件。管理软件和控制软件又由不同的功能模块组成，构成框图如图 3-6 所示。

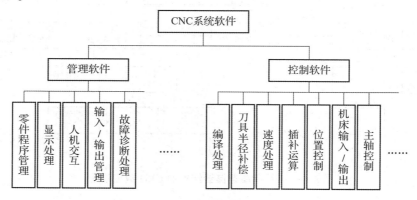

图 3-6　CNC 系统软件构成框图

CNC 装置的管理任务包括输入、I/O 处理、显示和诊断等；控制任务包括译码、刀具补偿、速度处理、插补和位置控制等。

并行处理是指软件系统在同一时刻或同一时间间隔内完成两个或两个以上任务处理的方法。采用并行处理技术的目的是提高 CNC 系统的资源利用率和处理速度。

在许多情况下，CNC 装置中的管理和控制的某些工作必须同时进行，即并行处理，这是由 CNC 装置的工作特点决定的。例如，在加工过程中，显示任务与控制任务必须同时执行；同时在控制软件的运行中，其本身的各项处理任务也需要同时执行，如译码、刀具补偿、速度处理任务需和插补任务同时执行，插补任务又需和位置控制任务同时进行。图 3-7 为分时共享的并行处理，图中的双箭头表示两者之间有并行处理关系。

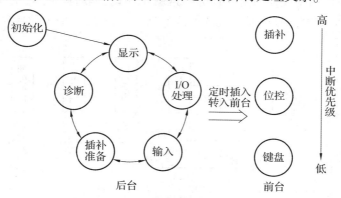

图 3-7　分时共享的并行处理

并行处理的实现方式和 CNC 装置的硬件结构密切相关。CNC 装置中常采用的并行处理的方法如下。

（1）资源分时共享处理。

在单 CPU 结构（单微处理器结构）的 CNC 系统中，采用"分时"来实现多任务的并行处理。即在一定的时间片内，根据系统各任务的实时性要求程度，规定各个任务何时占用 CPU 及占用 CPU 时间的长短，是首先要解决的两个时间分配问题。数控任务何时占用 CPU 是优先级分配的问题，占用 CPU 时间的长短是时间长度的分配问题，在单 CPU 结构的 CNC 系统中，采用循环使用和中断优先使用的方法相结合解决这两个问题。

（2）资源重叠流水并行处理。

在多 CPU 结构（多微处理器结构）的 CNC 系统中，根据各任务之间的关联程度，可采用以下两种并行处理技术：

a）若任务间的关联程度不高，分别在不同的 CPU 上同时执行即为"并发处理"；

b）若任务间的关联程度较高，采用流水处理的方式来实现并行处理，即上一个任务的输出是下一个任务的输入。

流水处理技术是组成大任务的几个小任务的处理过程相互错开，轮流使用 CNC 系统的几个部分，使机床的各个部件都能工作，即就像在一条生产线上分不同工序加工零件的流水作业一样，如图 3-8 所示。

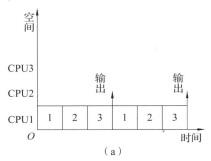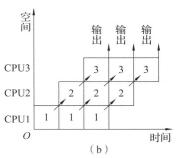

图 3-8　时间重叠流水处理

（a）顺序处理；（b）并行处理

2）实施中断处理

数控机床在实际加工过程中，各类任务都具备实时性要求，但部分任务的实时性要求较高，在 CNC 系统中就需要采用实施中断满足各个任务的实时性要求。CNC 系统的硬件完成大部分的中断管理任务，主要类型有：外部中断、内部定时中断、硬件故障中断和程序性中断。

（1）外部中断：主要有纸带光电阅读机读孔中断、外部监控中断和键盘输入中断。

（2）内部定时中断：主要有插补周期定时中断和位置采样定时中断，处理时，优先处理位置中断，然后处理插补运算。

（3）硬件故障中断：是由 CNC 装置中硬件故障检测装置导致的中断。

（4）程序性中断：是由程序中出现异常情况产生报警信息导致的中断。

3. 软件总体结构

1）前后台式软件结构

前后台式软件结构适用于采用集中控制的单微处理器结构的 CNC 装置。在这种软件结构中，CNC 系统软件由前台程序和后台程序组成。

前台程序为实时中断程序，承担了几乎全部的实时功能，这些功能都与机床动作直接相关，如位置控制、插补、辅助功能处理、监控等。后台程序主要用来完成准备工作和管理工作，包括输入、译码、插补准备及管理，通常称为背景程序。背景程序是一个循环运行程序，在其运行过程中实时中断程序不断插入，前后台程序相互配合完成加工任务。

这种结构采用中断优先和循环使用。前台程序是中断优先机制的；前后和后台程序内部各子任务采用的是循环使用。前台和后台程序之间以及内部各子任务之间的信息交换是通过缓冲区实现的。前后台程序的运行关系如图 3-9 所示。

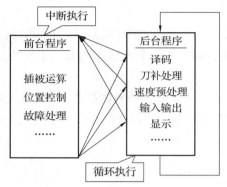

图 3-9　前后台程序的运行关系

2）中断式软件结构

中断式软件结构没有前后台之分，除了初始化程序外，把控制程序安排成不同级别的中断服务程序，整个软件是一个大的多重中断系统。系统的管理功能主要通过中断管理系统（由硬件和软件组成）对各级中断服务程序实施调度管理来实现。中断式软件结构适用于多微处理器结构的 CNC 装置。该模式的软件结构如图 3-10 所示。

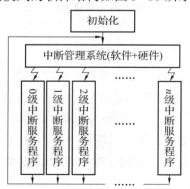

图 3-10　中断式软件结构

此系统的中断级别较多（最多可达 8 级），实时性强的任务优先安排在级别较高的中断程序中，因此实时性好，但关系复杂，系统的维护与扩充较难。

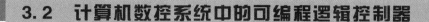

3.2 计算机数控系统中的可编程逻辑控制器

可编程逻辑控制器（Programmable Logic Controller，PLC）是20世纪60年代末发展起来的自动化控制器，最早只有逻辑运算、定时和计算等功能，主要是作为继电器控制装置的替代品。PLC与先进的微机控制技术相结合成为崭新的工业控制器，功能远远超越了逻辑控制，人们对其正式命名为"可编程程序控制器"（Programmable Controller），简称PC。随着科学技术的发展和专业术语的区别，在数控领域上，仍然沿用"可编程逻辑控制器"的名称，即PLC。

3.2.1 可编程逻辑控制器的分类和各自特征

数控机床用PLC可分为两类：一类是专为实现数控机床顺序控制而设计制造的内装型（Built-in Type）PLC；另一类是I/O接口技术规范、I/O点数、程序存储容量以及运算和控制功能等均能满足数控机床控制要求的独立型（Stand-alone Type）PLC。

1. 内装型PLC

内装型PLC隶属于CNC装置，其余NC间的信号传输可以在CNC内部实现，通过PLC可以实现数控机床机械各个部门之间信号的传递，如机床的机械运动及其液压、气压、冷却、润滑、排屑等辅助装置、机床操作面板的操作、继电器线路、机床强电线路等，这些信号的传递通过CNC装置中的I/O电路实现，如图3-11所示。

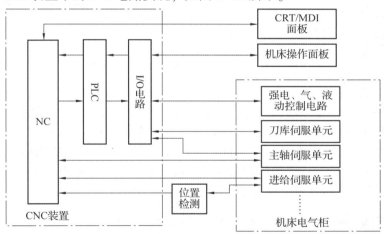

图3-11 内装型PLC的CNC系统框图

内装型PLC的特点如下。

（1）内装型PLC实质是带有PLC功能的CNC装置，是数控机床的一种基本功能，能全部提供给用户。

（2）内装型PLC的性能指标（如I/O点数、程序最大步数、每步执行时间、程序扫描时间、功能指令数目等）是根据所从属的CNC系统的规格、性能、适用机床的类型等确定的，其硬件和软件部分是被作为CNC系统的基本功能或附加功能与CNC系统一起设计制造的。内装型 PLC 的 CNC 系统的硬件和软件结构非常紧凑，功能的针对性强，一般用于单台数控机床或数控加工中心。

（3）在系统结构上，内装型 PLC 和 CNC 系统可以共用一个 CPU，也可单独享有一个 CPU，内装型 PLC 一般单独制成一块附加板，插装到 CNC 主板插座上，通过 CNC 系统本身的 I/O 接口实现信息的传递；PLC 控制部分及部分 I/O 电路所用电源（一般是输入口电源，而输出口电源是另配的）由 CNC 装置提供，不另备电源。

（4）采用内装型 PLC 结构，CNC 系统可以具有某些高级控制功能，如梯形突编辑和传送功能等。

2. 独立型 PLC

独立型 PLC 又称为通用型 PLC。独立型 PLC 独立于 CNC 装置，具有完备的硬件和软件功能，能够独立完成规定的控制任务。采用独立型 PLC 的 CNC 系统框图如图 3-12 所示。

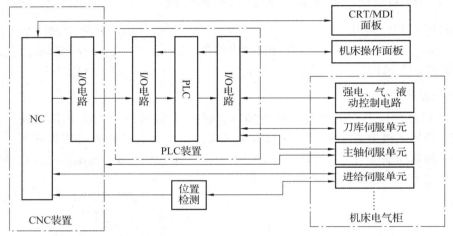

图 3-12　独立型 PLC 的 CNC 系统框图

独立型 PLC 有如下特点。

（1）独立型 PLC 的基本功能结构与前面所述的内装型 PLC 完全相同。

（2）数控机床应用的独立型 PLC，一般采用中型或大型 PLC，I/O 点数一般在 200 点以上，所以多采用积木式模块化结构，具有安装方便、功能易于扩展和变换等优点。

（3）独立型 PLC 的 I/O 点数可以通过 I/O 模块的增减灵活配置。有的独立型 PLC 的还可以通过多个远程终端连接器，构成有大量 I/O 点数的网络，以实现大范围的集中控制。

3.2.2　可编程逻辑控制器在数控系统中的作用

PLC 是基于计算机和自动控制理论专为工业控制而发展起来的，但它又不同于普通的计算机，作为一种特殊形式的计算机控制装置，它在系统结构、硬件组成、软件结构以及用户界面等诸多方面都有其特性。

1. PLC 硬件的一般组成

虽然各公司生产的 PLC 产品的组成型式和功能特点各不相同，但它们在结构和组成上基本是相同的：即由 CPU、存储器、I/O 接口和其他可选部件四大部分组成。PLC 在运行过程中，一般由 CPU、存储器、I/O 接口三个部分加上供电电源即可完成预定的各种基本控制任务，因此可将这三部分称为 PLC 的基本组成部分。其他可选部件包括编程器、外存储器、通信接口、人机界面以及测试设备等，它们是 PLC 的辅助组成部分。

PLC 的硬件结构如图 3-13 所示。它的硬件是通用的，用户只要按需结合，并相应改变存储器内的程序，就可以用于控制各种类型的数控机床。它的各部分是通过总线连接的。

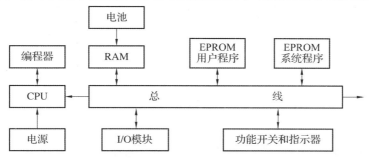

图 3-13　PLC 的硬件结构

1）CPU（中央处理单元）

PLC 的 CPU 与通用微机的 CPU 一样，是它的核心部分，它按照系统软件赋予的功能，接收并存储从编程器键入或编程软件下载的用户程序和数据，用扫描方式查询现场输入装置的各种信号状态或数据，并存入输入过程状态寄存器或数据寄存器中。然后，从存储器逐条读取用户程序，经过集合解释后，按指令规定的任务产生相应的控制信号，去启闭有关的控制电器。

2）存储器

存储器主要用于存放系统程序、用户程序和工作数据。PLC 所用存储器基本上由 EPROM 和 RAM 两种形式组成，而存储器总容量随 PLC 类别或规模的不同而改变。

3）I/O 模块

I/O 模块是 PLC 与被控设备或控制开关相连接的接口部件。控制中所用的按钮、开关以及一些传感器输出的信号均要通过输入部分转换成 PLC 可接收的信号，而 CPU 处理后的信号需通过输出部分转换成控制现场需要的信号以驱动电磁阀、接触器、电磁离合器等被控设备的控制和执行元件。

2. PLC 软件的一般组成

PLC 在硬件环境下，还必须要有相应的执行软件配合工作。PLC 基本软件包括系统软件和用户软件。系统软件一般包括操作系统、语言编译系统和各种功能软件等。其中，操作系统管理 PLC 的各种资源，协调系统各部分之间、系统与用户之间的关系，为用户应用软件提供了一系列管理手段，以使用户应用程序能正确地进入系统，正常工作。用户应用软件是面向用户或面向生产过程的应用程序，也称 PC 程序。

3. PLC 的工作原理

PLC 通电后，需要对硬件和软件作一些初始化的工作。为了使 PLC 的输出及时地响应各种输入信号，初始化后反复不停地分阶段处理各种不同的任务，如图 3-14 所示。这种周而复始的循环工作模式称为扫描工作模式。

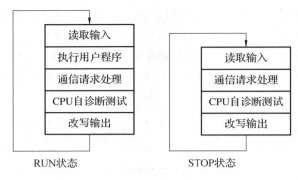

图 3-14 PLC 扫描过程

1）读取输入

在 PLC 的存储器中，设置一片区域来存放输入信号和输出信号的状态，它们分别称为输入过程映像寄存器和输出过程映像寄存器。CPU 以字节为单位来读写 I/O 过程映像寄存器。

2）执行用户程序

PLC 的用户程序由若干条指令组成，指令在存储器中按顺序排列。在工作模式的程序执行阶段，在没有跳转指令时，CPU 从第一条指令开始，逐条顺序地执行用户程序。

在执行指令时，从 I/O 过程映像寄存器或别的位元件的映像寄存器读出其 0/1 状态，并根据指令的要求执行相应的逻辑运算，运算的结果写入到相应的映像寄存器中，因此，各映像寄存器（只读的输入过程映像寄存器除外）的内容随着程序的执行而变化。

3）通信请求处理

在通信请求处理阶段，CPU 处理从通信接口和智能模块接收到的信息，如读取智能模块的信息并存放在缓冲区中，在适当的时候将信息传送给通信请求方。

4）自诊断测试

自诊断测试包括定期检查 CPU 模块的操作和扩展模块的状态是否正常，将监控定时器复位，以及完成一些别的内部工作。

5）改写输出

CPU 执行用户程序后，将输出过程映像寄存器的 0/1 状态传送到输出模块并存起来。梯形图中某一输出点的线圈"通电"时，对应的输出过程映像寄存器为 1 状态。信号经输出模块隔离和功率放大后，继电器输出模块中对应的硬件继电器的线圈通电，其常开触点闭合，使外部负载通电工作。若梯形图输出点的线圈"断电"，对应的输出过程映像寄存器中存放的二进制数为 0，将它送到继电器输出模块，对应的硬件继电器的线圈断电，其常开触点断开，外部负载断电，停止工作。

3.2.3 典型可编程逻辑控制器的指令和程序编制

PLC 的编程语言与一般计算机语言相比，具有明显的特点，它既不同于高级语言，也不同于一般的汇编语言。常用的可编程逻辑控制器的编程方法有下面几种。

1. 语句表（STL）

语句表与文本型的程序和汇编语言比较相似，程序段格式为：

指令助记符（操作数），（操作数）

例如：LD　　I0.0

　　　O　　M0.3

　　　AN　　I0.2

　　　=　　　Q1.1

CPU 从上到下按照程序的顺序执行每一条指令，程序结束后再返回到起始位置重新循环执行。

2. 梯形图（LAD）

梯形图是使用最多的 PLC 图形编程语言。梯形图与继电器控制系统的电路图很相似，具有直观易懂的优点，特别适用于数字量逻辑控制，如图 3-15 所示。

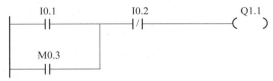

图 3-15　梯形图程序示例

梯形图由触点、线圈和用方框表示的功能块组成：

（1）触点：代表逻辑"输入"条件，如外部的开关、按钮等输入信号和内部变量状态调用等。

（2）线圈：代表逻辑"输出"结果，用来控制外部的指示灯、交流接触器和内部的输出条件等。

（3）功能块：代表附加指令，如定时器、计数器或数学运算指令以及子程序调用等。

梯形图通过连线把代表 PLC 指令的梯形图符号连接在一起，用以表达所使用的 PLC 指令及其前后顺序。它的连线有两种：母线和内部横竖线。内部横竖线把一个个梯形图符号指令连成一个指令组，这个指令组一般从装载（LD）指令开始，必要时再加以若干个输入指令（含 LD 指令），以建立逻辑条件。最后为输出类指令，实现输出控制，或为数据控制、流程控制、通信处理、监控工作等指令，以进行相应的工作。母线是用来连接指令组的。

3. 功能块图（FBD）

功能块图是一种类似于数字逻辑门电路的编程语言，该编程语言用类似与门、或门的方框来表示逻辑运算关系，方框的左侧为逻辑运算的输入变量，右侧为输出变量，输入、输出端的小圆圈表示"非"运算，方框被"导线"连接在一起，信号自左向右流动，如图 3-16 所示。

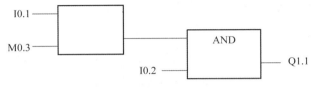

图 3-16　功能块图程序示例

一般来说，梯形图编程是大多数 PLC 编程人员和维护人员选择的方法，语句表编程更适合熟悉 PLC 和逻辑编程的有经验的程序员。

3.3　数控系统插补原理

3.3.1　插补概述

1. 插补的定义

实际加工中零件的轮廓形状是由各种线型（如直线、圆弧、螺旋线、抛物线、自由曲线）构成的。CNC 系统生成复杂曲线时工作量较大，因此常用一小段直线或圆弧进行拟合，使其满足加工精度要求，这种拟合方法就是插补。插补的实质就是数据点密化的过程，在加工中我们需要提供线型的相关参数，而直线和圆弧的参数最为简单，如直线，只需要提供起点和终点；而圆弧，只需要提供起点、终点、顺圆或逆圆以及圆心相对于起点的位置。据此，可对插补定义如下：插补就是根据给定进给速度和给定轮廓线型的要求，在轮廓的已知点之间，确定一些中间点的方法，这种方法称为插补方法或插补原理。

插补的任务就是依据进给速度的要求，在零件轮廓的起点和终点之间计算若干个中间点的坐标值，中间点坐标值计算的时间影响系统的控制速度，坐标值计算的精度影响加工精度，故插补算法是 CNC 系统的核心。

数控机床控制与精度

智造先锋 1

智造先锋 2

2. 插补的分类

1）脉冲增量插补

这类插补的特点如下。

（1）每次插补的结果仅产生一个单位的行程增量（一个脉冲当量），以一个个脉冲的方式输出给各轴的伺服电动机。一个脉冲所产生轴的移动量成为脉冲当量，用 δ 表示。

（2）脉冲增量插补的实现方法简单，通常仅用加法和移位运算方法就可完成插补；比较容易用硬件来实现，而且，用硬件实现这类运算的速度是很快的。

脉冲增量插补中应用较为成熟和广泛的有：逐点比较法、数字积分法和比较积分法，它们主要用在采用步进电动机驱动的数控系统。

2）数字增量插补

这类插补的特点如下。

（1）插补程序以一定的时间间隔（插补周期）定时运行，在每个周期内根据进给速度计算出各坐标轴在下一插补周期内的位移增量（数字量）。

（2）插补运算速度与进给速度无严格的关系，因而采用这类插补时，可达到较高的进给速度。

（3）数字增量插补的实现较脉冲增量插补复杂，它对计算机的运算速度有一定的要求，不过现在的计算机均能满足它的要求。

这类插补有：数字积分法（DDA 法）、二阶近似插补法、双 DDA 插补法、角度逼近插补法、时间分割法等。

这类插补主要用于交、直流伺服电动机为伺服系统的闭环、半闭环数控系统，也可用于以步进电动机为伺服系统的开环数控系统，而且，目前所使用的 CNC 系统中，大多数都采用这类插补。

3.3.2　逐点比较法

逐点比较法也称为代步计算法，是最早的一种插补算法，是这类算法最典型的代表，逐点比较法是以折线来逼近直线或圆弧曲线的，它与规定的直线或圆弧之间的最大误差不超过一个脉冲当量，因此，只要将脉冲当量（每走一步的距离）取得足够小，就可达到加工精度的要求。

逐点比较法的基本原理是：数控装置控制刀具按照加工路线进行移动，不断比较刀具轨迹和轮廓轨迹之间的误差，由误差控制刀具下一步的移动方向，移动方向是减小误差的方向，且每一次的移动只能有一个坐标轴的移动。

逐点比较法插补过程中每进给一步都要经过以下四个节拍。

（1）偏差判别：比较刀具位置与轮廓预定位置之间的偏差，决定刀具运动方向。

（2）坐标进给：根据偏差判定结果，控制相应坐标轴进给一步，以减小刀具与轮廓间误差。

（3）新偏差计算：刀具进给一步后，计算出新的刀具点与工件轮廓间误差，为下一步的偏差判别提供依据。

（4）终点判别：刀具每走一步都要判别是否已达工件轮廓的终点，若已到则插补结束，若未达到则继续上述四个节拍，直至终点。

1. 直线插补

1）偏差判别

直线插补时，根据用户给出的加工直线的起点和终点，建立一个平面直角坐标系。

以第一象限为例，如图 3-17 所示的直线 OA。设起点为坐标原点，终点坐标为 $A(X_e, Y_e)$，插补点 P（动点）坐标为 (X_m, Y_m)，若 P 在 OA 直线上，则根据相似三角形的关系可得：

$$\frac{Y_m}{X_m} = \frac{Y_e}{X_e} \tag{3-1}$$

若点（X_m，Y_m）在直线上，则 $X_e Y_m - Y_e X_m = 0$；

若点（X_m，Y_m）位于直线上方，则 $X_e Y_m - Y_e X_m > 0$；

若点（X_m，Y_m）位于直线下方，则 $X_e Y_m - Y_e X_m < 0$。

定义偏差判别式为：

$$F = Y X_e - X Y_e \tag{3-2}$$

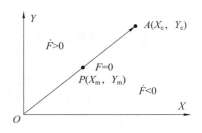

图 3-17　直线偏差

2）坐标进给

根据偏差 F 的符号（而不是数值）可以判别出当前动点与规定直线轨迹的相对位置，从而确定出动点下一步的进给方向。

当 $F>0$ 时（动点 P 在直线上方），应使动点 P 沿 $+X$ 方向进给一步（即一个脉冲当量）；

当 $F<0$ 时（动点 P 在直线下方），应使动点 P 沿 $+Y$ 方向进给一步；

当 $F=0$ 时（动点 P 在直线上），为使插补继续进去，可将 $F=0$ 归入 $F>0$ 的情况，使动点 P 沿 $+X$ 方向进给一步。

这样从原点出发，每走一步，计算和判别一次偏差 F，再走一步。如此进行下去，直至终点 $A(X_e, Y_e)$。当两坐标方向所走的步数（即发出的脉冲当量数）分别等于 X_e 和 Y_e 时，插补停止。

3）新偏差计算

刀具每走一步后，将刀具新的坐标值代入函数式 $F_m = Y_m X_e - X_m Y_e$，再求出新的偏差 F_m 值，依据新偏差的正负确定下一步进给方向。

设在某加工点处，若 $F_m \geqslant 0$ 时，为了逼近给定轨迹，应沿 $+X$ 方向进给一步，则有：

$$X_{i+1} = X_i + 1, \qquad Y_{i+1} = Y_i$$
$$F_{i+1} = X_e Y_{i+1} - Y_e X_{i+1} = X_e Y_i - Y_e(X_i + 1) = F_i - Y_e \qquad (3-3)$$

若 $F_m < 0$ 时，为了逼近给定轨迹，应向 $+Y$ 方向进给一步，则有：

$$X_{i+1} = X_i, \qquad Y_{i+1} = Y_i + 1$$
$$F_{i+1} = X_e Y_{i+1} - Y_e X_{i+1} = X_e(Y_i + 1) - Y_e X_i = F_i + X_e \qquad (3-4)$$

4）终点判别

直线插补的终点判别可采用三种方法。

（1）分别判断各坐标轴的步数：设置 Σ_x 和 Σ_y 两个减法计数器，其中分别存入终点坐标值（脉冲当量总数）X_e 和 Y_e。当 X 或 Y 方向进给一步时，就在相应的计数器中减 1，直到两个计数器的数都减为 0 时，则到达终点，停止插补。

（2）判断插补或进给的总步数：设置一个减法计数器 Σ，其中存入 X 和 Y 两坐标总进给步数之和，即 $\Sigma = X_e + Y_e$。当 X 或 Y 方向进给一步时，均在减法计数器 Σ 中减 1，直到减为 0 时，则到达终点，停止插补。

仅判断进给步数较多的坐标轴的进给步数：减法计数器 Σ 的初值取为 $\max (X_e, Y_e)$，只有在终点坐标较大的坐标方向进给一步时，计数器才减 1，直到减为 0 时，停止插补。

5）不同象限的直线插补计算过程

上面计算的公式仅仅适用于第一象限的偏差计算，若想应用于其他象限，则需要对公式进行修正，如第二象限和第一象限的 X 值的绝对值都是一样的，如此可知在计算时，将公式中的坐标值都用绝对值进行代替，方向依然是减小误差的方向。表 3-1 列出了不同象限内直线插补的偏差计算公式和进给方向。表中 L_1、L_2、L_3 和 L_4 分别表示第一、二、三和四象限的直线，i 表示当前点，$i+1$ 表示下一点。

表 3-1　不同象限内直线插补的偏差计算公式和进给方向

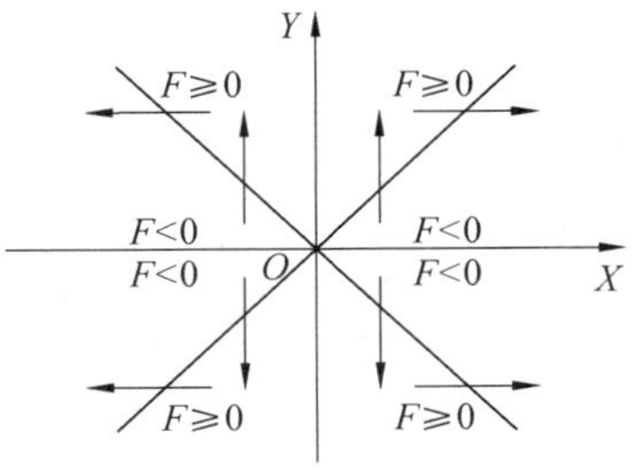

图示	线型	偏差判别	偏差计算	进给方向
	L_1，L_4	$F \geqslant 0$	$F_{i+1} \leftarrow F_i - \|Y_e\|$	$+X$
	L_2，L_3	$F \geqslant 0$		$-X$
	L_1，L_2	$F < 0$	$F_{i+1} \leftarrow F_i + \|X_e\|$	$+Y$
	L_3，L_4	$F < 0$		$-Y$

【例 3-1】加工第一象限直线 OB，起点坐标为 O（0，0），终点坐标为 B（4，5），试用逐点比较法插补该直线，并画出插补轨迹。

解： 终点坐标增量绝对值为：$X_e = |X_B - X_O| = 4$，$Y_e = |Y_B - Y_O| = 5$。

终点判别总步数：$\sum = 4 + 5 = 9$。

因为开始时刀具在直线起点 O 上，所以 $F_0 = 0$。

判别函数：因是第一象限直线插补，所以当 $F_i \geqslant 0$，向 $+X$ 走一步，$F_{i+1} = F_i - Y_e$；当 $F_i < 0$，向 $+Y$ 走一步，$F_{i+1} = F_i + X_e$。

开始时，刀是轨迹肯定在预定轨迹上，$F_i = 0$，规定向 X 走一步。插补计算过程如表 3-2 所示，插补轨迹如图 3-18 所示。

表 3-2　逐点比较法直线插补计算过程

序号	偏差判别	进给方向	偏差计算	终点判别
起点	—	—	$F_0 = 0$	$n = 9$
1	$F_0 = 0$	$+X$	$F_1 = F_0 - Y_e = 0 - 5 = -5$	$n = 9 - 1 = 8$
2	$F_1 = -5$	$+Y$	$F_2 = F_1 + X_e = -5 + 4 = -1$	$n = 8 - 1 = 7$
3	$F_2 = -1$	$+Y$	$F_3 = F_2 + X_e = -1 + 4 = 3$	$n = 7 - 1 = 6$
4	$F_3 = 3$	$+X$	$F_4 = F_3 - Y_e = 3 - 5 = -2$	$n = 6 - 1 = 5$
5	$F_4 = -2$	$+Y$	$F_5 = F_4 + X_e = -2 + 4 = 2$	$n = 5 - 1 = 4$
6	$F_5 = 2$	$+X$	$F_6 = F_5 - Y_e = 2 - 5 = -3$	$n = 4 - 1 = 3$
7	$F_6 = -3$	$+Y$	$F_7 = F_6 + X_e = -3 + 4 = 1$	$n = 3 - 1 = 2$
8	$F_7 = 1$	$+Y$	$F_8 = F_7 - Y_e = 1 - 5 = -4$	$n = 2 - 1 = 1$
9	$F_8 = -4$	$+X$	$F_9 = F_8 + X_e = -4 + 4 = 0$	$n = 1 - 1 = 0$

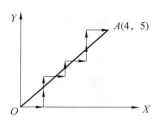

图 3-18　直线插补轨迹

2. 圆弧插补

1）偏差差别

以第一象限逆圆为例，如图 3-19 所示，设需要加工零件轮廓为圆弧 AE，圆弧的圆心在坐标系原点，已知圆弧的起点为 $A(X_0，Y_0)$，终点为 $E(X_e，Y_e)$，圆弧半径为 R。瞬时动点为 $M(X_m，Y_m)$，该点可能在圆弧内也可能在圆弧外，它与圆心的距离为 R_m。

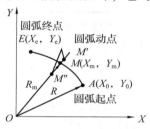

图 3-19　逐点比较法第一象限逆圆弧插补

比较 R_m 和 R，可得加工偏差：

$$R_m^2 = X_m^2 + Y_m^2，R^2 = X_0^2 + Y_0^2$$

$$R_m^2 - R^2 = X_m^2 + Y_m^2 - R^2$$

若 $X_m^2 + Y_m^2 - R^2 = 0$，表明动点 M 在圆弧上；

若 $X_m^2 + Y_m^2 - R^2 > 0$，表明动点 M 在圆弧外；

若 $X_m^2 + Y_m^2 - R^2 < 0$，表明动点 M 在圆弧内。

定义圆弧偏差判别式为：

$$F_m = R_m^2 - R^2 = X_m^2 + Y_m^2 - R^2 \tag{3-5}$$

2）坐标进给

设动点 $M(X_m、Y_m)$，若 $F_m \geqslant 0$，则点 M 位于圆弧之外，对于第一象限的逆圆弧，为逼近圆弧，减小误差，应沿 $-X$ 方向进给一步，若 $F_m < 0$，应沿 $+Y$ 方向进给一步。

3）新偏差计算

（1）动点 M 沿 $-X$ 方向进给一步，到点 $(X_{m+1}，Y_{m+1})$，其坐标值为：

$$X_{m+1} = X_m - 1，Y_{m+1} = Y_m$$

则新动点的偏差为：

$$F_{m+1} = X_{m+1}^2 + Y_{m+1}^2 - R^2 = F_m - 2X_m + 1 \tag{3-6}$$

（2）动点沿 $+Y$ 方向进给一步，到点 $(X_{m+1}，Y_{m+1})$，其坐标值为：

$$X_{m+1} = X_m，Y_{m+1} = Y_m + 1$$

新动点的偏差为：

$$F_{m+1} = X_{m+1}^2 + Y_{m+1}^2 - R^2 = F_m + 2Y_m + 1 \tag{3-7}$$

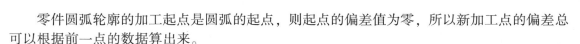

零件圆弧轮廓的加工起点是圆弧的起点，则起点的偏差值为零，所以新加工点的偏差总可以根据前一点的数据算出来。

4）终点判别

圆弧插补的终点判断方法和直线插补相同。可将从起点到达终点的 X、Y 轴进给步数的总和 $\sum$ 存入一个计数器。

$$\sum = |X_e - X_0| + |Y_e - Y_0| \tag{3-8}$$

每前进一步，从计数器中减去 1，当计算器数值为零时发出终点到达信号。也可以选择一个坐标的进给步数作为终点判断，注意此时应选择终点坐标中坐标值小的那一个坐标。

5）圆弧插补计算过程

圆弧插补计算过程和直线插补计算过程基本相同，区别在于圆弧的偏差计算公式中含有动点坐标，因此在新的偏差计算中需要对坐标值的变化进行计算，方便下一点的偏差计算。

6）不同象限的圆弧插补计算过程

受限于象限不同和圆弧的顺逆，偏差计算的公式和进给方向也不相同，共有 8 种情况，这 8 种情况的进给方向和偏差计算公式，如图 3-20 所示。

不同象限内圆弧插补的偏差计算和进给方向如表 3-3 所示，其中 S 代表顺时针，N 代表逆时针，1、2、3、4 分别代表四个象限。

表 3-3　不同象限内圆弧插补的偏差计算和进给方向

线型	偏差判别	偏差计算	进给方向
SR_2，NR_3	$F \geqslant 0$	$F_{i+1} = F_i + 2X + 1$	$+X$
SR_1，NR_4	$F < 0$	$X_{i+1} = X_i + 1$	$+X$
NR_1，SR_4	$F \geqslant 0$	$F_{i+1} = F_i - 2X + 1$	$-X$
NR_2，SR_3	$F < 0$	$X_{i+1} = X_i - 1$	$-X$
NR_4，SR_3	$F \geqslant 0$	$F_{i+1} = F_i + 2Y + 1$	$+Y$
NR_1，SR_2	$F < 0$	$Y_{i+1} = Y_i + 1$	$+Y$
SR_1，NR_2	$F \geqslant 0$	$F_{i+1} = F_i - 2Y + 1$	$-Y$
NR_3，SR_4	$F < 0$	$Y_{i+1} = Y_i - 1$	$-Y$

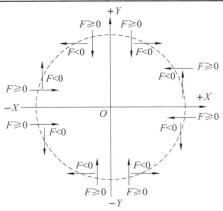

图 3-20　不同象限的圆弧插补

【例3-2】加工第一象限逆圆弧，圆心为 O（0，0），起点坐标为 A（5，0），终点坐标为 B（0，5），试用逐点比较法插补该圆弧，并画出插补轨迹。

解： 终点判别值总步数：$\sum_0 = |X_e - X_s| + |Y_e - Y_s| = |5 - 0| + |0 - 5| = 10$

因为第一象限逆圆弧插补，所以其圆弧偏差计算公式如下：

当 $F_m \geq 0$，为了逼近逆圆弧，应沿 $-X$ 方向进给一步，圆弧偏差计算公式为

$$F_{m+1} = F_m - 2X_i + 1$$

当 $F_m < 0$，为了逼近逆圆弧，应沿 $+Y$ 方向进给一步，圆弧偏差计算方式为

$$F_{m+1} = F_m + 2Y_i + 1$$

因为开始时刀具在圆弧 AB 的起点 A 上，所以 $F_0 = 0$。

具体插补计算过程如表3-4所示，插补轨迹如图3-21所示。

表3-4 逐点比较法圆弧插补计算过程

序号	偏差判别	进给方向	偏差计算	坐标计算	终点判别
0	—	—	$F_0 = 0$	$X_0 = 5$，$Y_0 = 0$	$n = 10$
1	$F_0 = 0$	$-X$	$F_1 = F_0 - 2X_0 + 1 = 0 - 2 \times 5 + 1 = -9$	$X_1 = 4$，$Y_1 = 0$	$n = 10 - 1 = 9$
2	$F_1 < 0$	$+Y$	$F_2 = F_1 + 2y_1 + 1 = -9 + 2 \times 0 + 1 = -8$	$X_2 = 4$，$Y_2 = 1$	$n = 9 - 1 = 8$
3	$F_2 < 0$	$+Y$	$F_3 = F_2 + 2Y_2 + 1 = -8 + 2 \times 1 + 1 = -5$	$X_3 = 4$，$Y_3 = 2$	$n = 8 - 1 = 7$
4	$F_3 < 0$	$+Y$	$F_4 = F_3 + 2Y_3 + 1 = -5 + 2 \times 2 + 1 = 0$	$X_4 = 4$，$Y_4 = 3$	$n = 7 - 1 = 6$
5	$F_4 = 0$	$-X$	$F_5 = F_4 - 2X_4 + 1 = 0 - 2 \times 4 + 1 = -7$	$X_5 = 3$，$Y_5 = 3$	$n = 6 - 1 = 5$
6	$F_5 < 0$	$+Y$	$F_6 = F_5 + 2Y_5 + 1 = -1 + 2 \times 3 + 1 = 0$	$X_6 = 3$，$Y_6 = 4$	$n = 5 - 1 = 4$
7	$F_6 = 0$	$-X$	$F_7 = F_6 - 2X_6 + 1 = 0 - 2 \times 3 + 1 = -5$	$X_7 = 2$，$Y_7 = 4$	$n = 4 - 1 = 3$
8	$F_7 < 0$	$+Y$	$F_8 = F_7 + 2Y_7 + 1 = -5 + 2 \times 4 + 1 = 4$	$X_8 = 2$，$Y_8 = 5$	$n = 3 - 1 = 2$
9	$F_8 > 0$	$-X$	$F_9 = F_8 - 2X_8 + 1 = 4 - 2 \times 2 + 1 = 1$	$X_9 = 1$，$Y_9 = 5$	$n = 2 - 1 = 1$
10	$F_9 > 0$	$-X$	$F_{10} = F_9 - 2X_9 + 1 = 1 - 2 \times 1 + 1 = 0$	$X_{10} = 0$，$Y_{10} = 5$	$n = 1 - 1 = 0$

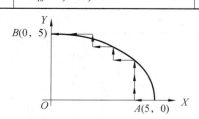

图3-21 圆弧插补轨迹

3.3.3 数字积分法

1. 数字积分法的基本原理

数字积分法也称数字微分分析法，是脉冲增量插补算法的改进插补方法。逐点比较插补法只能实现单个坐标轴的移动，不能实现坐标轴联动。数字积分法具有运算速度快、脉冲分配均匀、易于实现多坐标轴联动的特点，因此应用广泛。

如果要插补一个给定轮廓轨迹函数 $y = f(x)$，可以用积分运算方法来求此函数曲线与横轴所包围的面积，如图 3-22 所示。若子区间足够小，则此面积可以近似等于各个小矩形面积之和，计算的过程可用数的累加之和来近似。可用小矩形面积累加和来逼近给定轨迹。求积分运算的过程可用数的累加和来近似。

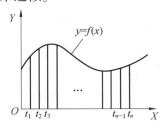

图 3-22 函数 $y = f(x)$ 的积分图

如果脉冲当量足够小，则用求和运算代替积分运算而引起的误差可以在允许范围之内。如图 3-22 所示，函数在 $[t_1, t_n]$ 的定积分，即为函数在该区间的面积：

$$S = \int_{t_1}^{t_n} y \, dt \tag{3-9}$$

如果从 $t = 0$ 开始，取自变量 t 的一系列等间隔值为 Δt，当 Δt 足够小时，函数的积分运算可以转化为求和运算，即：

$$S = \sum_{i=0}^{n} y_i \Delta t \tag{3-10}$$

由上式可知，数字积分法，实质就是运用微积分的原理，采用若干个单位小矩形面积的和近似的逼近给定轮廓曲线。

2. 数字积分法脉冲分配原理

如图 3-23 所示，若从 O 点进行直线插补到点 $A(5, 3)$，且要求进给脉冲均匀，可设想按如下方式进行脉冲分配：在同一时间内产生两串脉冲数分别为 5 和 3，即形成斜率为 3/5 的折线段的均匀脉冲数列，去逼近 OA 直线的轨迹。可见，数字积分法可实现两坐标联动方式去实现规定的零件轮廓曲线轨迹插补，适用于交、直流电动机伺服系统。

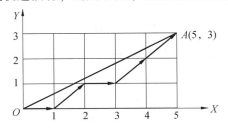

图 3-23 数字积分法脉冲分配原理及刀具运动轨迹

设 ΔX、ΔY 分别表示 X、Y 轴的脉冲增量，并令 ΔX 为一个脉冲当量，当刀具沿 X 轴方向走一步时，Y 轴方向的增量 = 3/5 = 0.6，即 0.6 步。由于坐标轴位移是以一整步进给的，因此不能走 0.6 步的位移，故暂时在 X 寄存器寄存起来，这不足一个的数称为余数 R。当 X 轴方向走到第二步时，Y 轴方向应走 1.2 步，实际上只能走一整步，余下的 0.2 步再在 Y 寄存器寄存起来。继续上面的运算和脉冲分配，则当 X 轴方向走到第五步时，Y 轴方向正好走满三

步即到达终点 $A(5，3)$，刀具运动轨迹如图 3-23 所示。这里判断 Y 轴方向是否应该进给的运算，实质上是不断累加 0.6 步的运算。在上述过程中，要特别注意 X 与 Y 两个累加寄存器的作用。

在计算机中，加法是最基本的运算，上述累加和运算是易于实现的。而累加和运算本身就是一个积分过程，数字积分法由此而得名。

改进：原来只能一个轴走（或 X 轴或 Y 轴），而且要走就是一步，现在改进了，可能两个轴同时走（45°逼近），显然减小了误差。

可见，两个轴插补积分法有两个积分器，两个余数寄存器，哪个方向大于 1，就走 1 步。

在上例直线插补中，采取的方法只对终点坐标值较小的一轴进行累加，而终点坐标值为最大的一轴，在每次累加时均输出一个进给脉冲。

显然，该积分插补也可用两个积分器同时各自进行累加运算，并设定余数寄存器的容量作为一单位面积值，若累加结果大于 1，整数部分溢出，同时产生溢出脉冲，小数部分保留，作为余数，待下一次累加。

其溢出脉冲由数控装置输出，分别控制两坐标轴进给，进而获得运动轨迹，这就是脉冲增量插补中数字积分法的基本原理。

3. 直线插补

1）计算公式

设直线 OA 在 XOY 平面内，起点为坐标原点 O，终点坐标 $A(X_e，Y_e)$，如图 3-24 所示。

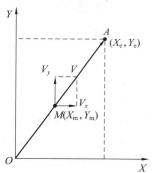

图 3-24　DDA 法直线插补

插补动点 M 在 X、Y 轴方向的速度分量分别为 V_x、V_y，则在 X、Y 轴方向上 Δt 时间内的微小移动增量 ΔX、ΔY 应为：

$$\begin{cases} \Delta X = V_x \Delta t \\ \Delta Y = V_y \Delta t \end{cases} \tag{3-11}$$

对直线函数来说，速度和位移之间满足如下关系：

$$\frac{V}{L} = \frac{V_x}{X_m} = \frac{V_y}{Y_m} = K$$

则 X、Y 轴方向上的微小增量可表示为：

$$\begin{cases} \Delta X = K X_m \Delta t \\ \Delta Y = K Y_m \Delta t \end{cases} \tag{3-12}$$

X、Y 轴方向的位移量为：

$$\begin{cases} X = \int_0^t KX_m \mathrm{d}t \\ Y = \int_0^t KY_m \mathrm{d}t \end{cases} \tag{3-13}$$

$$\begin{cases} X = \int_0^t KX_m \mathrm{d}t = K\sum_{i=1}^m X_i \Delta t \\ Y = \int_0^t KY_m \mathrm{d}t = K\sum_{i=1}^m Y_i \Delta t \end{cases} \tag{3-14}$$

取 $\Delta t = 1$，则可得：

$$\begin{cases} X = K\sum_{i=1}^m X_i \Delta t = KX_m m = X_e \\ Y = K\sum_{i=1}^m Y_i \Delta t = KY_m m = Y_e \end{cases} \tag{3-15}$$

其中，m 为累加次数（容量）取为整数，$m = 2^N$，共 2^N 次（N 为累加器位数）。$mK = 1$，则 $K = 1/m = 1/2^N$。

结论：直线插补的运算过程可以看成是每个坐标轴在一个单位时间间隔内，分别以增量 KX_m 及 KY_m 同时累加的过程，结果为：

$$\begin{cases} X = X_e \\ Y = Y_e \end{cases} \tag{3-16}$$

可见，数字积分法（DDA 法）直线插补的实质就是：插补运动的动点从原点出发走向终点的过程，可看作是坐标轴每隔一个单位采样时间 Δt，以增量 KX_m 及 KY_m 同时对 X、Y 轴坐标的累加器 J_{RX}、J_{RY} 作累加的过程。

累加的数值超过一个脉冲当量后就会产生溢出，溢出的脉冲当量驱动伺服系统驱动伺服电动机使 X、Y 轴产生一个脉冲当量的移动量，经过 m 次累加，X、Y 轴坐标分别到达终点，$A(X_e, Y_e)$，走出了一个给定直线轨迹，即：

$$\begin{cases} X = KX_m m = X_e \\ Y = KY_m m = Y_e \end{cases} \tag{3-17}$$

图 3-25 为 DDA 法直线插补器，插补器由两个数字积分器组成：

（1）J_{VX}、J_{VY} 分别是 X、Y 轴被积函数寄存器，分别存放直线终点坐标值 X_e、Y_e（直线插补中被积函数的坐标值不变）。

（2）J_{RX}、J_{RY} 为对应轴的余数累加器（此值是变化的，计满一个脉冲就溢出）。

当 CNC 系统发出一个控制脉冲信号 Δt，则 X 轴积分器和 Y 轴积分器就各累加 1 次，将被积函数计算值向各自的余数累加器 J_{RX}、J_{RY} 中累加。当 X 轴余数累加器 J_{RX} 超过寄存器容量 2^N，就会产生一个溢出脉冲，驱动 X 轴电动机走一步；同样，当 Y 轴余数累加器 J_{RY} 有溢出脉冲时，就驱动 Y 轴电动机走一步。经过 2^N 次累加后，每个坐标轴的输出脉冲总数就等于被积函数值 X_e、Y_e。

用与逐点比较法相同的处理方法，把符号与数据分开，取数据的绝对值作被积函数，而符号作进给方向的控制信号处理，便可对所有不同象限的直线进行插补。

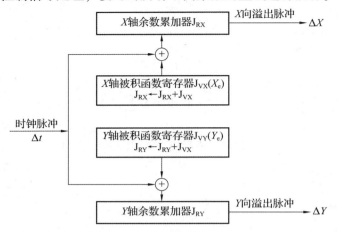

图 3-25　DDA 法直线插补器框图

2）数字积分法直线插补计算实例

【例 3-3】插补第一象限直线 OE，起点为 O（0，0），终点为 E（5，3）。试用数字积分法进行插补，并画出刀具运动轨迹

取 X 轴、Y 轴被积函数寄存器分别为 J_{VX}、J_{VY}，余数寄存器分别为 J_{RX}、J_{RY}，终点计数器为 J_E，均为三位二进制寄存器。

解：（1）终点判别值。

设：寄存器位数为 3 位，即 $N=3$，

则：累加次数 $n=2^N=8$，作为终点判别值。

（2）X 轴被积函数寄存器初值：$J_{VX}=|X_e-X_0|=|5-0|=5$

Y 轴被积函数寄存器初值：$J_{VY}=|Y_e-Y_0|=|3-0|=3$

（3）X 轴与 Y 轴余数累加器初值 $J_{RX}=J_{RY}=0$，则其直线插补计算过程如表 3-5 所示，插补轨迹如图 3-26 所示。

表 3-5　DDA 法直线插补计算过程

累加次数	X 轴积分器			Y 轴积分器			终点计数器 J_E	备注
	J_{VX}	J_{RX}	溢出	J_{VY}	J_{RY}	溢出		
0	5	0		3	0		0	初始状态
1	5	5		3	3		1	第一次迭代
2	5	2	1	3	6		2	X 溢出
3	5	7		3	1	1	3	Y 溢出
4	5	4	1	3	4		4	X 溢出
5	5	1	1	3	7		5	X 溢出
6	5	6		3	2	1	6	Y 溢出
7	5	3	1	3	5		7	X 溢出

续表

累加次数	X 轴积分器			Y 轴积分器			终点计数器 J_E	备注
	J_{VX}	J_{RX}	溢出	J_{VY}	J_{RY}	溢出		
8	5	0	1	3	0	1	8	X、Y 溢出

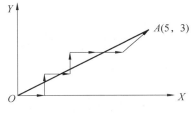

图 3-26　插补轨迹

（4）偏差函数计算。X 方向：$J_{RX}+J_{VX}→J_{RX}$，Y 方向：$J_{RY}+J_{VY}→J_{RY}$。

注意：计算 J_{RX} 和 J_{RY} 值时，是分别加被积函数 J_{VX}、J_{VY}，该函数是固定不变的直线终点坐标绝对值，因此被插补直线轨迹斜率是固定不变的。当插补圆弧时，因为动点坐标是变化的，被积函数 J_{VX}、J_{VY} 每插补一次需要计算一次，每次结果都是要变化的。

4. 圆弧插补

1）计算方式

以第一象限逆圆弧 AE 为例，如图 3-27 所示。

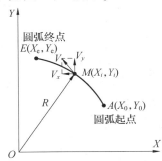

图 3-27　DDA 法圆弧插补

圆心为原点 O，起点 $A(X_0，Y_0)$，终点 $E(X_e，Y_e)$，圆弧半径为 R，进给速度为 V，在两坐标轴上速度分量为 V_x 和 V_y，动点为 $M(X_i，Y_i)$，显然动点矢量是变化的，根据图 3-27 所示的几何关系，有：

$$\begin{cases} \dfrac{V}{R} = \dfrac{V_x}{Y_i} = \dfrac{V_y}{X_i} = K（常数） \\ \Delta X = -V_x\Delta t = -KY_i\Delta t \\ \Delta Y = -V_y\Delta t = -KX_i\Delta t \end{cases} \tag{3-18}$$

在采样时间 Δt 内，在 X、Y 轴上的位移增量，如式（3-18）。此圆弧为第一象限逆圆弧，X 轴坐标值是逐渐减小，Y 轴坐标值逐渐增大，因此 ΔX 表达式取负号，Y 表达式取正号。V_x 和 V_y 均取绝对值，不带符号运算。

2）数字积分法圆弧插补器与直线插补器区别

与 DDA 法直线插补相类似，都是采用两个积分器（被积函数寄存器和余数寄存器）来实现圆弧插补计算，如图 3-28 所示。但两者在计算的过程中存很大的区别。

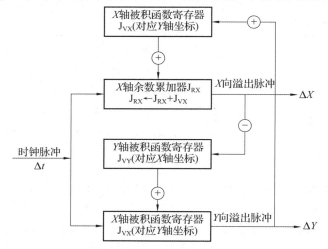

图 3-28 DDA 法圆弧插补器

注意：

（1）圆弧插补中计算余数寄存器 J_{RX}、J_{RY} 值时，每次累加的数值都是当前被积函数的数值，所以每次累加的数值是一个变量，而不是像直线插补时的一个固定的数值（终点坐标值）。

（2）对于第一象限逆圆插补，每当 J_{RX} 溢出 1 个脉冲 ΔX 时，J_{VY} 中的值就作 "−1" 变化；而每当 J_{RY} 溢出 1 个脉冲 ΔY 时，J_{VX} 中的值就作 "+1" 变化。

（3）被积函数寄存器 J_{VX}、J_{VY} 的内容不同。

直线插补时 J_{VX} 和 J_{VY} 存的是直线终点坐标增量绝对值，它是固定不变的。而圆弧插补时 J_{VX}、J_{VY} 值随插补动点变化而变化，分别对应该点的 X 轴方向、Y 轴方向坐标值，且存储的对应关系与直线也不相同，X 轴坐标值存入 J_{VX}，Y 轴坐标值存入 J_{VY} 中。

（4）被积函数寄存器中存放的数据形式不同。

直线插补时，J_{VX} 和 J_{VY} 分别存放对应终点坐标值，对于给定的直线来讲是一个常数；而在圆弧插补时，J_{VX} 和 J_{VY} 中存放的是动点圆弧矢量坐标，属于一个变量，也就是说随着插补过程的进行，要及时修正 J_{VX} 和 J_{VY} 中的数据内容。

（5）DDA 法圆弧插补终点判别须对 X、Y 两个坐标轴同时进行。

利用两个终点计数器来实现
$$J_{\Sigma X} = |X_e - X_s|$$
$$J_{\Sigma Y} = |Y_e - Y_s|$$

当 X 或 Y 轴每输出一个脉冲，则将相应终点计数器减 1，当减到 0 时，则说明该坐标轴已到达终点，并停止该坐标的累加运算。

只有当两个终点计数器均减到 0 时，才结束整个圆弧插补过程。

3）数字积分法圆弧插补计算举例

【例 3-4】使用 DDA 法圆弧插补，半圆弧 AE 起点 A（0，5），终点 E（5，0），半径 $R=5$。

解：$J_{VX}=5$，$J_{VY}=0$，寄存器容量为 $2^3=8$。DDA 法圆弧插补计算过程如表 3-6 所示，插补轨迹如图 3-29 所示。

表 3-6　DDA 法圆弧插补计算过程

累加次数	X 积分器				Y 积分器			
	J_{VX}	J_{RX}	ΔX	J_{EX}	J_{VY}	J_{RY}	ΔY	J_{EY}
0	5	0	0	5	0	0	0	5
1	5	5	0	5	0	0	0	5
2	5	8+2	1	4	0	0	0	5
3	5	7	0	4	1	1	0	5
4	5	8+4	1	3	1	2	0	5
5	5	8+1	1	2	2	4	0	5
6	5	6	0	2	3	7	0	5
7	5	8+3	1	1	3	8+2	1	4
8	4	7	0	1	4	6	0	4
9	4	8+3	1	0	4	8+2	1	3
10	3	停止累加	0	0	5	7	0	3
11	3				5	8+4	1	2
12	2				5	8+1	1	1
13	1				5	6	0	1
14	1				5	8+3	1	0
15	0				5	停止累加	0	0

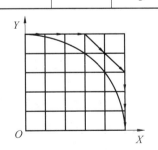

图 3-29　插补轨迹

3.3.4　时间分割法

1. 时间分割法概述

1）时间分割法原理

随着伺服电动机与控制技术的发展，在闭环或半闭环系统中都采用时间分割法。

时间分割法依据给定的进给速度和 CNC 系统运算速度，将零件的轮廓曲线按时间分割成一个个采样周期，这个采样周期称为插补周期。在一个插补周期内通过微小的直线段 ΔL_i 逼近圆弧，将零件的轮廓曲线分割为一系列连续的直线段，计算出每个插补周期内直线段对应各个坐标轴的位置增量 ΔX_i、ΔY_i，将其分别传输给对应的伺服电动机，完成各坐标轴方向上的微小运动。同时，还要完或对各坐标方向的实际运动位移增量值进行测量与采样，提供给数控计算机进行比较。

综上可知，时间分割法不在每次输出单个脉冲，每次输出几个插补轴的坐标增量如 Δx_i、Δy_i 的数字量。这些坐标增量即为伺服电动机加减速运动合成为首尾相接的直线段，去逼近编程曲线轨迹。所以，时间分割法能实现较高的进给速度、多轴联动插补，适用于以交直流伺服电动机作为驱动元件的闭环数控系统中。

2）时间分割法与脉冲增量插补的比较

相比脉冲增量插补，时间分割法在本质上是不同的。脉冲增量插补实质是：数控装置输出的是一串序列的脉冲，每一个脉冲输出，对应的坐标轴进给一步，比较与给定的轮廓曲线，数控装置也就插补计算一次，由于此类插补的电动机一般为步进电动机，序列脉冲的频率不能过高，过高则会导致失步现象，因此进给的速度受到限制。所以，脉冲增量插补算法由于速度的限制、多轴联动较难，多用在经济型的低档数控机床中。

如图 3-30 所示，时间分割法的每次输出结果不再是单个脉冲，而是输出了几个插补轴坐标增量如 Δx_i、Δy_i 的数字量。这些坐标增量的即为伺服电动机加减速运动，它们的合成矢量增量 ΔL_i 为首尾相接的直线段，去逼近编程曲线轨迹。图 3-30 示出的是二维平面曲线，空间曲线也是如此，可用三个乃至多个坐标增量如 Δx_i、Δy_i、$\Delta z_i \cdots$ 合成空间矢量直线段去逼近编程多维空间曲线轨迹。

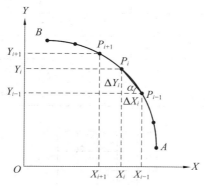

图 3-30　时间分割法

可见，时间分割法进给速度只取决于数控计算机的运算速度和伺服电动机的速度响应等性能，数控计算机采样时间愈短、伺服电动机加减速度响应愈快，插补运算速度也就愈快。所以，数据采样法能实现较高的进给速度、多轴联动插补（如 3～5 轴），适用于以交、直流伺服电动机作为驱动元件的半闭环或全闭环的中高端数控系统中。

3）数据采样步长和插补动点坐标值的计算

假设数控加工进给速度为 F，进给速度倍率修调系数为 K，采样插补周期用 T_s 表示。由图 3-30 看出，下一插补点的坐标值是前一插补点坐标值与位置增量之和。

时间分割法是采用每个插补周期内的微小直线段近似的代替弧长，再将每个微小直线段的各坐标轴的分量增量值输出到各轴对应的电动机，进而控制各进机床在各坐标轴方向上同时完成一次微小的运动。对应交、直流电动机，进行一个微小速度的变化。

由图 3-30 看出，当前插补点坐标值等于前一插补点坐标值与位置增量之和。

$$\begin{cases} X_i = X_{i-1} + \Delta X_i = X_{i-1} + \Delta L_i \cos \alpha \\ Y_i = Y_{i-1} + \Delta Y_i = Y_{i-1} + \Delta L_i \sin \alpha \end{cases} \quad (3-19)$$

式中，ΔL_i 为一次插补进给量（mm）。

4）采样插补精度分析

直线插补时，给定轮廓轨迹是直线，插补所形成的每段小直线与给定直线重合，不会造成轨迹误差。圆弧插补时，无论是采用切线、内接弦线和内外均差弦线，直线都不能完全代替圆弧，进而造成了轮廓的插补轨迹误差，如图 3-31 所示，插补误差 e 与插补周期 T、轨迹半径 R 和进给速度 F 有如下关系：

$$e = R - \sqrt{R^2 - \left(\frac{\Delta L}{2}\right)^2} = R - \sqrt{R^2 - \left(\frac{FT}{2}\right)^2} \quad (3-20)$$

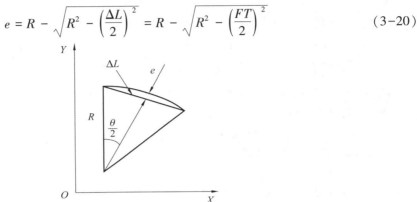

图 3-31　采样插补精度分析

2. 直线插补

如图 3-32 所示，设要插补的是第一象限内直线 AB，直线起点坐标为 A (X_0, Y_0)，终点为 B (X_e, Y_e)。插补周期为 T_s，进给速度为 F。

假设刀具某时刻处于 M_i 点，坐标为 (X_i, Y_i)，下一点 M_{i+1} 点其坐标值为 (X_{i+1}, Y_{i+1})，插补时实际进给倍率修调系数为 K，则计算下一点的坐标值。

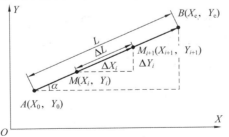

图 3-32　时间分割法第一象限内直线插补图

（1）计算被插补直线段长度：

$$L = \sqrt{(X_e - X_0)^2 + (Y_e - Y_0)^2} \quad (3-21)$$

（2）计算单位矢量在各坐标方向的分量：

$$\begin{cases} R_X = (X_e - X_0)/L \\ R_Y = (Y_e - Y_0)/L \end{cases} \quad (3-22)$$

（3）计算当前插补直线段长度：

$$\Delta L_i = \frac{KF_iT_s}{60\ 000} \qquad (3-23)$$

（4）计算下一插补动点的坐标：

$$\begin{cases} X_{i+1} = X_i + \Delta X_i = X_i + \Delta L_iR_X \\ Y_{i+1} = Y_i + \Delta Y_i = Y_i + \Delta L_iR_Y \end{cases} \qquad (3-24)$$

重复以上过程直到终点，就完成了整个直线段的插补计算。

【例3-5】设某数控系统的插补周期 $T_s = 12$ ms，若插补第一象限的直线 AB，起点坐标为（1，1），终点坐标为（4，5），在第一个插补周期的实际进给速度 $F = 200$ mm/min，进给倍率修调 $K = 60\%$，试计算第一个插补周期的坐标值（坐标单位：mm）。

解：$L = \sqrt{(X_e - X_0)^2 + (Y_e - Y_0)}$

$\qquad = \sqrt{(4-1)^2 + (5-1)^2} = 5$

$R_X = (X_e - X_0)/L = (4-1)/5 = 0.6$

$R_Y = (Y_e - Y_0)/L = (5-1)/5 = 0.8$

$\Delta L = \dfrac{KF_iT_s}{60\ 000} = \dfrac{0.6 \times 200 \times 12}{60\ 000} = 0.024$

$X_i = X_{i-1} + \Delta X_i = X_{i-1} + \Delta L_iR_X$

$X_1 = 1 + 0.024 \times 0.6 = 1.014\ 4$

$Y_i = Y_{i-1} + \Delta Y_i = Y_{i-1} + \Delta L_iR_Y$

$Y_1 = 1 + 0.024 \times 0.8 = 1.019\ 2$

3. 圆弧插补

1）时间分割法圆弧插补的原理

（1）用内接弦线逼近圆弧的算法原理。

圆弧插补的基本思想：在满足加工精度要求的前提下，用内接弦线近似地代替圆弧进给，即用直线逼近圆弧。

图3-33为一逆圆弧，圆心在坐标原点 O，起点 $A(X_A, Y_A)$，终点 $B(X_B, Y_B)$。圆弧插补的计算时已知进给速度 F 的前提下，计算圆弧上确定的若干个插补点的位置坐标，并使每一个插补周期内的内接弦线长度满足下式：

$$\Delta L = FT_s \qquad (3-25)$$

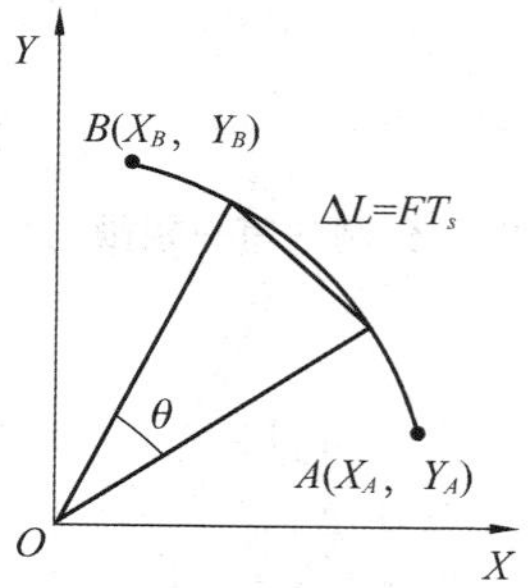

图3-33 用弦进给代替逆圆弧进给

（2）位于圆弧上相邻两个的插补点坐标值关系：

$$\begin{cases} X_i = X_{i-1} + R\cos\Delta\theta_i \\ Y_i = Y_{i-1} + R\sin\Delta\theta_i \end{cases} \tag{3-26}$$

（3）当 θ 角很小时，相邻两插补点之间的位移角存在以下近似关系式：

$$\begin{cases} \Delta\theta_i \approx \dfrac{\Delta L_i}{R} = \dfrac{KFT_s}{60\,000R} \\ \Delta L_i = \dfrac{KFT_s}{60\,000} \\ \theta_i = \theta_{i-1} + \Delta\theta_i \end{cases} \tag{3-27}$$

根据进给方向、进给速度和精度要求，控制 θ_i 的增减，就可以控制刀具沿顺时针或逆时针运动，从而完成插补任务。

注意：F 单位是 mm/min；K 为进给倍率；T_s 单位是 ms，先化为 s（除以 1 000），再化为 min（除以 60）。

2）第一象限内逆圆弧时间分割法圆弧插补

第一象限内逆圆弧时间分割法圆弧插补计算如图 3-34 所示。

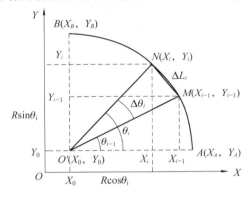

图 3-34　第一象限内逆圆弧时间分割法圆弧插补计算

（1）插补点之间的弦长：

$$\Delta L = FT_s$$

（2）圆弧上的插补点坐标：

$$\begin{cases} X_i = X_0 + R\cos\theta_i \\ Y_i = Y_0 + R\sin\theta_i \end{cases}$$

（3）相邻两插补点之间的位移角：

$$\begin{cases} \Delta\theta_i \approx \dfrac{\Delta L_i}{R} = \dfrac{KFT_s}{60\,000R} \\ \Delta L_i = \dfrac{KFT_s}{60\,000} \\ \theta_i = \theta_{i-1} + \Delta\theta_i \end{cases}$$

注意：F 单位是 mm/min；K 为进给倍率；T_s 单位是 ms，先化为 s（除以 1 000），再化为 min（除以 60）。

【例 3-6】 设某数控系统的插补周期 $T_s = 12$ ms，若插补第一象限的圆弧 AB，圆心坐标为 O（2，1），起点坐标为（7，1），终点坐标为（2，6），半径为 5。在第一个插补周期的实际进给速度 $F = 200$ mm/min，进给倍率为 $K = 60\%$，试计算第一个插补周期的坐标值（坐标单位：mm）。

解： $X_0 = 2$，$Y_0 = 1$；$R = 5$；$T_s = 12$ ms；$F = 200$ ms

$$\Delta L_i = \frac{KFT_s}{60\,000} = \frac{0.6 \times 200 \times 12}{60\,000} = 0.024$$

$$\Delta \theta_i \approx \frac{\Delta L_1}{R} = \frac{0.024}{5} = 0.004\,8 \text{ rad}$$

$$X_i = X_0 + R\cos \Delta \theta_i = 2 + 5 \times \cos 0.048 = 6.999\,94$$

$$Y_i = Y_0 + R\sin \Delta \theta_i = 1 + 5 \times \sin 0.048 = 1.024\,00$$

其余第 2 个、第 3 个……插补周期的坐标值计算依次类推。

3.4 刀具补偿原理

现代数控机床的加工程序都是按照零件实际轮廓进行加工程序的编制，加工零件时，数控系统按照数控加工程序零件的加工，数控机床中系统对刀具的控制是以刀架参考点为基准的，数控编程的轨迹是零件的轮廓曲线，如果不对刀具的基准点做修改，数控系统控制刀架的移动轨迹是零件的外部形状，而数控加工的零件应该是以刀具的刀尖为基准点移动加工的，故此刀具移动路线并不是实际加工路线，此时刀具补偿的作用就是数控系统依据加工程序和刀具补偿值自动计算出刀具的基准点的实际坐标位置。基于此原理，需要对刀架的基准点进行一定的偏置，将数控控制的刀架基准点移动到刀具的刀尖位置，这种偏置分为两种：刀具半径补偿和刀具长度补偿。不同的数控机床和刀具，其刀具补偿也是不一样的。对于铣刀，只需要一个方向上的长度补偿和半径补偿；对于车刀而言，则需要两个坐标上的长度补偿和一个半径补偿；钻头需要一个坐标方向上的长度补偿。

3.4.1 刀具长度补偿

刀具长度补偿主要应用于数控铣床中钻头、铣刀等刀具在长度 Z 轴方向上的补偿，当数控加工中选择刀具不同时，刀具长度发生改变而使刀具的实际位置偏离了编程预定位置，使用刀具长度指令后，将使刀具的长度进行补偿，达到预定位置。刀具补偿功能的具体内容是，使刀具在轴向移动时实际的移动距离比数控程序中设置的数值多或少一个补偿值，即：

实际位置 = 程序指令值 ± 补偿值

在使用刀具时，主轴锥孔基准面沿轴向移动使刀具的刀尖正好接触到工件表面时，刀具所移动的距离就是刀具的长度补偿值。

在 FANUC 系统中，实现刀具长度补偿功能的指令为 G43、G44 和 G49。

程序段格式：`G43 G00 Z_ H_;`

该指令实现刀具的正向偏移，使刀具的实际移动距离相对于编程值向正方向偏移一个刀具长度的补偿值，实际坐标为编程数值和刀具长度补偿值之

刀具长度补偿

和。刀具长度补偿值等于 H 指令的补偿号中存储的补偿值。

程序段格式：G44 G00 Z_ H_;

该指令实现刀具的负向偏移，使刀具的实际移动距离相对于编程值向负方向偏移一个刀具长度的补偿值，实际坐标为编程数值减去刀具长度补偿值。

在使用过程中，刀具不可避免的存在磨损或换新的情况时，只需要修改刀具的长度补偿值即可，不需要修改程序。

图 3-35 为数控铣床刀具长度补偿示意图，当加工中因更换刀具使刀具的实际位置从编程预定位置偏离到了图中位置 1 或位置 2 时，只需要测量两个位置之间的偏差值，并将其作为补偿值存入预定的长度补偿号中，则数控系统便可按数控程序加工出实际要求的零件。其中，位置 1 为刀具长度正补偿，位置 2 为刀具长度负补偿。

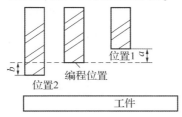

图 3-35　数控铣床刀具长度补偿示意图

G49 为取消刀具长度补偿，刀具的运动最终位置为 Z 轴不加长度补偿值的位置，也是数控程序中的编程值。

在 SIEMENS 系统中，只需要使用刀具 T××号，刀具的长度补偿即可生效。刀具的长度补偿值是在刀具长度补偿中输入的数值。而采用加工中心加工零件时，应将选取的多个刀具的长度补偿值分别存储在对应的长度补偿号中。数控加工时，中途换刀后，依据 H 指令的补偿号，相应地增加或减少一个补偿值，进而加工出编程的轨迹和零件。

3.4.2　刀具半径补偿

对于铣刀而言，CNC 系统控制刀具的基本点在刀具的刀尖处，而刀具本身具有半径，因此刀具中心的运动轨迹与数控编程的实际路线并不重合，无论加工外轮廓还是内轮廓，刀具中心总是与轮廓之间差一个半径值，如图 3-36 所示。

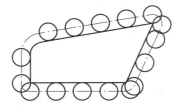

图 3-36　刀具半径补偿示意图

数控车床中，为了提高车刀的寿命和降低零件的表面粗糙度值，实际的刀尖并不是尖的，而是一段半径不大的圆弧，CNC 系统控制刀具的实际基本点就是刀尖圆弧的圆心，因此在数控车床上加工时，会产生加工误差。只有在编程过程中，将刀具刀尖的圆弧考虑进去才能加工出高精度的零件，这种对刀具刀尖圆弧产生的偏差进行的补偿就是刀具半径补偿。

现代 CNC 系统都具备完善的刀具半径补偿功能，刀具半径补偿不再是编程人员自己计算完成的，数控加工程序的编制是按照零件实际轮廓进行编制的，同时辅助以刀具半径补偿指令使 CNC 系统控制刀具加工出设计要求的零件形状和尺寸，数控编程只需要按照数控程序进行运动，CNC 系统会自动计算刀具中心的运动轨迹，使刀具偏离工件轮廓一个半径值，即进行了刀具半径补偿。

刀具半径补偿方法主要分为 B 功能刀具半径补偿和 C 功能刀具半径补偿。

CNC 系统并不能直接进行刀具半径补偿，需要编程人员利用编程指令启动和停止。G41、G42 分别代表了建立刀具半径左补偿和刀具半径右补偿。沿着刀具前进的方向看，刀具位于工件的左侧，即为刀具半径左补偿，刀具位于工件的右侧，即为刀具半径右补偿，具体判别方法如图 3-37 所示。G40 为取消刀具半径补偿。

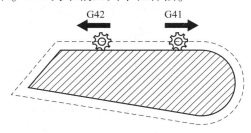

图 3-37 刀具半径左、右补偿

1）刀具半径补偿的补偿过程

（1）刀具半径补偿的建立。

刀具从起刀点接近工件，在原来的程序轨迹基础上伸长或缩短一个刀具半径值，即刀具中心从与编程轨迹重合过渡到与编程轨迹距离一个刀具半径值，偏移方向由 G41 和 G42 决定。建立后，刀具中心位于数控程序设定点的垂线上，如图 3-38 所示。

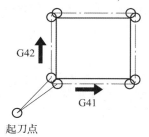

起刀点

图 3-38 刀具半径补偿的建立

（2）刀具半径补偿进行。

刀具补偿进行期间，准备功能指令中的 G01、G00、G02 和 G03 都可使用。CNC 系统根据读入的相邻程序，自动计算出刀具中心的运动轨迹，刀具中心轨迹始终偏离编程轨迹一个刀具半径的距离，直至用到 G40 取消刀具半径补偿。

（3）刀具半径补偿撤销。

刀具加工完成之后，刀具撤离工件，返回原点。即刀具中心轨迹从与编程轨迹相距一个刀具半径值过渡到与编程轨迹重合。

刀具半径补偿只能适用于二维平面。铣床是三维空间坐标系，因此在建立刀具半径补偿时，需要确定其所在的二维平面，而平面选择由 G17（XY 平面）、G18（ZX 平面）和 G19

（YZ 平面）指令确定。刀具半径补偿的数值存储在相对应的刀具补偿号 D××中，存放的半径值作为偏置量，用于 CNC 系统计算刀具中心的运动轨迹。

2）B 功能刀具半径补偿指令

B 功能刀具半径补偿（B 功能刀补）为基本的刀具半径补偿，根据零件尺寸和刀具半径值计算出刀具中心轨迹。B 功能刀补能根据本段程序的轮廓尺寸进行刀具半径补偿，不能解决程序段之间的过渡问题，编程人员必须先估计刀补后可能出现的间断点和交叉点等情况，进行人为处理。对于一般的 CNC 装置，所能实现的轮廓仅限于直线和圆弧。对于直线轮廓而言，半径补偿后的刀具中心移动轨迹是与轮廓平行的直线，故此时只需要计算刀具的起点和终点的坐标值；轮廓为圆弧时，刀具中心轨迹与原轮廓是同心圆，只是半径不同，因此也仅仅需要确认刀具中心移动的起始点坐标值和补偿之后的半径。

B 功能刀具半径补偿中刀具中心轨迹的段间都是用圆弧连接过渡，即每一段轮廓线之间以圆弧相连，且要求轮廓线在连接处是相切的，圆弧过渡需要使用专门的圆弧指令，如图 3-39 所示。切削内轮廓时，刀具半径不能大于过渡圆弧半径。

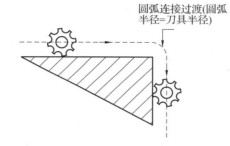

图 3-39　B 功能刀补的圆弧连接过渡

（1）直线下 B 功能刀具半径补偿。

如图 3-40 所示，被加工直线段的起点在坐标原点，终点为 A。

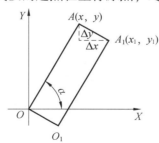

图 3-40　直线下 B 功能刀具半径补偿

假定上一程序段加工完后，刀具中心在 O_1 点坐标已知。刀具半径为 r，现要计算刀具右补偿后直线段 O_1A_1 的终点坐标 A_1。设刀具补偿矢量 AA_1 的投影坐标为 Δx 和 Δy，则：

$$\begin{cases} x_1 = x + \Delta x \\ y_1 = y + \Delta y \end{cases} \tag{3-28}$$

由于 $\angle AOX = \alpha$，可得：

$$\begin{cases} \Delta x = r\sin \alpha = \dfrac{ry}{\sqrt{x^2 + y^2}} \\ \Delta y = r\cos \alpha = \dfrac{rx}{\sqrt{x^2 + y^2}} \end{cases} \tag{3-29}$$

故此可得到直线下 B 功能半径刀具补偿的计算公式：

$$\begin{cases} x_1 = x + \dfrac{ry}{\sqrt{x^2 + y^2}} \\ y_1 = y - \dfrac{rx}{\sqrt{x^2 + y^2}} \end{cases} \tag{3-30}$$

上式是在增量编程下推导出的。对于绝对值编程，仍可应用此公式计算，所不同的是应是绝对坐标。

（2）圆弧下 B 功能刀具半径补偿。

对于圆弧而言，刀具半径补偿后的刀具中心轨迹是一个与圆弧同心的一段圆弧，只需计算刀补后圆弧的起点坐标和终点坐标值。如图 3-41 所示，被加工圆弧的圆心坐标在坐标原点 O，圆弧半径为 R，圆弧起点 A，终点 B，刀具半径为 r。假定上一个程序段加工结束后刀具中心为 A_1，其坐标已知。那么圆弧下 B 功能刀具半径补偿的计算，就是计算出刀具中心轨迹的终点坐标 B_1。

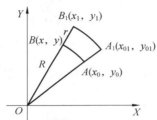

图 3-41　圆弧下 B 功能刀具半径补偿

由于 B_1 位于半径 OB 的延长线上，因此可得：

$$\frac{x_1}{x} = \frac{y_1}{y} = \frac{R + r}{R} \tag{3-31}$$

得到圆弧下 B 功能刀具半径补偿的计算公式：

$$\begin{cases} x_1 = \dfrac{x(R + r)}{R} \\ y_1 = \dfrac{y(R + r)}{R} \end{cases} \tag{3-32}$$

3）C 功能刀具半径补偿指令

由于 B 功能刀具半径补偿只能依据本段程序段进行，当加工过程中程序段之间出现断点，就需要人工增加一个额外的附加程序，才能完整正确地加工出所需的零件轮廓。可见 B 功能刀补采用了读一段，算一段，再走一段的控制方法，这样无法预计到由于刀具半径所造成的下一段加工轨迹对本程序段加工轨迹的影响。

为解决下一段加工轨迹对本段加工轨迹的影响，在计算本程序段轨迹后，提前将下一段程序读入，然后根据它们之间转接的具体情况，再对本段的轨迹作适当修正，得到本段正确加工轨迹，这就是 C 功能刀具半径补偿（C 功能刀补）。C 功能刀补更为完善，这种方法能根据相邻轮廓段的信息自动处理两个程序段刀具中心轨迹的转换，并自动在转接点处插入过渡圆弧或直线从而避免刀具干涉和断点情况。现代数控机床基本采用的是 C 功能刀具半径补偿。

CNC 系统中 C 功能刀具半径补偿原理如图 3-42 所示。在 CNC 系统内，设置工作寄存区 AS，存放正在加工的程序段的信息，其运算结果送到输出寄存区 OS，直接作为伺服系统的控制信号；设置一个刀补缓冲区 CS，存放下一个加工程序段的信息；数据缓冲寄存区 BS 用以存放再下一个加工程序段的信息。

图 3-42 C 功能刀具半径补偿原理

当 CNC 系统启动后，第一个程序段先被读入 BS，在 BS 中算得第一段刀具中心轨迹，被送到 CS 中暂存后，又将第二个程序段读入 BS，算出第二个程序段的刀具中心轨迹。接着对第一、第二两段刀具中心轨迹的连接方式进行判别，根据判别结果，再对第一段刀具中心轨迹进行修正。修正结束后，顺序地将修正后的第一段刀具中心轨迹由 CS 送入 AS 中，第二段刀具中心轨迹由 BS 送入 CS 中。然后，由 CPU 将 AS 中的内容送到 OS 中进行插补运算，运算结果送到伺服系统中予以执行。当修正了的第一段刀具中心轨迹开始被执行后，利用插补间隙，CPU 又命令第三段程序读入 BS，随后，又根据 BS 和 CS 中的第三、第二段轨迹的连接情况，对 CS 中的第二程序段的刀具中心轨迹进行修正。依此下去，可见在刀补工作状态，CNC 内部总是同时存在三个程序段的信息。

在 CNC 装置中，处理的基本廓形是直线和圆弧，它们之间的相互连接方式有：直线与直线相接、直线与圆弧相接、圆弧与直线相接、圆弧与圆弧相接。在刀具半径补偿执行的三个步骤中，都会有转接过渡。

图 3-43 为直线与直线相接时刀具半径补偿的情况，其中 OA 和 AB 为编程轨迹，两段编程轨迹的连接采用直线，对原来的编程轨迹进行缩短、伸长和插入的调整。

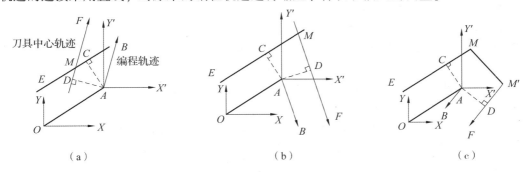

（a）　　　　　　　　　　（b）　　　　　　　　　　（c）

图 3-43 直线与直线相接时刀具半径补偿的情况

（a）缩短型；（b）伸长型；（c）插入型

在图 3-43（a）中，AC 和 AD 为刀具的半径，则编程轨迹 OA 和 AB 进行相应的轨迹偏移，刀具的中心线 CE 和 DF 交于点 M，刀具在实际运行过程中相比原来的轨迹少走了 DM 和 CM，这种相接类型为缩短型。

在图 3-43（b）中，点 M 在刀具中心轨迹 CE 和 DM 的延长线上，刀具在切削过程中相比编程轨迹多走了 CM 和 DM 两段，这种相接类型为伸长型。

在图 3-43（c）中，如果采用图 3-43（b）中的伸长型，将会增加刀具的空行程路线，降低切削效率，为解决此类问题，则在可在 CE 和 DF 之间增加一个圆弧过渡，但会导致刀具在加工中存在停顿的现象，零件的加工工艺性差，因此可以再加入一段过渡直线，令 DM' 和 CM 相等且都等于刀具的半径 AC 和 AD，也就是说，刀具在加工中移动了一个刀具的半径值，还有一个过渡直线 MM'，相当于在原来的程序中额外增加了一个程序段，这种类型为插入型。

本章小结

本章主要介绍了计算机数控装置的软硬件结构、数控插补原理和刀具补偿原理。CNC 系统的核心是数控装置，主要由软件和硬件组成。PLC 有两种分类：内装型 PLC 和独立型 PLC。本章的重难点在于 CNC 系统的插补方法和刀具补偿原理，插补方法主要有逐点比较法和数字积分法，逐点比较法中直线与圆弧计算过程中累加器中的数值是不一样的，而数字积分法中圆弧的插补累加器和寄存器与直线是不同的。刀具补偿是为补偿刀具的半径和长度而设立的补偿方式，其中刀具半径补偿又分为 B 功能刀具半径补偿和 C 功能刀具半径补偿，应用时主要包括刀具补偿方式的选择和数值的计算。

思考与练习

3-1 CNC 系统由哪几部分组成？核心是什么？

3-2 CNC 装置中软件采用的并行处理方法有哪几种？如何实现呢？

3-3 单微处理器结构和多微处理器结构有何相同与不同？

3-4 可编程逻辑控制器的工作原理是什么？

3-5 简述逐点比较法的 4 个节拍。

3-6 设欲加工第一象限直线 OA，终点 A（5，6），用逐点比较法加工直线 OA。

3-7 设有一第一象限逆圆弧，起点坐标 A（6，0），终点坐标 B（0，6），用逐点比较法加工此圆弧。

3-8 采用逐点比较法是如何实现 XOY 平面内所有的直线和圆弧的插补的？

3-9 简述 DDA 法的原理及过程。

3-10 设欲加工第一象限直线 OA，终点 A（4，3），用 DDA 法加工直线 OA。

3-11 设有一第一象限逆圆弧，起点坐标 A（5，0），终点坐标 B（0，5），设寄存器位数为 3，用 DDA 法加工此圆弧。

3-12 论述插补方法对数控加工中精度的重要性。

3-13 何为刀具补偿？其补偿过程如何实现？

3-14 B 功能刀具半径补偿和 C 功能刀具半径补偿有何区别？

第4章
数控机床伺服系统

学习目标 ▶▶ ▶

（1）通过学习伺服系统的基础知识，具有针对不同应用场合选择对应伺服控制技术设备的能力；

（2）通过学习伺服电动机的基本构造、工作原理以及相关控制技术，能够完成数控技术伺服电动机选择，具备相关设计计算能力；

（3）了解直线电动机和主轴驱动技术，开阔眼界，丰富想象力；

（4）通过伺服系统的控制方式与现实中例子联系，树立自信和爱国情怀；通过伺服系统要求的精度高联系到大国工匠做事缜密、踏实，追求精益求精的工匠精神。

4.1 伺服系统概述

数控机床与其他机床的主要区别是什么？为什么数控机床能加工复杂曲面，而普通机床不能？答案是数控机床具有普通机床没有的驱动系统与位置控制系统。数控机床的驱动系统与位置控制系统称伺服系统，它是数控机床的重要组成部分。伺服系统是以机床移动部件的位置和速度为控制量的自动控制系统，又称随动系统、拖动系统或伺服机构。在数控机床上，伺服系统接收来自插补装置或插补软件生成的进给脉冲指令，经过一定的信号变换及电压、功率放大，将其转化为机床工作台相对于切削刀具的运动或主电动机的运动。目前，这主要通过对交、直流伺服电动机或步进电动机等进给驱动元件的控制来实现。伺服系统的性能，如最高移动速度、跟踪精度、定位精度等动态和静态性能，在很大程度上决定了数控机床的加工精度、加工表面质量和生产效率。学好本章需要先了解和掌握电动机及数字电路的基本知识。

伺服系统是使物体的位置、方位、状态等输出被控量能够跟随输入目标的任意变化而变化的自动控制系统，即伺服系统是具有反馈的闭环自动控制系统。它由计算机数字控制系统、伺服驱动器、伺服电动机、速度和位置传感器等组成。计算机数字控制系统用来存储零件加工程序，根据编码器反馈回来的信息进行各种插补运算和软件实时控制，向各坐标轴的伺服系统发出各种控制命令。伺服驱动器和伺服电动机接收到计算机数字控制系统的控制命令后，对功率进行放大、变换与调控等处理，能够快速平滑调节运动速度，并能够精确地进行位置控制。

伺服系统是 CNC 装置和机床的联系环节，是实现切削刀具与工件间运动、主电动机和执行机构运动的驱动，是数控机床的"四肢"。伺服系统的性能，在很大程度上决定了数控机床的性能。数控机床的最高移动速度、跟踪精度、定位精度等重要指标均取决于伺服系统的动态和静态性能。因此，研究与开发高性能的伺服系统一直是现代数控机床的关键技术之一。

4.1.1　伺服系统的组成

伺服系统的结构、类型繁多，但从自动控制理论的角度来分析，伺服系统一般包括比较环节、控制器、执行环节、被控对象、检测环节五部分。伺服系统组成原理框图如图 4-1 所示。

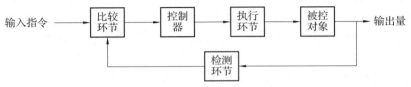

图 4-1　伺服系统组成原理框图

1. 比较环节

比较环节是将输入的指令信号与系统的反馈信号进行比较，以获得输出与输入间的偏差信号的环节，通常由专门的电路或计算机来实现。

2. 控制器

控制器通常是计算机或 PID 控制电路，其主要任务是对比较元件输出的偏差信号进行变换处理，以控制执行元件按要求动作。

3. 执行环节

执行环节的作用是按控制信号的要求，将输入的各种形式的能量转化成机械能，驱动被控对象工作。机电一体化系统中的执行元件一般指各种电动机或液压、气动伺服机构等。

4. 被控对象

控制系统中，除控制器（调节器）以外的执行器（调节阀）及测量变送装置都属于广义的被控对象。

5. 检测环节

检测环节是指能够对输出进行测量并转换成比较环节所需要的量纲的装置，一般包括传感器和转换电路。

4.1.2　伺服系统的分类

1. 开环伺服系统、闭环伺服系统及半闭环伺服系统

1）开环伺服系统

开环伺服系统是没有反馈的控制系统，如图 4-2 所示。该系统不带位置测量元件，靠的是驱动装置本身。CNC 装置根据控制介质上的指令信号，经控制运算发出指令脉冲，转过的角度正比于指令脉冲的个数，使伺服驱动元件转过一定的角度，并通过传动齿轮、滚珠丝杠螺母副，使执行机构（如工作台）移动或转动。运动速度由进给脉冲的频率决定。开环伺服系统的结构简单，易于控制，开环伺服系统的指令流向为单向，但精度差，低速不平稳，高速扭矩小。这种系统的输出量不会对系统的控制作用发生影响，没有自动修正或补偿的能力，维修方便，且是全数字化控制。因此，除功率驱动电路之外，其他硬件电路均可由软件实现，从而简化了系统结构，降低了成本、提高了系统的可靠性。一般用于轻载负载或经济型数控机床上。

图 4-2　开环伺服系统框图

2）闭环伺服系统

闭环伺服系统框图如图 4-3 所示，闭环伺服系统是误差控制随动系统。数控机床进给系统的误差，是 CNC 输出的位置指令和机床工作台（或刀架）实际位置的差值。闭环伺服系统运动执行元件不能反映运动的位置，因此需要位置检测装置。该装置测出实际位移量或者实际所处位置，并将测量值反馈给 CNC 装置，与指令进行比较，求得误差，依此构成闭环位置控制。由于闭环伺服系统是反馈控制，反馈测量装置精度很高，因此系统传动链的误差，环内各元件的误差以及运动中造成的误差都可以得到补偿，从而大大提高了跟随精度和定位精度。目前闭环伺服系统的分辨率多数为 1 μm，定位精度可达 ±0.05 ~ ±0.01 mm；高精度系统分辨率可达 0.1 μm。系统精度只取决于测量装置的制造精度和安装精度。

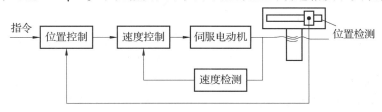

图 4-3　闭环伺服系统框图

3）半闭环伺服系统

半闭环伺服系统框图如图 4-4 所示，位置检测元件没直接安装在进给坐标的最终运动部件上，而是经过中间机械传动部件的位置转换，称为间接测量。亦即坐标运动的传动链有一部分在位置闭环以外，在环外的传动误差没有得到系统的补偿，因而精度低于闭环伺服系统。半闭环和闭环伺服系统的控制结构是一致的，不同点只是闭环伺服系统环内包括较多的机械传动部件，传动误差均可被补偿，理论上精度可以达到很高。但由于受机械变形、温度

变化、振动以及其他因素的影响，系统稳定性难以调整。此外，机床运行一段时间后，由于机械传动部件的磨损、变形及其他因素的改变，容易使系统稳定性改变，精度发生变化。目前使用半闭环伺服系统较多，只在具备传动部件精密度高、性能稳定、使用过程温差变化不大的高精度数控机床上才使用闭环伺服系统。

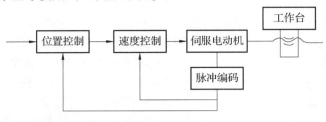

图 4-4　半闭环伺服系统框图

2. 直流伺服系统与交流伺服系统

1）直流伺服系统

直流伺服系统常用的伺服电动机有小惯量直流伺服电动机和永磁直流伺服电动机（也称为大惯量宽调速直流伺服电动机）。小惯量伺服电动机最大限度地减少了电枢的转动惯量，快速性较好。在早期的数控机床上应用较多，现在也有应用。小惯量伺服电动机一般都设计成有高的额定转速和低的惯量，所以应用时，要经过中间机械传动（如齿轮副）才能与丝杠相连接。

永磁直流伺服电动机能在较大过载转矩下长时间工作，其转子惯量较大，能直接与丝杠相连而不需中间传动装置。此外，它还有一个特点是可以在低速下运转，如能在 1 r/min 甚至在 0.1 r/min 转速下平稳地运转。因此，这种直流伺服系统在数控机床上获得了广泛的应用。自 20 世纪 70 年代至 80 年代中期以来，其在数控机床上的应用占绝对统治地位，至今仍有许多数控机床上使用这种永磁直流伺服电动机的直流伺服系统。永磁直流伺服电动机的缺点是有电刷，限制了转速的提高，一般额定转速为 1 000 ~ 1 500 r/min。而且结构复杂，价格较贵。

2）交流伺服系统

交流伺服系统使用交流异步伺服电动机（一般用于主轴伺服电动机）和永磁同步伺服电动机（一般用于进给伺服电动机）。由于直流伺服电动机存在着一些固有的缺点（如上所述），其应用环境受到限制。交流伺服电动机没有这些缺点，且转子惯量较直流电动机小，使得动态响应快。另外，在同样体积下，交流电动机的输出功率可比直流电动机提高 10% ~ 70%；交流电动机的容量可以比直流电动机制造得更大，达到更高的电压和转速。因此，交流伺服系统得到了迅速发展，已经形成潮流。从 20 世纪 80 年代后期开始机床上大量使用交流伺服系统，到今天，有些国家的厂家，已全部使用交流伺服系统。

3. 进给伺服系统与主轴伺服系统

1）进给伺服系统

进给伺服系统包括速度控制环和位置控制环。进给伺服系统完成各坐标轴的进给运动，具有定位和轮廓跟踪功能，是数控机床中要求最高的伺服控制。

2）主轴伺服系统

主轴伺服系统主要实现主轴的旋转运动，提供切削过程中的转矩和功率，而且需保证任意转速的调节，来完成在转速范围内的无级变速。具有 C 轴控制的主轴与进给伺服系统一样，为一般概念的位置伺服控制系统。此外，刀库的位置控制是为了在刀库的不同位置选择刀具，与进给坐标轴的位置控制相比，性能要低得多，故称为简易位置伺服系统。

4. 脉冲、数字比较伺服系统，相位比较伺服系统，幅值比较伺服系统及全数字伺服系统

1）脉冲、数字比较伺服系统

该系统是闭环伺服系统中的一种控制方式。它将数控装置发出的数字（或脉冲）指令信号与检测装置测得的以数字（或脉冲）形式表示的反馈信号直接进行比较，以产生位置误差，达到闭环控制。脉冲、数字比较伺服系统结构简单，容易实现，整机工作稳定，在一般数控伺服系统中应用十分普遍。

2）相位比较伺服系统

在相位比较伺服系统中，位置检测装置采取相位工作方式，指令信号与反馈信号都变成某个载波的相位，然后通过两者相位的比较，获得实际位置与指令位置的偏差，实现闭环控制。相位伺服系统适用于感应式检测元件（如旋转变压器，感应同步器）的工作状态，可得到较高的精度。此外，由于载波频率高、响应快、抗干扰性强，其很适合连续控制的伺服系统。

3）幅值比较伺服系统

幅值比较伺服系统以位置检测信号的幅值大小来反映机械位移的数值，并以此信号作为位置反馈信号，一般还要将此幅值信号转换成数字信号才与指令数字信号比较，从而获得位置偏差信号构成闭环控制系统。

在以上三种伺服系统中，相位比较和幅值比较伺服系统从结构上和安装维护上都比脉冲、数字比较伺服系统复杂、要求高，所以一般情况下脉冲、数字比较伺服系统的应用最广泛，而相位比较伺服系统要比幅值比较伺服系统应用普遍。

4）全数字伺服系统

随着微电子技术、计算机技术和伺服控制技术的发展，数控机床的伺服系统已开始采用高速、高精度的全数字伺服系统，使伺服控制技术从模拟方式、混合方式走向全数字方式。由位置、速度和电流构成的三环反馈全部数字化，软件数字 PID 使用灵活，柔性好。全数字伺服系统还采用了许多新的控制技术和改进伺服性能的措施，使控制精度和品质大大提高。

4.1.3　对伺服系统的要求

1. 精度高

精度包括位移精度和定位精度。伺服系统的位移精度是指指令脉冲要求机床工作台进给的位移量和该指令脉冲经伺服系统转化为工作台实际位移量之间的符合程度。两者误差愈小，伺服系统的位移精度愈高。目前，数控机床伺服系统位移精度可达到在全程范围内±5 μm。伺服系统的定位精度是指输出量能复现输入量的精确程度。作为数控加工，对定位精度和轮廓加工精度要求都比较高，高精度的定位精度为±0.001 mm，甚至 0.1 μm。轮廓加工精度与速度控制和联动坐标的协调控制有关。在速度控制中，要求高的调速精度、比较强的抗负载扰动能

工匠精神

力，即对静态、动态精度要求都比较高。

2. 稳定性好

稳定是指系统在给定输入或外界干扰作用下，能在短暂的调节过程后，达到新的或者恢复到原来的平衡状态。对伺服系统要求有较强的抗干扰能力，保证进给速度均匀、平稳。稳定性直接影响数控加工的精度和表面粗糙度。

3. 动态响应快

动态响应是伺服系统动态品质的重要指标，它反映了系统的跟踪精度。为了保证轮廓切削形状精度和低的加工表面粗糙度值，要求伺服系统跟踪指令信号的响应要快。一方面要求过渡过程时间要短，一般在 200 ms 以内，甚至小于几十毫秒；另一方面要求超调要小。这两方面的要求往往是矛盾的，实际应用中要采取一定措施，按工艺加工要求作出一定的选择。

4.1.4 伺服系统主要特点

（1）精确的检测装置：组成速度和位置闭环控制。

（2）有多种反馈比较原理与方法：根据检测装置实现信息反馈的原理不同，伺服系统反馈比较的方法也不相同。目前常用的有脉冲比较、相位比较和幅值比较 3 种方法。

（3）高性能的伺服电动机（简称伺服电动机）：用于高效和复杂型面加工的数控机床，伺服系统将经常处于频繁的启动和制动过程中。要求伺服电动机的输出力矩与转动惯量的比值大，以产生足够大的加速或制动力矩。要求伺服电动机在低速时有足够大的输出力矩且运转平稳，以便在与机械运动部分连接中尽量减少中间环节。

数控机床加工的特点是在低速时进行重切削。因此，要求伺服系统在低速时要有大的转矩输出。为了满足对伺服系统的要求，对伺服系统的执行元件伺服电动机也相应提出高精度、快响应、宽调速和大转矩的要求，具体如下。

a）电动机从最低进给速度到最高进给速度范围内都能平滑运转，转矩波动要小，尤其在最低转速时，如 0.1 r/min 或更低转速时，仍有平稳的速度而无爬行现象。

b）电动机负载特性硬，应具有较长时间的较大过载能力，以满足低速大转矩的要求。

c）满足快速响应的要求，即随着控制信号的变化，电动机应能在较短时间内达到规定的速度。因此，伺服电动机必须具有较小的转动惯量和大的堵转转矩，机电时间常数和起动电压应尽可能小。

d）电动机应能承受频繁的起动、制动和反转。

（4）宽调速范围的速度调节系统，即速度伺服系统：从系统的控制结构看，数控机床的位置闭环系统可看作是位置调节为外环、速度调节为内环的双闭环自动控制系统，其内部的实际工作过程是把位置控制输入转换成相应的速度给定信号后，再通过调速系统驱动伺服电动机，实现实际位移。数控机床的主运动要求调速性能也比较高，因此要求伺服系统为高性能的宽调速系统。

在数控机床中，由于加工用刀具，被加工材质及零件加工工艺的不同，为保证在任何情况下都能得到最佳切削条件，就要求伺服系统具有足够宽的调速范围。目前，先进水平是在进给速度范围已达到脉冲当量为 1 μm 的情况下，进给速度从 0 ~ 240 m/min 连续可调。但对于一般的数控机床而言，要求进给伺服系统在 0 ~ 24 m/min 进给速度下都能工作，而且可以分为以下几种状态。

a）在 1～24 000 mm/min 范围内，要求速度均匀、稳定、无爬行，且速降要小。

b）在 1 mm/min 以下时，具有一定的瞬时速度，而平均速度很低。

c）在零速时，即工作台停止运动时，要求电动机有电磁转矩，以维持定位精度，使定位精度满足系统的要求。也就是说，应处于伺服锁住状态。

主轴伺服系统主要是速度控制，它要求 1∶100～1∶1 000 范围内的恒转矩调速和 1∶10 以上的恒功率调速，而且要保证足够大的输出功率。

4.2　常用的伺服驱动装置

4.2.1　步进电动机及其速度控制

1. 步进电动机工作原理

步进电动机是一种将电脉冲转化为角位移的执行机构。它的旋转是以固定的角度一步一步运行的。通过控制脉冲个数来控制角位移量，从而达到准确定位的目的，同时可以通过控制脉冲频率来控制电动机转动的速度和加速度，达到调速的目的。

数控机床上通常使用的有反应式、永磁式、感应式步进电动机，其工作原理基本相同。下面以三相反应式步进电动机为例，介绍其基本原理。三相反应式步进电动机结构原理如图4-5所示，反应式步进电动机定子铁芯上有 6 个均匀分布的磁极，沿直径相对两个极上的线圈串联，构成一相励磁绕组。极与极之间的夹角为 60°，每个定子磁极上均匀分布 5 个齿，齿槽距相等，齿距角为 9°。转子铁芯上无绕组，只有均匀分布的 40 个齿，齿槽距相等，齿距角为 360°/40＝9°。三相（A、B、C）定子磁极上的齿依次错开 1/3 齿距即 3°。

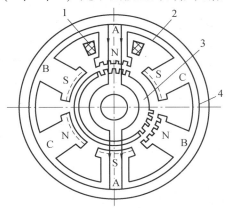

1—绕组；2—定子铁芯；3—转子铁芯；4—A 相磁通。

图 4-5　三相反应式步进电动机结构原理

1）三相单三拍工作方式

第一拍：A 相绕组通电，B、C 相绕组断电。A 相定子磁极电磁力要使相邻转子齿与其对齐，B 相和 C 相定、转子错齿分别为 1/3 齿距（3°）和 2/3 齿距（6°）。

第二拍：B 相绕组通电，A、C 相绕组断电。电磁反应力矩使转子顺时针方向转动，与 B 相的定子齿对齐，此时 A 相、C 相的定、转子齿又互相错齿。

第三拍：C 相绕组通电，A、B 相绕组断电。电磁反应力矩又使转子顺时针方向转动，同时 A 相、B 相定、转子齿错齿。重复单三拍的通电顺序，步进电动机就顺时针方向旋转起来，而且是对应每个指令脉冲，转子转动一固定角度（3°），称为步进电动机的步距角。

2）三相双三拍工作方式

为克服单三拍工作的缺点，可采用双三拍通电控制方式。若定子绕组的通电顺序为 AB→AC→BC→AB→…，其步距角也是 3°。

3）三相六拍工作方式

若定子绕组的通电顺序是 A→AB→B→BC→C→CA→A→…，即三相六拍控制方式。定子绕组切换为 A、B 相通电时，A、B 相定子磁极力保持与其相邻转子齿对齐，转子顺时针方向转动 1.5°。若定子励磁绕组通电顺序为 A→AC→C→BC→B→AB→A→…，则步进电动机的转子逆时针方向转动，步距角仍为 1.5°。

三相六拍工作方式比三相三拍工作方式步距角小一半，在切换时保持一相绕组通电，工作稳定，比双三拍增大了稳定区。所以，三相步进电动机常采用这种控制方式。

2. 步进电动机驱动电源

步进电动机驱动电源通常由环形分配器和功率放大器组成。环形分配器是根据步进电动机的相数和控制方式设计的，用于控制步进电动机的通电运行方式，其作用就是将数控装置送来的一系列指令脉冲按一定的顺序和分配方式、控制绕组的通电、断电，实现电动机的正反转，环形分配器的输出是周期性的，又是可逆的。功率放大器的作用是将环形分配器输出 TTL 电平的通电状态信号经过几级功率放大，控制步进电动机各相绕组电流按一定顺序切换。根据其功率的不同，绕组电流从几安到十几安不等，每相绕组分别由一组功率放大器控制。

1）环形分配器

环形分配器可以通过硬件、软件及软硬件相结合的方法来实现。

（1）硬件环形分配器。三相六拍环形分配器由 3 个 D 触发器和若干个与非门所组成。CP 端接进给脉冲控制信号，E 端接电动机方向控制信号。环形分配器的输出端 Q_A、Q_B、Q_C 分别控制电动机的 A、B、C 三相绕组，正、反向进给环形分配器结构原理如图 4-6 所示。当总清零接收到复位脉冲时，Q_A 输出高电平，Q_B 和 Q_C 输出低电平，这就是硬件环形分配器的初始状态。此后每收到一个进给脉冲，Q_A、Q_B 和 Q_C 上的输出状态都会发生相应的改变，实现三相六拍的通电循环。由 CH250 三相步进电动机环配芯片构成的反应式步进电动机三相六拍工作时的 CH250 管脚图及三相接线图如图 4-7 所示。

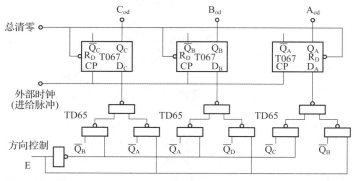

图 4-6　正、反向进给环形分配器结构原理

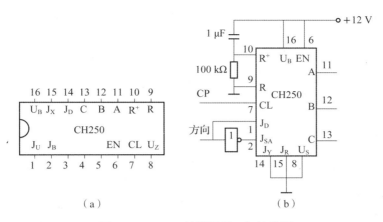

图 4-7　CH250 管脚图及三相接线图

（a）管脚图；（b）三相接线图

（2）软件环形分配器。软件环形分配器只需编制不同的软件环分程序，将其存入 CNC 装置的 EPROM 中即可。软件环形分配器可以使线路简化，成本下降，并可灵活地改变步进电动机的控制方案。软件环形分配器有多种设计方法，如查表法、比较法、移位寄存器等。查表法是根据步进电动机当前励磁状态和正向、反向运转的要求，从表中找到相应单元地址，取出地址中的内容并输出。通常用基址（表格首址）加索引值（序号）的方法。正转时，只要步进电动机当前状态序号不是表底序号，序号+1 就是下一状态的序号；若是表底序号，则需要将表底序号修改成表首序号。反转时，需判断当前序号是不是表首，不是表首则序号-1，是表首序号则需修改成表底序号。

2）驱动功率放大电路

驱动功率放大电路的控制方式种类较多，常使用单电压驱动电路、高低压切换驱动电路、斩波驱动电路等，采用的功率半导体元件可以是大功率晶体管 GTR，也可以是功率场效应 MOS 管或可关断可控硅 GTO，下面介绍几种典型电路。

（1）单电压驱动电路。单电压驱动电路原理图如图 4-8 所示，步进电动机每一个绕组都有一套这样的电路，它由光电耦合器、限流功率电阻以及大功率晶体管组成。此电路通过提高驱动电压至 60 V 来加速电流的上升，在绕组中串入 18 Ω 的大功率电阻，用于限制稳态电流。由于电流较大，在功率电阻上的功耗达 200 W 左右，发热严重，电路体积也很大，因此实用中很少采用这种电路。

（2）高低压切换驱动电路。高低压切换驱动电路就可以克服上述单电压驱动电路的缺点，这种线路的特点是供给步进电动机绕组有两种电压，步进电动机的绕组每次通电时，首先接通高压，以保证电流以较快的速度上升，然后改由低压供电，维持绕组中的电路为额定值。通常，高压导通时间固定在 $100 \sim 600 \ \mu s$ 之间的某一值，对功率步进电动机可达几千微秒。高电压驱动电路原理图如图 4-9 所示。

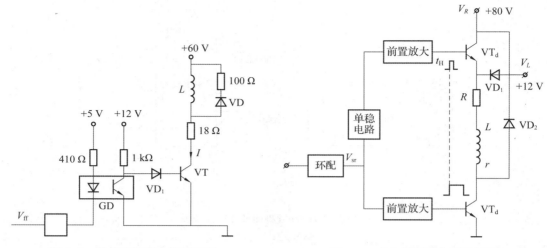

图4-8　单电压驱动电路原理图　　　　　图4-9　高电压驱动电路原理图

（3）斩波驱动电路。高低压切换驱动电路的电流波形会造成高频输出转矩的下降。为了使励磁绕组中的电流维持在额定值附近，常采用斩波驱动电路。斩波驱动电路原理图如图4-10所示，环形分配器输出的脉冲作为输入信号，若为正脉冲，则 VT_1、VT_2 导通，由于 U_1 电压较高，绕组中的电流迅速上升，当绕组中的电流上升到额定值以上某个数值时，采样电阻 R_e 的电压将达到某一设定值，经整形、放大后送至 VT_1 的基极，使 VT_1 截止。接着，绕组由 U_2 低压供电，绕组中的电流立即下降，但刚降至额定值以下时，由于采样电阻 R_e 的反馈作用，使整形电路无信号输出，此时高压前置放大电路又使 VT_1 导通，电流又上升。如此反复进行，形成一个在额定电流值上下波动呈锯齿状的绕组电流波形，近似恒流，斩波驱动电路也称斩波恒流驱动电路。锯齿波的频率可通过调整采样电阻 R_e 和整形电路的电位器来调整。

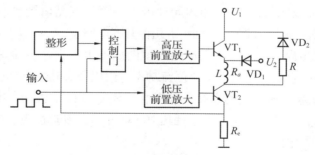

图4-10　斩波驱动电路原理图

3）驱动装置与数控系统的连接

步进电动机驱动装置分为两类，一类是其本身包括的环形分配器（硬件环形分配器）；另一类是驱动装置没有环形分配器，环形分配需由数控装置中的计算机软件来完成（软件环形分配器）。硬件环形分配驱动与数控装置的连接如图4-11所示，软件环形分配驱动与数控装置的连接如图4-12所示。

三相步进电动机驱动装置

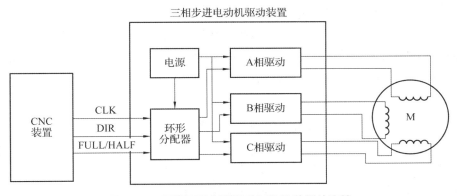

图 4-11　硬件环形分配驱动与数控装置的连接

三相步进电动机驱动装置

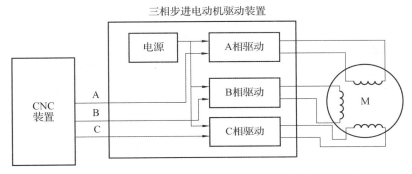

图 4-12　软件环形分配驱动与数控装置的连接

3. 步进电动机的主要参数

（1）步距角：步进电动机每步的转角。其计算公式如下：

$$\theta = \frac{360^\circ}{zmk}（°）\qquad\qquad(4\text{-}1)$$

式中，m 为步进电动机相数；z 为转子齿数；k 为控制方式系数，是拍数与相数的比例系数。

（2）最大静转矩 T_{jmax}（N·m）：处于静态的步进电动机电磁转矩最大值。

（3）空载启动（突跳）频率 f_q（步/s）：空载情况下步进电动机由静止突然启动，进入不丢步的正常运行的最高频率。

（4）空载运行频率 f_{max}（步/s）：步进电动机在空载启动后，能不丢步连续运行的最高脉冲重复频率。它也是步进电动机的重要性能指标。

4.2.2　直流伺服电动机及其速度控制

由于数控机床对伺服系统有较高的要求，而直流伺服电动机具有良好的调速特性，因此，以往数控机床半闭环、闭环伺服驱动均采用直流伺服电动机。虽然当前交流伺服电动机已逐渐取代直流伺服电动机，但由于历史的原因，直流伺服电动机仍被采用，并且已用于数控机床的大量直流伺服驱动还需要维护，因此了解直流伺服驱动仍是很必要的。

1. 直流伺服电动机的工作原理

直流伺服电动机工作原理示意图如图 4-13 所示。电刷和换向器的作用，使转子绕组中的任何一根导体，只要一转过中性线，即由定子 S 极下的范围进入了定子 N 极下的范围，或者由定子 N 极下的范围进入 S 极下的范围，那么这根导体上的电流一定要反向。S 极下范围的导体和 N 极下范围的导体总是保持各自电流方向不变。因此，转子的总磁势的方向始终与定子磁势正交，转子磁场与定子磁场相互作用产生了电动机的电磁转矩，从而使电动机转动。直流伺服电动机存在两组基本关系：

$$\begin{cases} I_a R_a + E_a = U_a & (E_a = C_e \varphi n) \\ M = C_M \varphi I a \end{cases} \tag{4-2}$$

式中，I_a 为电枢电流；R_a 为电枢电阻；E_a 为电枢反电动势；U_a 为电枢电压；C_e 为反电动势常数；φ 为电动机磁通量；n 为电动机转速；M 为电动机电磁力矩；C_M 为电磁力矩常数。

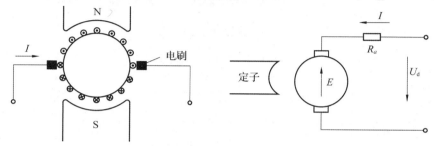

图 4-13　直流伺服电动机工作原理示意图

根据式（4-2）可得出直流伺服电动机的机械特性公式：

$$n = (U_a - I_a R_a)/C_e \varphi = U_a/C_e \varphi - R_a M/C_e C_M \varphi^2 \tag{4-3}$$

其对应的直流伺服电动机的机械特性图如图 4-14 所示。实际采用改变电枢电压 U_a 来调速的方法。

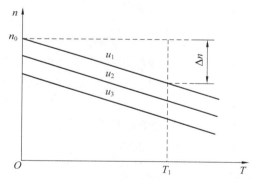

图 4-14　直流伺服电动机的机械特性图

直流伺服电动机的定子有为永久磁铁或为激励绕组所形成的磁极两种。实际上采用永磁直流伺服电动机，其定子永磁体采用的是新型稀土钴等永磁材料，具有极大的矫顽力和很高的磁能积，因此抗去磁力大为提高，体积大为缩小。

2. 直流速度控制系统

直流速度控制多采用晶闸管（即可控硅整流器 Silicon Controlled Rectifier，SCR）调速系统和晶体管脉宽调制（Pulse Width Modulation，PWM）调速系统。这两种调速系统都采用由永磁直流伺服电动机调速的控制电路，调速的方法是改变电动机电枢的电压。SCR 调速系统中，多采用三相全控桥式整流电路作为直流速度控制单元的主回路，通过对 12 个晶闸管触发角的控制，达到控制电动机电枢电压的目的。而 PWM 调速系统是利用脉宽（脉冲宽度）调制器对大功率晶体管的开关时间进行控制，将直流电压转换成某一频率的方波电压，加到电动机电枢的两端，通过对方波脉冲宽度的控制，改变电枢的平均电压，从而达到控制电动机转速的目的。与 SCR 调速系统相比采用 PWM 调速系统具有如下主要优点：

（1）避开与机械的共振。PWM 调速系统开关工作频率高（约为 2 kHz），远高于转子所能跟随的频率，避开了机械共振区。

（2）电枢电流脉冲小。PWM 调速系统的开关工作频率高，仅靠电枢绕组本身的电感滤波即可获得脉动很小的电枢电流，因此低速工作十分平滑、稳定，调速可达 1∶10 000 或更高。

（3）动态特性好。PWM 调速系统不像 SCR 调速系统有固有的延时时间性，反应速度很快，具有很宽的频带。它具有极快的定位速度和很高的定位精度，抗负载扰动的能力强。

PWM 调速系统的主要缺点是不能承受高的过载电流，功率还不能做得很大。故目前在中小功率的伺服驱动装置中，大多采用性能优异的 PWM 调速系统，而在大功率场合中，则采用 SCR 调速系统。

SCR 调速系统采用晶闸管大功率整流电路，而 PWM 调速系统则采用脉冲宽度调节电路和大功率晶体管的功率驱动电路。理论与实践证明，这是一种有效的性能优异的闭环控制系统。由于系统由电流、速度两个反馈回路组成，因此称为双闭环系统。其内环——电流环，由电流互感器或采样电阻获得电枢电流实际值的反馈构成，它的作用是由电流调节器对电动机电枢回路的引起滞后作用的某些时间常数进行补偿，使动态电流按所需的规律变化（通常是按一阶过渡规律变化）。其外环——速度环，由与电动机同轴安装的测速发电机获得电动机的实际转速反馈构成，其作用是对电动机的速度误差进行调节，以实现所要求的动态特性。电流环可增加调速特性的硬度，而速度环可以增大调速的范围。电流调节器与速度调节器均采用 PID 调节器，其由线性运算放大器和阻容元件组成的校正网络构成。

3. PWM 调速系统的工作原理

随着大功率晶体管制造工艺的成熟和高反压大电流的模块型大功率晶体管的商品化，PWM 调速系统得到了广泛的应用。所谓脉宽调制，就是使功率放大器中的大功率晶体管工作在开关状态下，开关频率与加在晶体管上的输入电压保持恒定，根据控制信号的大小来改变每一周期内"接通"和"断开"的时间长短，即改变"接通"脉宽，使晶体管输出到电动机电枢上电压的"占空比"改变，从而改变电动机电枢上的平均电压，完成电动机转速的控制。电枢两端的 PWM 脉冲电压如图 4-15 所示，直流电动机电枢两端 $U(t)$ 是一串方波脉冲。脉冲的幅值（即加在晶体管上的输入电压）U_m 是常数，周期 t 是常数（因开关频率恒定），脉冲宽度 S 随每一周期内"接通"的时间长短而改变。很明显，由晶体管输出到电动机电枢上的电压 $U(t)$ 的平均值（直流分量）U_d 可由下式算出：

$$U_d = U_m S/T \qquad (4-4)$$

当 $S = 0$ 时，$U_d = 0$；当 $S = T$ 时，$U_d = U_m$。

因此，U_d 的变化范围为 $0 \sim U_m$。

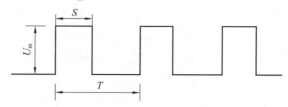

图 4-15　电枢两端的 PWM 脉冲电压

PWM 调速系统组成原理框图如图 4-16 所示。

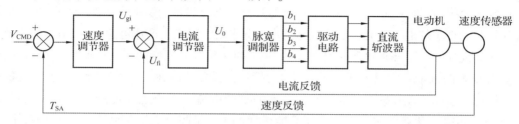

图 4-16　PWM 调速系统组成原理框图

脉宽调制器、基极驱动电路和脉宽调制式的开关功率放大器（属于直流斩波器的一部分）这三部分是 PWM 调速系统的核心，下面分别进行说明。

（1）开关功率放大器。直流 PWM 开关功率放大器的类型很多，其内部结构及工作波形图如图 4-17 所示。图 4-17（a）的左半部分为整流器，三相交流电经过整流器变成直流电送到直流母线上去。所谓直流母线是指连接在蓄能电容 C 两极上的导线。电容 C 的容量很大，它能使直流母线电压 U_m 保持恒定，并能存储及释放能量。每当电动机加速时，电容向电动机提供它所储存的能量；而每当电动机制动时，电动机处于发电状态，电容 C 这时吸收来自电动机的能量。C 的容量要选得使直流母线的电压只有很小的波动。图 4-17（a）的右半部分是由 4 只大功率晶体管 VT_1、VT_2、VT_3、VT_4 组成的桥式斩波器，VD_1、VD_2、VD_3、VD_4 是 4 只续流二极管，M 为直流电动机，并假定当电流从电动机左边流向右边时电动机正转，反之则电动机反转。图 4-17（b）为电动机正转波形图，图 4-17（c）为电动机反转波形图。由图可知，当 VT_1 和 VT_4 同时导通时，电动机正转，而 VT_2 和 VT_3 同时导通时电动机反转。不允许 VT_1 和 VT_2（或 VT_3 和 VT_4）同时导通，否则将产生短路。在大功率晶体管的基极加上图 4-17（b）或（c）所示的波形 b_1、b_2、b_3、b_4，电动机两端电压 U（t）是一串方波脉冲（图 4-17（b）或（c）最下面一行所示波形），脉冲的幅值为整流后的直流母线电压。若改变波形 b_1、b_2、b_3、b_4 的宽度，U（t）方波脉冲的宽度也随之改变，使电动机两端的平均电压 U_d 也随之改变，达到改变电动机转速的目的。

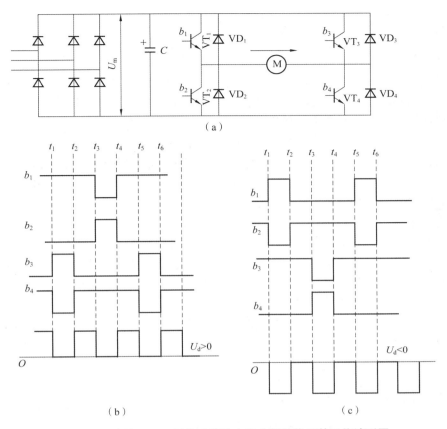

图4-17　直流 PWM 开关功率放大器内部结构及其工作波形图
（a）内部结构；（b）电动机正转波形图；（c）电动机反转波形图

（2）大功率晶体管的基极驱动电路。大功率晶体管是在其基极驱动电路的驱动下工作的，其开关特性与驱动电路的性能密切相关。设计优良的驱动电路能改善大功率晶体管的开关特性，从而减小开关损耗，提高整机的频率及功率器件工作的可靠性。设计大功率晶体管的基极驱动电路应遵守以下原则。

a）要能提供最优化驱动。最优化驱动就是以理想基极驱动电流波形去控制大功率晶体管的开关过程，以便提高开关速度，减小开关损耗。最优化基极驱动电流波形如图4-18所示。

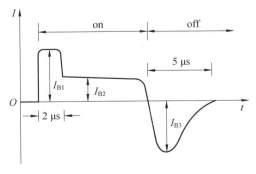

图4-18　最优化基极驱动电流波形

为了加快开通时间和降低开通损耗，正向基极电流在驱动初期不但要有陡峭的前沿，并要有一定的过驱动电流 I_{B1}。导通阶段的准饱和基极驱动电流 I_{B2} 应该使大功率晶体管恰好维持在准饱和状态，以便缩短存储时间。一般情况下，过驱动电流 I_{B1} 的数值选取为准饱和基极驱动电流 I_{B2} 的 3 倍左右，过驱动电流的前沿时间应控制在 0.5 μs 以内。关断大功率晶体管时，反向基极抽电流 I_{B3} 应大一些，以便加速基极中载流子的抽走速度，缩短关断时间，减小关断损耗。此外，当大功率晶体管关断后，驱动电路应能在晶体管的基极维持负电位。

b）应具有隔离的功能。为了防止基极驱动电路之间的相互影响，每一只大功率晶体管的基极驱动电路都必须有它自己的"地电位"。也就是说，不同晶体管的驱动电路是不能"共地"的，并且这些驱动电路与后面的公共的控制电路也不能"共地"。PWM 脉冲是由后面的控制电路产生的，驱动电路的作用是将 PWM 脉冲的功率加以放大，以驱动大功率晶体管。要解决"不能共地"的问题，只须用光电耦合器或脉冲变压器将驱动电路与后面的控制电路隔开即可。一般来说，光电耦合器用得较多，它与晶体管一样可以线性工作，也可以工作于开关状态。在驱动电路中，光电耦合器的作用是用来传递脉冲信号，所以它工作于开关状态。通常，光电耦合器的响应速度是比较慢的，故在高频工作时应考虑光电耦合器的响应时间。

c）应具有保护功能。所谓保护功能就是指驱动电路能够实现对大功率晶体管的保护，实现保护的办法主要是对大功率晶体管进行监测，一旦发现饱和压降过大即切断大功率晶体管的基极驱动，使其关断。

事实上，在大功率晶体管导通的过程中，有两种情况是很危险的，一种是其集电极电流 I_C 过大，另一种是其基极驱动电流 I_B 不足。这两种情况都会使大功率晶体管进入线性工作区，导致电压降变大，所以通过监测饱和压降即可实现上述两种保护。

通过驱动电路直接实现对大功率晶体管的保护也称为"就地保护"。这种保护无需经过后面的控制电路，因而工作时间短，效果好。

（3）脉冲宽度调制器。脉冲宽度调制器是产生 PWM 脉冲的环节，产生的 PWM 脉冲经基极驱动电路放大后，驱动直流斩波器中大功率晶体管。实际的速度控制单元中经常采用的是倍频式脉宽调制器，倍频式脉宽调制器结构原理如图 4-19 所示。

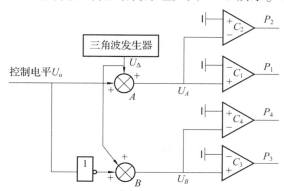

图 4-19　倍频式脉宽调制器结构原理

倍频脉宽调制工作波形如图 4-20 所示，其中三角波发生器产生出正负对称的三角形波信号 U_Δ [见图 4-20（a）]。控制电平 U_c 与三角波信号 U_Δ 在 B 点叠加。叠加后的 A 点波

形为 U_A，B 点波形为 U_B［见图 4-20（b）和（c）］。U_A 和 U_B 经过后面的 4 只比较器与基准电位（零电位）相比较。4 只比较器的输出信号 P_1、P_2、P_3、P_4 就是 PWM 脉冲［见图 4-20（d）］。P_1、P_2、P_3、P_4 的 4 路 PWM 信号经延时处理和驱动电路放大后，分别驱动主回路中的 4 个大功率晶体管 VT_1、VT_2、VT_3、VT_4。为此，可得到以下结论。

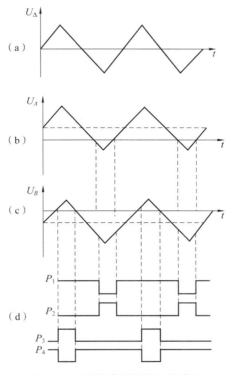

图 4-20　倍频脉宽调制工作波形

（a）三角形波信号；（b）A 点波形；（c）B 点波形；（d）PWM 脉冲

a）控制电平 U_c 的大小与电动机电枢两端的脉冲电压的宽度成正比，因而在稳态，控制电平 U_c 与电动机的转速也是成正比的。

b）大功率晶体管的开关频率等于三角波发生器产生的三角波的频率，而电动机电枢两端的脉冲电压的频率是三角波频率的 2 倍。故称这种斩波器为倍频式斩波器，而称这种脉冲宽度调制器为倍频式脉宽调制器。

确定三角波的频率是一个很重要的问题，在确定这一频率的时候，应先考虑两方面的因素。若从希望电动机电枢电流连续并平稳的角度出发，三角波的频率应取得高一些，但是频率高了，大功率晶体管的功耗也增大。在实际中，综合考虑这两个方面的因素，大功率晶体管的开关频率一般取 1~2 kHz。

在前边的讨论中总是假定大功率晶体管为理想开关。实际上，由于大功率晶体管的开通与关断总需要有限的时间，因此有可能发生桥式斩波器中的一个桥臂的上下两只大功率晶体管同时导通，这种情况称为直通。直通的现象是应该禁止的，因为直通会增加开关大功率晶体管的功耗，严重时会导致短路事故。为了避免直通，一般可在脉冲宽度调制器和大功率晶体管的基极驱动电路之间设置延时电路。延时电路的作用是使大功率晶体管在确定的时刻关断后，另一只开关大功率晶体管要在延时一段时间之后才可导通，这样就避免了直通。一般延时时间设定为几微秒到几十微秒。这里需要特别指出的是：延时电路的延时作用必须是"单向的"，即它只使开关大功率晶体管的导通时刻延时，而不使其关断时刻延时。

4.2.3 交流伺服电动机及速度控制

由于直流伺服电动机具有优良的调速性能，因此过去交流速度控制系统一直占据主导地位。但直流伺服电动机却存在一些固有的缺点：如直流伺服电动机的电刷和换向器易磨损，需要经常维护；直流伺服电动机的换向器换向时会产生火花，使电动机的最高转速受到限制；直流伺服电动机的结构复杂，制造困难，所用铜材料消耗大，制造成本高。

交流伺服电动机，特别是交流感应电动机没有上述缺点，且转子惯量较直流电动机小，使得动态响应好。一般来说，在同样体积下，交流伺服电动机的输出功率可比直流电动机提高10%～70%。另外，交流伺服电动机的容量可比直流伺服电动机造得大，达到更高的电压和转速。因此，人们一直在寻找用交流伺服电动机调速来代替直流电动机调速方案。近年来，由于新型功率开关器件、专用集成电路和新的控制算法等的发展，交流速度控制系统的调速性能进一步提高，能更好地适应数控机床伺服系统的要求，交流速度控制系统正逐步取代直流速度控制系统。

1. 交流伺服电动机的种类和特点

在交流速度控制系统中可采用异步型交流伺服电动机（异步电动机），也可采用同步型交流伺服电动机（同步电动机）。

异步型交流伺服电动机，又称交流感应电动机。其定子由绕组构成，通入交流电后产生旋转磁场，其转子由空心的（鼠笼状或杯状）非磁性导电材料（如铜或铝）制成。当转子的转速与定子电路产生的旋转磁场转速存在转速差时，转子的导体将切割旋转磁场的磁感线而产生电流。此电流与旋转磁场相互作用，使转子受到电磁力。电磁力使转子转动，其方向与旋转磁场一致。

异步型交流伺服电动机结构简单，它与同容量的直流伺服电动机相比，质量轻1/2，价格仅为直流伺服电动机的1/3。它的缺点是其转速受负载的变化而影响较大，同时不能经济地实现范围较广的平滑调速，必须从电网吸收滞后的励磁电流，因而会使电网功率因数变坏。所以，进给运动一般不用这类电动机，它一般用在主轴驱动系统中。

同步型交流伺服电动机与异步型交流伺服电动机存在的一个最大的差异是前者的转子是一个磁极，它受定子电路的旋转磁场吸引，与旋转磁场的转速始终保持同步。当电源电压和频率固定不变时，同步型交流伺服电动机的转速是固定不变的。由变频电源供电时可方便地获得与频率成正比的可变速度，可以得到非常硬的机械特性及宽的调速范围。在结构上，同步型交流伺服电动机虽然较异步型交流伺服电动机复杂，但比直流伺服电动机简单。同步型交流伺服电动机的分类，从建立所需气隙磁场的磁势源来说，可分为电磁式及非电磁式两大类。在后一类中又有永磁式、磁滞式和反应式多种。其中，磁滞式和反应式同步电动机存在

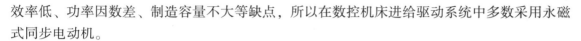

效率低、功率因数差、制造容量不大等缺点，所以在数控机床进给驱动系统中多数采用永磁式同步电动机。

永磁式同步电动机与电磁式同步电动机相比，优点是结构简单、运行可靠、效率高，缺点是体积大、起动特性欠佳。但采用高剩磁感应、高矫顽力的稀土类磁铁材料后，电动机外形尺寸可比直流伺服电动机减小1/2，质量减轻60%，转子惯量减到直流伺服电动机的1/5。它与异步型交流伺服电动机相比，由于采用永磁铁励磁消除了励磁损耗，因此效率高。此外，永磁式同步电动机的体积比异步型交流伺服电动机小。

2. 永磁式交流同步伺服电动机工作原理

永磁式交流同步伺服电动机（永磁式同步电动机）由定子、转子和检测元件三部分组成，其结构如图4-21所示。定子具有齿槽，内有三相绕组，形状与交流感应电动机的定子相同。但外形考虑散热良好，有的呈多边形，且无外壳。转子由多块永磁铁和冲片组成，这种结构优点是气隙磁密度较高，极数较多。转子结构中还有一类是有极靴的星形转子，采用矩形磁铁或整体星形磁铁。

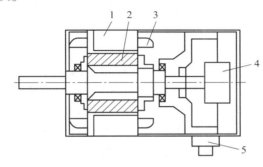

1—定子；2—转子；3—定子绕组；4—脉冲编码器；5—出线盒。

图4-21　永磁式交流同步伺服电动机结构

无论是哪种永磁式交流同步伺服电动机，永磁材料的性能直接影响电动机性能和外形尺寸大小。现一般采用第三代稀土永磁合金——钕铁硼合金，它是一种最有前途的稀土永磁合金。

永磁式交流同步伺服电动机的工作原理很简单，如图4-22所示。当定子三相绕组通上交流电后，就产生一个旋转磁场，该旋转磁场以同步转速n_s旋转，根据磁场极的同性相斥、异性相吸的原理，定子旋转磁极就要与转子的永久磁场磁极互相吸引，并带着转子一起旋转。因此，转子也将以同步转速n_s与定子旋转磁场一起旋转。当转子轴上加有负载转矩之后，将造成定子磁场轴线与转子磁场轴线不一致（不重合），相差一个Q角，负载转矩变化，Q角也变化。只要转子的转矩不超过一定界限，转子仍跟定子以同步转数旋转。设转子转速为n_r（r/min），则：

$$n_r = n_s = 60f/p \tag{4-5}$$

式中，f为电源交流电频率（Hz）；p为转子磁极的对数。

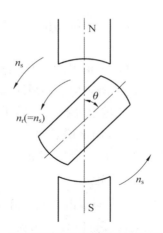

图4-22　永磁式交流同步伺服电动机的工作原理

　　永磁式同步电动机有一个起动困难的问题。这是由于转子本身的惯量以及定、转子磁场间转速相差太大，使之在起动时，转子受到的平均转矩为零，因此不能自起动。解决这个问题不用加起动绕组的办法，而是在设计中设法降低转子惯量，同时在速度控制单元中采取先低速后高速的控制方法。

　　交流伺服电动机的性能同直流伺服电动机一样，主要用转矩-速度特性曲线来表示，如图4-23所示。在连续工作区，速度和转矩的任何组合都可连续工作，但连续工作区的划分受到一定条件的限制。连续工作区划定的条件有两个：一是供给电动机的电流是理想的正弦波；二是电动机工作在某一特定温度下。断续工作区的极限，一般受到电动机的供电限制。交流伺服电动机的机械特性比直流伺服电动机的机械特性要硬。另外，断续工作区的范围更大，尤其在高速区，这有利于提高电动机的加、减速能力。

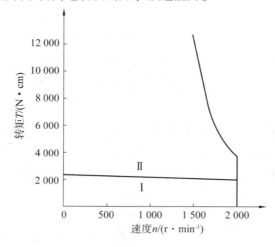

Ⅰ—连续工作区；Ⅱ—断续工作区。

图4-23　交流伺服电动机转矩-速度特性曲线

3. 永磁式交流同步伺服电动机的速度控制单元

　　由式（4-5）可知，永磁式交流同步伺服电动机只能用变频（f）方法调速才能满足数控机床的平滑调速、调速范围宽的要求，实现无级调速。

永磁式交流伺服系统按其工作原理、驱动电流波形的控制方式不同，又可分为：矩形波电流驱动的永磁式交流伺服系统和正弦波电流驱动的永磁式交流伺服系统。前者的永磁式交流同步伺服电动机也称为无刷直流伺服电动机，后者的也称为无刷交流伺服电动机。从发展趋势看，正弦波驱动将成为主流。永磁式交流同步伺服电动机变频调速控制单元中的关键部件之一是变频器。变频器又分为交–交型变频器和交–直–交型变频器，这两种变频方式如图4-24所示。其中，交–交变频如图4-24（a）所示，它是用晶闸管整流器直接把工频交流电变成频率较低的脉动交流电，正组输出正脉冲，反组输出负脉冲。这个脉动交流电的基波就是所需变频电压。这种方法得到的交流电波动较大。交–直–交变频如图4-24（b）所示，它是先把交流电整流成直流电，然后把直流电压变成矩形脉冲波电压，这个矩形脉冲波的基波就是所要的变频电压。所得交流电波动小，调频范围宽，调节线性度好，数控机床上经常用这种方法。

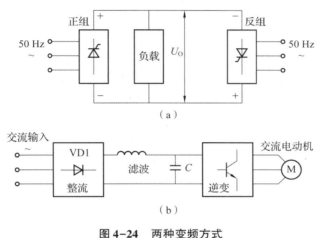

图4-24 两种变频方式

（a）交–交变频；（b）交–直–交变频

1）SPWM 变频器

SPWM 变频器称正弦波 PWM 变频器，它是 PWM 的一种。SPWM 变频器不仅适用于永磁式同步电动机，也适用于交流感应电动机。SPWM 采用正弦规律脉宽调制原理，具有功率因数高、输出波形好等优点，因而在交流速度控制系统中获得广泛应用。双极性 SPWM 通用型主回路如图4-25所示，图中左半部分为整流器，将电网三相交流电变为直流电，右半部分为用调制信号控制的功率开关放大器。在大功率晶体管的基极加控制脉冲，脉冲的相位差按 VT_1、VT_2、VT_3、VT_4 的顺序依次相差60°。根据控制要求，每相脉冲有一定的宽度，以保证大功率晶体管导通相应的角度。常用有120°导通方式和180°导通方式两种，导通方式不同，输出电压波形就不同。输出的波形经过滤波变成正弦波，可以控制交流伺服电动机，满足数控机床的要求。

调制波的形成如图4-26所示，其中三角波 V_T 为载波，其幅值为 U_T，频率为 f_T；正弦波 V_S 为某一相（如 A 相）的控制波，其幅值为 U_S，频率为 f_S。将三角波 V_T 和正弦波 V_S 分别输入比较器的两个输入端，比较器的输出端经基极驱动放大后，用其正反向信号控制同一桥臂上的两个大功率晶体管的通断（如 VT_1 和 VT_2）。这两种调制波的形成如图4-26所示，其中数字位置决定了逆变器某相元件的通断时间（如 VT_1 和 VT_4 的通断）。设图4-25中三相整流器的输出直流电压为 E_d。在正半周，VT_1 工作在调制状态，VT_4 截止，A 相绕组的相电压为 $+1/2E_d$；而当 VT_1 截止时，电动机绕组中的磁场能量通过 VD_4 续流，使该绕组承受 $-1/2E_d$ 电压，从实现了双极性 SPWM 调制特性。在负半周时，VT_4 工作在调制状态，VT_1 截止。

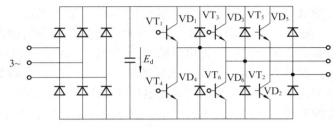

图 4-25 双极性 SPWM 通用型主回路

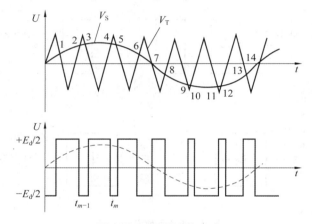

图 4-26 调制波的形成

SPWM 的输出脉冲的宽度正比于相交点的正弦控制波的幅值。逆变器输出端为一具有控制波的频率且有某种谐波畸变的调制波形，而其基波幅值为：

$$U_{1m} = (E_d/2) \times (U_S/U_T) = E_d/2M \tag{4-6}$$

式中，M 为调制系数（$M = U_S/U_T$，其值在 0 与 1 之间）。

由上式可见，只要改变调制系数 M 就可改变输出基波的幅值。只要改变正弦控制波的频率 f_S 就可改变基波的频率。而且，f_T/f_S 升高，输出的波形的谐波分量不断减小，输出的正弦性也越来越好。

2）SPWM 变频调速系统

SPWM 变频调速系统框图如图 4-27 所示。速度（频率）给定器给定信号，用以控制频率、电压及正反转；平稳启动回路使启动加、减速时间可随机械负载情况设定达到软启动目的；函数发生器是为了在输出低频信号时，保持电动机气隙磁通一定，补偿定子电压降的影响。电压频率变换器将电压转换成频率，经分频器、环形计数器产生方波，和经三角波发生器产生的三角波一并送入调制回路；电压调节器和电压检测器构成闭环控制，电压调节器产生频率与幅值可调的控制正弦波，送入调制回路；在调制回路中进行 PWM 变换产生三相的脉冲宽度调制信号；在基极回路中输出信号至大功率晶体管基极，即对 SPWM 的主回路进行控制，实现对永磁式交流同步伺服电动机的变频调速；电流检测进行过载保护。

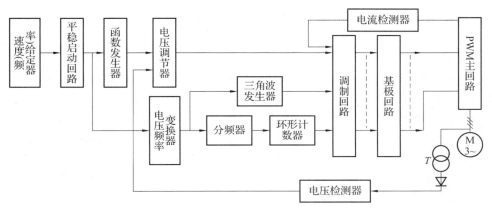

图4-27　SPWM变频调速系统框图

为了加快运算速度，减少硬件，一般采用多CPU控制方式。例如，采用两个CPU分别控制PWM信号的产生和电动机-变频器系统的工作，称为微机控制PWM技术。目前，国内外PWM变频器的产品大多采用微机控制PWM技术。

3）交流伺服电动机的矢量控制

矢量控制或称场定向控制是把交流伺服电动机模拟成直流伺服电动机，用对直流伺服电动机的控制方法来控制交流伺服电动机。方法是以交流伺服电动机转子磁场定向，把定子电流向量分解成与转子磁场方向相平行的磁化电流分量 i 和 i_g，分别使其对应直流伺服电动机中的励磁电流 i_f 和电枢电流 i_a。在转子旋转坐标中，分别对磁化电流分量 i 和转矩电流分量 i_g 进行控制，以达到对实际交流伺服电动机控制的目的。用矢量变换方法可以实现对交流伺服电动机的转矩和磁链控制的完全解耦。这种新控制理论的提出具有划时代的意义，进一步促进了交流传动的广泛应用。

按照对基准旋转坐标系取法的不同，矢量控制可分为两类：按转子位置定向的矢量控制和按磁通定向的矢量控制。

按转子位置定向的矢量控制系统中基准旋转坐标系水平轴位于电动机的转子轴线上，静止和旋转坐标系之间的夹角就是转子位置角。这个位置角，可直接从装在电动机轴上的位置检测元件——绝对值编码盘来获得。永磁式同步电动机的矢量控制属于此类。

按磁通定向的矢量控制系统中基准旋转坐标系的水平轴位于电动机磁通链轴线上，这时静止和旋转坐标系之间的夹角不能直接测取，需通过计算获得。异步电动机的矢量控制属于此类。

按照对电动机电压或电流控制的不同还可分为电压控制型和电流控制型。由于矢量变化需要较为复杂的数学计算，因此矢量控制是一种基于微处理器的数字控制方案。

由于篇幅原因，交流伺服电动机的矢量控制，本书将不详细阐述。

4.2.4　直线电动机

随着以高效率、高精度为基本特征的高速加工技术的发展，高速加工机床除必须具有适宜高速加工的主轴部件，动、静、热刚度好的机床支承部件，高刚度、高精度的刀柄和快速换刀装置，以及高压大流量的喷射冷却系统和安全装置等之外，其进给系统也应满足更高的要求，即：

（1）高进给速度，最大进给速度应达到 60 ～ 200 m/min；

（2）高加速度，最大加速度应达到 1 ～ 10 g；

（3）高精度。

对此，由"旋转伺服电动机+滚珠丝杠"构成的传统直线运动进给方式已很难适应这样的高要求。在解决上述难题的过程中，一种崭新的传动方式应运而生，这就是直线电动机直接驱动系统，其外观如图4-28所示。由于它取消了从电动机到工作台之间的一切中间传动环节，把机床进给传动链的长度缩短为零，因此被称作"直接驱动（Direct Drive）"，国内也有人称之为"零驱动"。世界上第一台在展览会上展出的直线电动机直接驱动的高速加工中心是德国 Ex-Cell-O 公司于1993年9月在德国汉诺威欧洲机床博览会上展出的XHC-240型加工中心，其采用了德国 Indrmat 公司的感应式直线电动机，各轴的快速移动速度为 80 m/min，加速度高达 1 g，定位精度为 0.005 mm，重复定位精度为 0.002 5 mm。

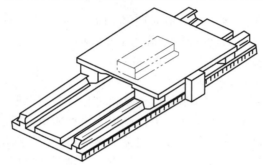

图4-28　直线电动机直接驱动系统外观

1. 直线电动机工作原理简介

与旋转电动机相比，直线电动机的工作原理并没有本质的区别，就是将旋转电动机的转子、定子以及气隙分别沿轴线剖开，展成平面状，使电能直接转换成直线机械运动。旋转电动机展开为直线电动机的过程如图4-29所示。对应于旋转电动机的定子部分，称为直线电动机的初级；对应于旋转电动机的转子部分，称为直线电动机的次级。当多相交变电流通过多相对称绕组时，就会在直线电动机初级和次级之间的气隙中产生一个行波磁场，从而使初级和次级之间相对移动。当然，二者之间也存在一个垂直力，可以是吸引力，也可以是排斥力。直线电动机可以分为直流直线电动机、步进直线电动机和交流直线电动机三大类。在机床上主要使用交流直线电动机。进给伺服系统动态结构如图4-30所示，有短次级和短初级两种形式。为了减小发热量和降低成本，高速机床用直线电动机一般采用图4-30（b）所示的短初级结构。在励磁方式上，交流直线电动机可以分为永磁（同步）式和感应（异步）式两种。永磁式直线电动机的次级是一块一块铺设的永久磁钢，其初级是含铁芯的三相绕组。感应式直线电动机的初级和永磁式直线电动机的初级相同，而次级是用自行短路的不馈电栅条来代替永磁式直线电动机的永久磁钢。永磁式直线电动机在单位面积推力、效率、可控性等方面均优于感应式直线电动机，但其成本高，工艺复杂，而且给机床的安装、使用和维护带来不便。感应式直线电动机在不通电时是没有磁性的，有利于机床的安装、使用和维护，近年来，其性能不断改进，已接近永磁式直线电动机的水平，在机械行业的应用也更加广泛。

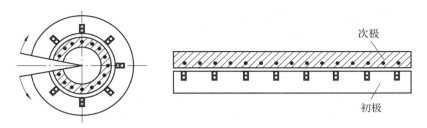

图 4-29　旋转电动机展开为直线电动机的过程

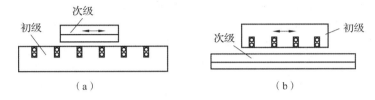

图 4-30　进给伺服系统动态结构

（a）短次级；（b）短初级

2. 直线电动机高速机床系统的特点

直线电动机高速机床系统的优点如下。

（1）速度高，可达 60～200 m/min。

（2）惯性小，加速度特性好，可达 1～2 g，易于高速精定位。

（3）使用直线电动机，电磁力直接作用于运动体（工作台）上，而不用机械连接，因此没有机械滞后或齿节周期误差，精度完全取决于反馈系统的检测精度。

（4）直线电动机上装配全数字伺服系统，可以达到极好的伺服性能。由于电动机和工作台之间无机械连接件，因此工作台对位置指令几乎是立即反应（电气时间常数约为 1 ms），从而使跟随误差减至最小而达到较高的精度。并且，在任何速度下都能实现非常平稳的进给运动。

（5）无中间传动环节，不存在摩擦磨损、反向间隙等问题，可靠性高，寿命长。

（6）直线电动机在动力传动中由于没有低效率的中介传动部件而能达到高效率，可获得很好的动态刚度（即在脉冲负荷作用下，伺服系统保持其位置的能力）。

（7）行程长度不受限制，并可在一个行程全长上安装使用多个工作台。

（8）由于直线电动机的动件（初级）已和机床的工作台合二为一，因此和滚珠丝杠进给单元不同，直线电动机进给单元只能采用闭环控制系统。

然而，直线电动机在机床上的应用也存在如下问题。

（1）由于没有机械连接或啮合，因此垂直轴需要外加一个平衡块或制动器。

（2）当负荷变化大时，需要重新整定系统。目前，大多数现代控制装置具有自动整定功能，因此能快速调机。

（3）磁铁（或线圈）对电动机部件的吸力很大，因此应注意选择导轨和设计滑架结构，并注意解决磁铁吸引金属颗粒的问题。

直线电动机具有很多的优点，对于促进机床的高速化有十分重要的意义和应用价值。目前，以采用直线电动机和智能化全数字直接驱动伺服控制系统为特征的高速加工中心，已成为国际上各大著名机床制造商竞相研究和开发的关键技术和产品，并已在汽车工业和航空工业等领域中取得初步应用和成效。可以预见，作为一种崭新的传动方式，直线电动机必然在机床工业中得到越来越广泛的应用，并显现巨大的生命力。

4.2.5　主轴驱动简介

机床主轴驱动和进给驱动有很大差别。机床主传动主要是旋转运动，无需丝杠或其他直线运动装置。因此，在早期的数控机床上采用三相感应电动机配上多级变速箱作为主轴驱动的主要方式。由于对主轴驱动提出了更高的要求，这包括要求主传动电动机应有 2.2 ~ 150 kW 的功率范围，既要能输出大的功率，又要求主轴结构简单，所以早期的驱动方案不能满足要求。数控机床主轴驱动系统要求在 1 ：100 ~ 1 ：1 000 范围内进行恒转矩和 1 ：10 的恒功率调速，而且要求在主轴的两个转向中任一方向都可进行传动和加减速，即要求有 4 个象限的驱动能力。此外，为了使数控车床等具有螺纹车削功能，要求主轴能与进给驱动实行同步控制；在加工中心上为了自动换刀，还要求主轴能进行高精度的准停控制；为了保证端面加工的表面质量，要求主轴具有恒线速度表面切削功能；有的数控机床还要求具有分度控制功能。

为了实现上述的种种要求，在前期的数控机床上多采用直流主轴驱动系统，但由于直流电动机的换向限制，大多数系统恒功率调速范围都非常小。因此，它成了主轴直流电气传动的一个大问题。到了 20 世纪 70 年代末、80 年代初开始采用交流主轴驱动系统，现在国际上新生产的数控机床绝大部分采用交流主轴驱动系统。交流主轴电动机是一种具有笼式转子的三相感应电动机，也称为三相异步电动机。这种电动机与同步电动机不同，其转子的转速与定子电路产生的旋转磁场的转速存在一定的差异（即所谓异步），这是异步电动机产生转矩的必要条件。

在全功能数控机床和加工中心中使用的交流主轴电动机控制单元是采用了矢量变换控制技术的闭环控制单元。这种控制单元除了具有高精度的主轴调速控制功能之外，还可实现主轴的高精度定位和锁住。这一功能称为主轴准停功能，这是更换刀具和测量工件所必须的。由于这种交流主轴电动机控制单元具有很宽的调速范围和很好的动态性能，所以交流主轴电动机可以作为进给电动机在大约 0.01 ~ 300 r/min 的低速范围内工作，实现进给坐标控制，这称为 C 轴控制。C 轴控制必须在 CNC 系统的干预下完成。交流主轴电动机的定子上对称放置了三相绕组，若使这三相绕组中分别流过相位互差 120° 的三相正弦交流电，则会产生一个旋转的定子磁场。按照绕组的结构的不同，旋转磁场的磁极可以是 1 对，2 对或 3 对（最常见的是 1 对）。旋转磁场的转速称为同步转速，可由下式表示：

$$n_1 = 60f_1/p \tag{4-7}$$

式中，n_1 为同步转速；f_1 为定子绕组中电流的频率；p 为磁极对数。

转子导体处于旋转的磁场之中，故转子绕组导体中将产生感应电流，转子中的感应电流的频率与电动机转子的机械转速有关。设转子的转速为 n_2，定义转差率 s 如下：

$$s = (n_1 - n_2)/n_1 \tag{4-8}$$

电动机转子中感应电流的频率 $f_2 = sf_1$。转子中各相的感应电流也是对称的，故也会产生一个旋转磁场。这个转子磁场相对于转子的转速是 sn_1，相对于定子的转速是 n_1，也就是说转子磁场是与定子磁场同步旋转的。交流主轴电动机的电磁转矩就是由定子、转子磁场相互作用而产生的。转子的转速可用下式得出：

$$n_2 = n_1(1 - s) = 60 f_1(1 - s)/p \tag{4-9}$$

为了实现交流主轴电动机的高精度和高性能的控制，目前大多数数控机床的交流主轴控制采用矢量控制。正如前所述，将定子电流向量分解成两个分量，其中一个分量类似于直流电动机的电枢电流，另一个分量类似于直流电动机的励磁电流，然后分别进行控制。矢量控制理论是德国西门子公司的研究人员首先提出来的，它使交流控制性能更好、精度更高、更能满足数控机床的要求，从而使交流控制在数控机床得到更广泛的应用，并逐渐取代直流控制。

4.3　典型伺服系统

1. 机床工作台伺服系统的组成

闭环进给伺服系统结构如图4-31所示。这是一个双闭环系统，内环是速度环，外环是位置环。速度环中用作速度反馈的检测装置一般为测速发电机、脉冲编码器等。

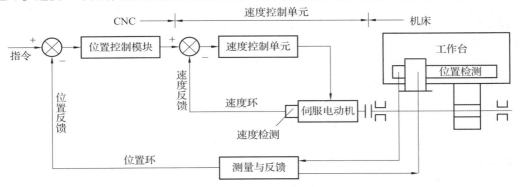

图4-31　闭环进给伺服系统结构

速度控制单元是一个独立的单元部件，它一般由速度调节器、电流调节器及功率驱动放大器等各部分组成。速度控制单元所控制的伺服电动机类型不同（直、交流伺服电动机）导致其具体电路组成也不一样。位置环由CNC装置中的位置控制模块、速度控制单元、位置检测及反馈控制等各部分组成。位置环主要是对机床运动坐标轴进行高精度的位置控制，即不仅对单个轴的运动速度和位置精度的控制有严格要求，而且在多轴联动时，还要求各移动轴有很好的动态配合。

2. 机床工作台伺服系统的工作原理

由CNC插补得到的指令进给位移量 F 与位置检测反馈的机床移动部件（如工作台）实际位移量 P_f 进入位置控制模块的比较环节后，可得到位置偏差 e（$e = F - P_f$）。位置控制模块除了完成理论位置与反馈的实际位置相比较外，还要完成位置回路的增益调整以及将位置偏差作为指令速度控制命令 VCMD 发往速度控制单元。而速度控制单元的任务则是根据指令速度控制命令 VCMD 的大小，来控制伺服电动机转速的大小。现举一例子来说明：若由CNC插补得到的指令进给位移量 $F = 10$ 单位（脉冲当量），由于刚开始工作台处于静止状态，反馈的机床移动部件实际位移量 $P_f = 0$，经比较环节后，位置偏差 $e = F - P_f = 10$ 单位，将位置偏差转换为一定的 VCMD 发往速度控制单元，速度控制单元根据 VCMD 的大小，控制伺服电动机以一定的转速转动，从而经丝杠带动机床移动部件运动。此时，位置反馈量 $P_f \neq 0$，假设 $P_f = 2$ 单位，则位置偏差 $e = F - P_f = 8$ 单位。相应地，VCMD 变小，由速度控制单元控制的伺服电动机转速变小，随着机床移动部件的不断运动，位置反馈量的不断增加，位置偏差不断地减小，从而伺服电动机转速越来越小。当机床移动部件的实际位移量 $P_f = 10$ 单位时，位置偏差 $e = F - P_f = 0$，VCMD 为零，伺服电动机停止转动，机床移动部件运动到达指令进给位移规定的位置，实现了进给位置控制。

本章小结

学习重点：本章的学习重点为开环伺服系统、闭环伺服系统和半闭环伺服系统的控制原理，步进电动机的工作原理及主要参数计算。

（1）开环伺服系统特点。

此系统没有位置测量装置，信号流是单向的（数控装置至进给系统）故系统稳定性好。无位置反馈，精度相对闭环伺服系统来讲不高，其精度主要取决于伺服系统和机械传动机构的性能和精度。一般以功率步进电动机作为伺服驱动元件。

这类系统具有结构简单、工作稳定、调试方便、维修简单、价格低廉等优点，在精度和速度要求不高、驱动力矩不大的场合得到广泛应用。一般用于经济型数控机床。

（2）闭环伺服系统特点。

此系统直接对运动部件的实际位置进行检测，具有很高的位置控制精度。

由于位置环内许多机械传动环节的摩擦特性、刚性和间隙都是非线性的，故很容易造成系统的不稳定，使闭环伺服系统的设计、安装和调试都相当困难。该系统主要用于精度要求很高的镗床、超精车床、超精磨床以及较大型的数控机床等。

（3）半闭环伺服系统特点。

此系统从驱动装置（常用伺服电动机）或丝杠引出，采样旋转角度进行检验，不是直接检测运动部件的实际位置。半闭环伺服系统环路内不包括或只包括少量机械传动环节，因此可获得稳定的控制性能，其稳定性虽不如开环伺服系统，但比闭环伺服系统要好。

由于丝杠的螺距误差和齿轮间隙引起的运动误差难以消除，因此其精度较闭环伺服系统差，较开环伺服系统好。但可对这类误差进行补偿，因而仍可获得满意的精度。半闭环伺服系统结构简单、测试方便、精度也较高，因而在现代数控机床中得到了广泛的应用。

步进电动机设计
与选择

🚗 **思考与练习** ▶▶ ▶

4-1 按照调节理论，伺服系统包括哪三种类型？

4-2 数控机床对伺服系统有哪些要求？

4-3 步进电动机步距角的大小取决于哪些因素？

4-4 如何提高开环伺服系统的伺服精度？

4-5 在一开环伺服系统中，若设定其脉冲当量是 0.01 mm，滚珠丝杠螺母副的螺距为 10 mm，应如何设计此系统？

4-6 直线电动机高速机床系统的特点是什么？

4-7 什么是数控机床的开环伺服系统？什么是数控机床的闭环伺服系统？什么是数控机床的半闭环伺服系统？试比较各自的特点。

4-8 若一台 BF 系列四相步进电动机，步距角为 3.6°/1.8°，试问：

（1）3.6°/1.8°表示什么意思？

（2）转子的齿数是多少？

（3）写出四相八拍工作方式的通电顺序。

（4）若脉冲的频率为 500 Hz，电动机每分钟的转速是多少？

（5）若该电动机控制工作台滚珠丝杠的螺距为 10 mm，传动比为 1，计算机床的脉冲当量是多少？频率脉冲为 500 Hz 时，工作台移动的速度是多少？

4-9 怎样解决永磁式同步电动机有一个起动困难的问题？

第 5 章
数控机床的位置检测装置

学习目标

（1）了解数控系统中位置检测装置的分类；

（2）理解旋转变压器、感应同步器、脉冲编码器、光栅、磁栅、激光干涉仪等常用测量元件的工作原理；

（3）具备应用常用位置检测装置的能力；

（4）了解我国数控机床位置检测装置取得的突破，领悟科技人才的奉献精神和求实创新的大国工匠精神。

5.1 位置检测装置概述

位置检测装置是数控机床的重要组成部分。在闭环伺服系统中，它的主要作用是检测位移量，并发送反馈信号与数控装置发出的指令信号相比较，若有偏差，经放大后控制执行部件，使其向着消除偏差的方向运动，直至偏差等于零为止。显然，检测装置的精度是影响数控机床位置控制系统精度的主要因素。

5.1.1 位置检测装置的分类

位置检测装置有多种类型，按照输出信号的形式不同，可分为数字式和模拟式；按照测量基准不同，可分为增量式和绝对式；按照被测量和检测装置安装位置关系，可分为直接测量和间接测量。

1）数字式和模拟式

（1）数字式。数字式位置检测装置将被测的量以数字的形式来表示。测量信号一般为电脉冲，可以直接把它送到数控装置进行比较、处理，如光栅位置检测装置。

（2）模拟式。模拟式位置检测装置将被测的量用连续变量来表示，如电压变化、相位变化等。数控机床所用模拟式测量主要用于小量程的测量，在大量程内作精确的模拟式测量时，对技术要求较高。

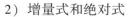

2）增量式和绝对式

（1）增量式。增量式位置检测装置的特点是：只测量位移量，如测量单位为 0.01 mm，则每移动 0.01 mm 就发出一个脉冲信号。其优点是测量装置较简单，任何一个对中点都可作为测量的起点。在轮廓控制的数控机床上大都采用这种测量方式。典型的测量元件有感应同步器、光栅、磁栅等。在增量式检测系统中，移距是由测量信号计数读出的，一旦计数有误，以后的测量结果则完全错误。因此，在增量式检测系统中，计数特别重要。此外，由于某种事故（如停电、刀具损坏）而停机，当事故排除后不能再找到事故前执行部件的正确位置。

（2）绝对式。绝对式位置检测装置对于被测量的任意一点位置均由固定的零点标起，每一个被测点都有一个相应的测量值。装置的结构较增量式复杂，如编码盘中，对应于码盘的每一个角度位置都有一组二进制位数。显然，分辨精度要求愈高，量程愈大，则所要求的二进制位数也愈多，结构也就愈复杂。

3）直接测量和间接测量

（1）直接测量。直接测量是将检测装置直接安装在执行部件上，如光栅、感应同步器等用来直接测量工作台的直线位移，其缺点是测量装置要和工作台行程等长，因此不便于在大型数控机床上使用。

（2）间接测量。间接测量是将检测装置安装在滚珠丝杠或驱动电动机轴上，通过检测转动件的角位移来间接测量执行部件的直线位移。间接测量方便可靠，无长度限制；其缺点是测量信号中增加了由回转运动转变为直线运动的传动链误差，从而影响了测量精度。

5.1.2　对位置检测装置的要求

不同类型的数控机床，对检测元件和检测系统的精度要求以及允许的最高移动速度各不相同。数控机床对位置检测装置的要求如下：

（1）受温度、湿度的影响小，能长期保持精度，工作可靠；

（2）在机床执行部件移动范围内，能满足精度和速度的要求；

（3）使用维护方便，适应机床工作环境；

（4）成本低。

对大型机床以满足速度要求为主，对中、小型机床和高精度机床以满足精度要求为主。

5.2　位置检测装置的原理和应用

5.2.1　旋转变压器

旋转变压器常用于数控机床中角位移的检测，具有结构简单、牢固，对工作环境要求不高，信号输出幅度大，以及抗干扰能力强等优点。但普通的旋转变压器测量精度较低，为角分数量级，一般用于精度要求不高或大型机床的粗测及中测系统。其成本较高，使用中常通过增速齿轮和被测轴连接，以便提高检测精度。

1. 旋转变压器的工作原理

旋转变压器是一种角度测量元件，在结构上与两相绕线式异步小型交流电动机相似，由定子和转子组成。旋转变压器是根据电磁互感原理工作的，它在结构设计与制造上保证了定子与转子之间空气间隙内磁通分布呈正弦规律。其中，定子绕组作为变压器的一次侧，为变压器的原边，接受励磁电压，励磁频率通常用 400 Hz、500 Hz、3 000 Hz 及 5 000 Hz。转子绕组作为变压器的二次侧，是变压器的副边。当定子绕组加上交流励磁电压时，通过电磁耦合在转子绕组中产生感应电动势，其输出电压的大小取决于定子与转子两个绕组轴线在空间的相对位置。两者平行时互感最大，二次侧的感应电动势也最大；两者垂直时互感的电感量为零，感应电动势也为零。如图 5-1 所示，单极型旋转变压器的定子和转子各有一对磁极，假设加到定子绕组的励磁电压为 $u_1 = U_m \sin \omega t$，则转子通过电磁耦合，产生感应电压 u_2。当转子转到使它的绕组磁轴和定子绕组磁轴垂直时转子绕组感应电压 $u_2 = 0$；当转子绕组的磁轴自垂直位置转过一定角度 θ 时，转子绕组中产生的感应电压为：

$$u_2 = ku_1 \sin \theta = kU_m \sin \omega t \sin \theta \tag{5-1}$$

式中，k 为旋转变压器的电压比，$k = \omega_1 / \omega_2$（ω_1 为定子绕组匝数，ω_2 为转子绕组匝数）；U_m 为最大瞬时电压；θ 为两绕组轴线间夹角。

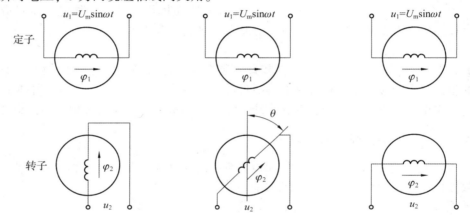

图 5-1　旋转变压器的工作原理

当转子转过 90°（即 $\theta = 90°$）时，两磁轴平行，此时转子绕组中感应电压最大，即：

$$u_2 = kU_m \sin \omega t \tag{5-2}$$

旋转变压器在结构上保证了转子绕组中的感应电压随转子的转角以正弦规律变化。当转子绕组中接负载时，其绕组中便有正弦感应电流通过，该电流所产生的交变磁通将使定子和转子间的气隙中合成磁通畸变，从而使转子绕组中输出电压也发生畸变。为了克服上述缺点，通常采用正弦、余弦旋转变压器，其定子和转子绕组均由两个匝数相等，且相互垂直的绕组构成，如图 5-2 所示。一个转子绕组作为输出信号，另一个转子绕组接高阻抗作为补偿。若将定子中的一个绕组短接而另一个绕组通以单相交流电压 $u_1 = U_m \sin \omega t$，则在转子的两个绕组中得到的输出感应电压分别为：

$$u_{2s} = ku_1 \cos \theta = kU_m \sin \omega t \cos \theta \qquad u_{2c} = ku_1 \sin \theta = kU_m \sin \omega t \sin \theta \tag{5-3}$$

两个绕组中的感应电压恰恰是关于转子转角 θ 的正弦和余弦的函数，故称之为正余弦旋转变压器。

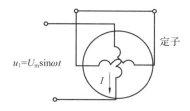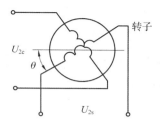

图 5-2 正弦、余弦旋转变压器结构原理

2. 旋转变压器应用

以正余弦旋转变压器为例，若把转子的一个绕组短接，而定子的两个绕组分别通以励磁电压，应用叠加原理，可得到以下两种典型的工作方式。

1）鉴相工作方式

给定子的两个绕组分别通以同幅、同频但相位相差 π/2 的交流励磁电压，即：

$$u_{1s} = U_m \sin \omega t \qquad u_{1c} = U_m \cos \omega t \qquad (5-4)$$

转子中的感应电压应为这两个电压的代数和：

$$
\begin{aligned}
u_2 &= k u_{1s} \sin \theta + k u_{1c} \cos \theta \\
&= k U_m \sin \omega t \sin \theta + k U_m \cos \omega t \cos \theta \\
&= k U_m \cos (\omega t - \theta)
\end{aligned} \qquad (5-5)
$$

由式（5-5）可以看出，转子输出电压的相位角和转子的偏转角之间有严格的对应关系，只要检测出转子输出电压的相位角，就可知道转子的转角。

2）鉴幅工作方式

给定子的两个绕组分别通以同频率、同相位但幅值不同的交流励磁电压，即：

$$u_{1s} = U_{sm} \sin \omega t \qquad u_{1c} = U_{cm} \sin \omega t \qquad (5-6)$$

其幅值分别为正、余弦函数：

$$u_{sm} = U_m \sin \varphi \qquad u_{cm} = U_m \cos \varphi \qquad (5-7)$$

则定子上的叠加感应电压为：

$$
\begin{aligned}
u_2 &= k u_{1s} \sin \theta + k u_{1c} \cos \theta = k U_m \sin \varphi \sin \omega t \sin \theta + k U_m \cos \varphi \sin \omega t \cos \theta \\
&= k U_m \sin \omega t \cos(\varphi - \theta)
\end{aligned} \qquad (5-8)
$$

由式（5-8）可以看出，转子感应电压的幅值随转子的偏转角 θ 而变化，测出幅值即可求得转角 θ。在实际应用中，应根据转子误差电压的大小，不断修改励磁信号中 φ 角（即励磁幅值），使其跟踪 θ 的变化。某公司生产的单对板无刷旋转变压器的主要参数如表 5-1 所示。

表 5-1 某公司生产的单对板无刷旋转变压器的主要参数

电气参数	输入电压	输入电流	励磁频率	变比系数	电气误差
	3.5 V	1.17 mA	3 kHz	0.6	10′
机械参数	最高转速	转子惯量	摩擦力矩		
	8 000 r/min	4×10^{-7} kg·m²	6×10^{-2} N·cm		
外形参数	外径	轴径	轴伸	长度	质量
	26.97 mm	3.05 mm	12.7 mm±0.5 mm	60 mm	165g

5.2.2 感应同步器

感应同步器是利用两个平面形印刷绕组，其间保持均匀气隙，相对平行移动时，根据交变磁场互感原理而工作的。实质上，感应同步器是多极旋转变压器的展开形式，两者工作原理基本上相同。感应同步器分两种：测量直线位移的直线型感应同步器；测量角位移的圆型感应同步器。

1. 感应同步器的结构、参数

图 5-3 为直线型感应同步器的定尺和滑尺的绕组结构示意图。定尺为连续绕组，节距 $W_2 = 2(a_2 + b_2)$，其中 a_2 为导电片宽，b_2 为片间间隙，定尺节距即为检测周期 W，常取 $W = 2$ mm。滑尺上为分段绕组，分为正弦和余弦绕组两部分，绕组可做成 W 形或 U 形。图 5-3 中的 11′为正，22′为余弦绕组，两者在空间错开 1/4 定尺节距（电角度错开 90°）。两绕组的节距都为 $W_1 = 2(a_1 + b_1)$，其中 a_1 为导电片宽，b_1 为片间间隙，一般取 $W_1 = W_2$ 或者取 $W_1 = 2W/3$。正弦和余弦绕组的中心距 l_1 为：

$$l_1 = \left(\frac{n}{2} + \frac{1}{4}\right)W \tag{5-9}$$

式中，n 为任意正整数。

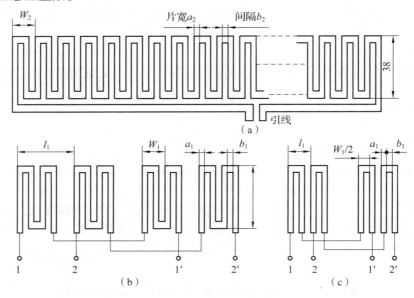

图 5-3　定尺与滑尺的绕组结构示意图

（a）定尺绕组；（b）W 形滑尺绕组；（c）U 形滑尺绕组

图 5-4 为标准直线型感应同步器的外形尺寸。基体通常采用厚度为 10 mm 的铜板或铸铁制成，以减小与机床的温度误差。平面绕组为铜箔，用绝缘黏结剂热压黏结在基体上，利用刻蚀方法制成所需绕组形式。在定尺绕组表面上涂上一层耐切削液的清漆涂层，防止切削液的飞溅影响。在滑尺绕组表面上贴一层带塑料薄膜的铝箔，防止感应绕组中因静电感应产生的附加的容性电势。

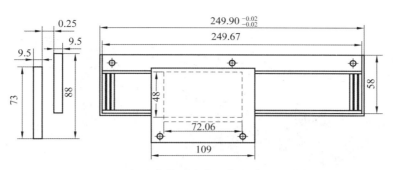

图 5-4　标准直线型感应同步器的外形尺寸

表 5-2 给出了某公司生产的各类感应同步器的技术参数。

表 5-2　某公司生产的各类感应同步器的技术参数

感应同步器		检测周期	精度	重复精度	滑尺			定尺		电压传递系数①
					阻抗/Ω	输入电压/V	最大允许功率/W	阻抗/Ω	输出电压/V	
直线式	标准直线型	2 mm	±0.002 5 mm	0.25 μm	0.9	1.2	0.5	4.5	0.027	44
	标准直线型	0.1 in	±0.000 1 in	$10×10^6$ in	1.6	0.8	2.0	3.3	0.042	43
	窄式	2 mm	±0.005 mm	0.5 μm	0.53	0.6	0.6	2.2	0.008	73
	三速式	4 000 mm 100 mm 2 mm	±7.0 mm ±0.15 mm ±0.005 mm	0.5 μm	0.95	0.8	0.6	4.2	0.004	200
	带式	2 mm	±0.01 mm	0.01 μm	0.5	0.5		0.1	0.006 5	77
回转式	12/270	1′	±1″	0.1″	8.0			4.5		120
	12/360	2°	±1″	0.1″	1.9			1.6		80
	7/360	2°	±3″	0.3″	2.0			1.5		145
	3/360	2°	±4″	0.4″	5.0			1.5		500
	2/360	2°	±5″	0.9″	8.4			6.3		2 000

注：①电压传递系数的定义是滑尺输入电压与定尺输出电压之比，即电压传递系数=滑尺的输入电压/定尺的输出电压，电磁耦合度则等于电压传递系数的倒数。

2. 感应同步器的使用

图 5-5 为直线型感应同步器的安装图，由定尺组件、滑尺组件和防护罩组成。定尺组件与滑尺组件由定尺、滑尺、定尺座和滑尺座组成，分别安装在机床不动和移动部件上，防护罩的作用是保护感应同步器不受切屑和油污影响。直线型感应同步器的定尺长度一般为175 mm，当需要增加测量范围时，可将定尺加以拼接。拼接定尺时需要调整两个定尺接缝的大小，使其零位误差曲线在拼接时平滑过渡。10 根以内的定尺接长时，可将定尺绕组串联。10 根以上的定尺接长时，为使线圈电阻和电感不致过分增大，把定尺分成数量相同的几组，每组定尺绕组串联后，再并联起来，以保证信噪比。

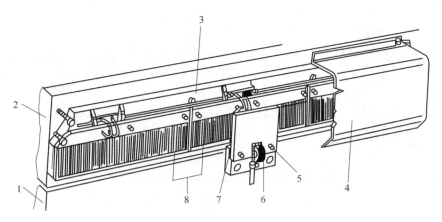

1—机床不动部件；2—机床移动部件；3—定尺座；4—防护罩；5—滑尺；6—滑尺座；7—调辊板；8—定尺。

图 5-5　直线型感应同步器的安装图

3. 直线型感应同步器的工作原理

图 5-6 为标准直线型感应同步器的绕组原理图。滑尺上有正弦和余弦绕组，在空间位置上相差 1/4 节距。定尺和滑尺绕组的节距相同即 $W=2\tau$（一般为 2 mm）。若滑尺绕组加励磁电压时，由于电磁感应，在定尺绕组上就产生感应电压，感应电压产生原理图如图 5-7 所示。图 5-7 中的电流 I_1 为滑尺上的励磁电流，Φ 为 I_1 产生的耦合磁通，I_2 为定尺绕组由于磁通耦合所产生的感应电流。感应同步器定尺、滑尺绕组的节距 W 反映了直线位移量（一般为 2 mm），滑尺相对定尺运动时将位移变成相应的感应电势信号，产生感应电势的原理图如图 5-8 所示。

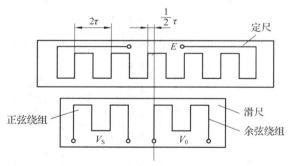

图 5-6　标准直线型感应同步器的绕组原理图

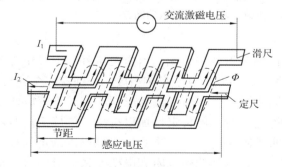

图 5-7　产生感应电压的原理图

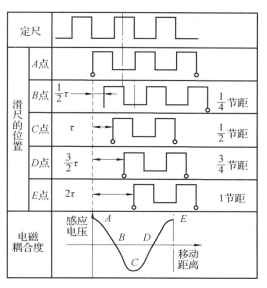

图5-8 产生感应电势的原理图

若定尺和滑尺绕组（只一个绕组励磁）相重合时，如图中的 A 点，这时感应电势最大；当滑尺相对定尺作平行移动时，感应电势就慢慢减小，在刚好移动1/4节距的位置时，即移到 B 点位置，感应电势为零。如果再继续移动到1/2节距，即到 C 点位置，得到的感应电势值与 A 点位置相同，但极性相反。其后，移到3/4节距，即 D 点位置，感应电势又变为零。这样，滑尺在移动一个节距的过程中，感应电势（按余弦波形）变化了一个周期。若励磁电压为：

$$u = U_\mathrm{m}\sin \omega t \tag{5-10}$$

则在定尺绕组产生的感应电势 e 为：

$$e = kU_\mathrm{m}\cos \theta\cos \omega t \tag{5-11}$$

式中，U_m 为励磁电压幅值（V）；ω 为励磁电压角频率（rad/s）；k 为比例常数，与绕组间最大互感系数有关；θ 为滑尺相对定尺在空间的相位角。

在一个节距 W 内，位移 x 与 θ 的关系应为：

$$\theta = \frac{2\pi}{W} \cdot x \tag{5-12}$$

感应同步器就是利用这个感应电势的变化，来检测在一个节距 W 内的位移量。

4. 感应同步器输出信号的处理方式

采用不同的励磁方式，可对输出信号采取不同的处理方式，常用有鉴相方式和鉴幅方式两种。

1）鉴相方式

鉴相方式是根据感应输出电压的相位来检测位移量的一种工作方式。在滑尺上的正弦、余弦绕组上供给同频率、同幅值、相位相差90°的交流电压，即：

$$u_\mathrm{s} = U_\mathrm{m}\sin \omega t \qquad u_\mathrm{c} = U_\mathrm{m}\cos \omega t \tag{5-13}$$

u_s 和 u_c 单独励磁，在定尺绕组上感应电势分别为：

$$e_\mathrm{s} = kU_\mathrm{m}\cos \theta\sin \omega t \qquad e_\mathrm{c} = kU_\mathrm{m}\sin \theta\cos \omega t \tag{5-14}$$

根据叠加原理，定尺绕组上总输出感应电势 e 为：

$$e = e_s + e_c = kU_m \cos\theta\sin\omega t + kU_m \sin\theta\cos\omega t$$

$$= kU_m \sin(\omega t + \theta) = kU_m \sin\left(\omega t + \frac{2\pi}{W} \cdot x\right) \tag{5-15}$$

由式（5-15）可知，通过鉴别定尺输出的感应电势的相位，就可测量定尺和滑尺之间的相对位置。例如，定尺输出感应电势与滑尺励磁电压之间相位差为 3.6°，在 $W = 2$ mm 的情况下：

$$x = (3.6°/360°) \times 2 \text{ mm} = 0.02 \text{ mm}$$

它表明滑尺相对定尺节距为零的位置移动了 0.02 mm。一般可得到 1 μm 的分辨率。

2）鉴幅方式

鉴幅方式是根据定尺输出的感应电势的振幅变化来检测位移量的一种工作方式。

在滑尺的正弦、余弦绕组上供给同频率、同相位，但不同幅值的励磁电压，即：

$$u_c = U_m \cos\varphi\sin\omega t \qquad u_s = U_m \sin\varphi\sin\omega t \tag{5-16}$$

式中，φ 为励磁电压的给定相位角。

同理，两电压分别励磁时，在定尺绕组上产生的输出感应电势分别为：

$$e_s = kU_m \sin\varphi\cos\theta\sin\omega t \qquad e_c = -kU_m \cos\varphi\sin\theta\sin\omega t \tag{5-17}$$

根据叠加原理，定尺上输出总感应电势为

$$e = e_s + e_c = kU_m(\sin\varphi\cos\theta - \cos\varphi\sin\theta)\sin\omega t$$

$$= kU_m \sin(\varphi - \theta)\sin\omega t = kU_m \sin\left(\varphi - \frac{2\pi}{W} \cdot x\right)\sin\omega t \tag{5-18}$$

若 $\varphi = \theta$，则 $e = 0$。滑尺相对定尺有一位移，使 $\varphi = \theta + \Delta\theta$，则感应电势的增量为：

$$\Delta e = kU_m \cdot \frac{2\pi}{W} \cdot \Delta x\sin\omega t \tag{5-19}$$

由此可知，在 Δx 较小的情况下，Δe 与 Δx 成正比，也就是鉴别 Δe 的幅值，即能测量 Δx 大小。当 Δx 较大时，通过改变 φ，使 $\varphi = \theta$，则 $\Delta e = 0$，根据 φ 可以确定 θ，从而测量位移量 Δx。

5. 感应同步器的特点

感应同步器的特点及使用范围和光栅较相似，但和光栅比，它的抗干扰性较强，对环境要求低，机械结构简单，大量程接长方便，加之成本较低，所以虽然精度不如光栅，但在数控机床检测系统中得到了广泛应用。

5.2.3 脉冲编码器

脉冲编码器是一种光学式位置检测元件，用以测量轴的旋转角度位置和速度变化，其输出信号为电脉冲。它通常与驱动电机同轴安装，脉冲编码器随着电动机旋转时，可以连续发出脉冲信号，如电动机每转一圈，脉冲编码器每转可发出数百至数万个方波信号，可满足高精度位置检测的需要。按照编码化的方式，脉冲编码器可分为增量式和绝对值式两种。

数控机床常用脉冲编码器参数如表 5-3 所示（左右对应丝杠不同的导程）。表 5-3 中的

20 000 p/r、25 000 p/r、30 000 p/r 为高分辨率脉冲编码盘。一般根据响应速度、定位精度和丝杠螺距来选择相应的参数。

表5-3　常用脉冲编码器参数

脉冲编码器/（p·r⁻¹）	每转脉冲移动量	脉冲编码器/（p·r⁻¹）	每转脉冲移动量
2 000	2，3，4，6，8	2 000	0.1，0.5，0.2，0.3，0.4
20 000		20 000	
2 500	5，10	2 500	0.25，0.5
25 000		25 000	
3 000	3，6，12	3 000	0.15，0.3，0.6
30 000		30 000	

1. 增量式脉冲编码器

增量式脉冲编码器亦称光电码盘、光电脉冲发生器等。

增量式脉冲编码器原理图如图5-9所示。它由光源、聚光镜、光电盘、光栏板、光敏元件、整形放大电路和数显装置等组成。在光电盘的圆周上等分地制成透光狭缝，其数量从几百条到上千条不等。光栏板上透光狭缝为两条，每条后面安装一个光敏元件。光电盘转动时，光敏元件把通过光电盘和光栏板射来的忽明忽暗的光信号（近似于正弦信号）转换为电信号，经整形、放大等电路的变换后变成脉冲信号，通过计量脉冲的数目，即可测出工作轴的转角，并通过数显装置进行显示。通过测定计数脉冲的频率，即可测出工作轴的转速。

从光栏板上两条透光狭缝中检测的信号 A 和 B，是具有90°相位差的两个正弦波，这组信号经放大器放大与整形，输出波形如图5-10所示。根据先后顺序，即可判断光电盘的正反转。若 A 相超前 B 相，对应电动机正转；若 B 相超前 A 相，对应电动机反转。若以该方波的前沿或后沿产生计数脉冲，可以形成代表正向位移和反向位移的脉冲序列。

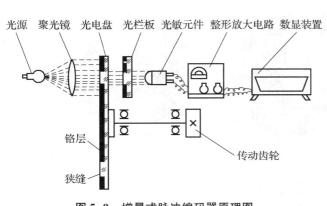

图5-9　增量式脉冲编码器原理图

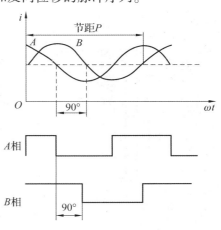

图5-10　编码器的输出波形

此外，在脉冲编码器的里圈还有一条透光条纹 C，用以产生基准脉冲，又称零点脉冲，它是轴旋转一周在固定位置上产生一个脉冲。例如，数控车床切削螺纹时，可将这种脉冲当作车刀进刀点和退刀点的信号使用，以保证切削螺纹不会乱牙；也可用于高速旋转的转数计数或加工中心等数控机床上的主轴准停信号。

在应用时，从脉冲编码器输出的信号是差动信号，差动信号的传输大大提高了传输的抗干扰能力。同时在数控装置中，常对上述信号进行倍频处理，进一步提高其分辨率，从而提高位置控制精度。如果数控装置的接口电路从信号 A 的上升沿和下降沿各取一个脉冲，则每转所检测的脉冲数提高了一倍，称为二倍频。同样，如果从信号 A 和信号 B 的上升沿和下降沿均取一个脉冲，则每转所检测的脉冲数为原来的四倍，称为四倍频。例如，选用配置 2 000 p/r 光电编码器的电动机直接驱动 8 mm 螺距的丝杠，经数控装置四倍频处理，可达 8 000 p/r 的角度分辨率，对应工作台 0.001 mm 的分辨率。

当利用脉冲编码器的输出信号进行速度反馈时，可经过频率–电压转换器（F/V）变成正比于频率的电压信号，作为速度反馈，供给模拟式伺服驱动装置。对于数字式伺服驱动装置则可直接进行数字测速。

2. 绝对值式脉冲编码器

增量式脉冲编码器的缺点是有可能发生由于噪声或其他外界干扰产生的计数错误；因停电、刀具破损而停机，事故排除后不能再找到事故前执行部件的正确位置。采用绝对值式脉冲编码器可以克服这些缺点。绝对值式脉冲编码器在码盘的每一转角位置刻有表示该位置的唯一代码，因此称为绝对码盘。这种编码器是通过读取编码盘上的图案来表示数值的。图 5–11（a）为四码道接触式二进制编码盘，图中黑色部分为导电部分，表示为"1"；白色部分为绝缘部分，表示为"0"。四个码道都装有电刷，最里一圈是公共极，由于四个码道产生四位二进制数，码盘每转一周产生 0000～1111 十六个二进制数，因此将码盘圆周分成十六等份。当码盘旋转时，四个电刷依次输出十六个二进制编码 0000～1111，编码代表实际角位移，码盘分辨率与码道多少有关，n 位码道角盘分辨率为：

$$\theta = 360°/2^n \tag{5-20}$$

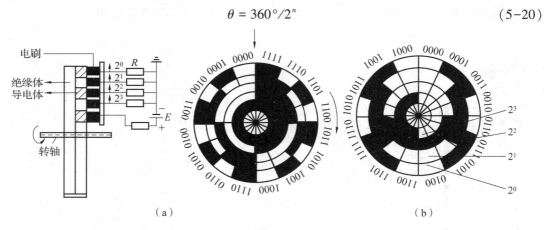

图 5–11 绝对值式脉冲编码盘

（a）四码道接触式二进制编码盘；（b）葛莱编码盘

二进制编码器主要缺点是码盘上的图案变化较大，在使用中容易产生较多的误读。经改进后得到如图5-11（b）所示的葛莱编码盘，它的特点是每相邻十进制数之间只有一位二进制码不同。因此，图案的切换只用一位数（二进制的位）进行，所以能把误读控制在一个数单位之内，提高了可靠性。

5.2.4 光栅

我国制成世界最大
面积中阶梯光栅

光栅作为检测装置，用以测量长度、角度、速度、加速度、振动和爬行等。它是数控机床闭环伺服系统中用得较多的一种位置检测装置。经过技术攻关，中科院长春光机所自主研制出一套大型高精度光栅刻划系统，并成功研制出 400 mm×500 mm 的中阶梯光栅，打破了国外垄断。

1. 光栅的种类

光栅种类很多，其中有物理光栅和计量光栅之分。物理光栅刻线细而密，栅距（两刻线间的距离）在 0.002～0.005 mm 之间，通常用于光谱分析和光波波长的测定。计量光栅相对来说刻线较粗，栅距在 0.004～0.25 mm 之间，通常用于数字检测系统，是数控机床上应用较多的一种位置检测装置。

2. 直线透射光栅的组成及工作原理

1）直线透射光栅的组成

直线透射光栅是一种常用的光栅检测装置，由光源、长光栅（标尺光栅）、短光栅（指示光栅）、光电接收元件等组成，如图 5-12 所示。长光栅安装在机床固定部件上，长度相当于工作台移动的全行程，短光栅则固定在机床移动部件上。长、短光栅保持一定间隙（0.05～0.1 mm）重叠在一起，并在自身的平面内转一个很小角度 θ，如图 5-13 所示。光栅读数头又叫光电转换器，它把莫尔条纹变成电信号。光栅读数头由光源、透镜、指示光栅、光敏元件和驱动线路组成，是一个单独的部件。光栅读数头有分光读数头、垂直入射读数头和镜像读数头等几种。

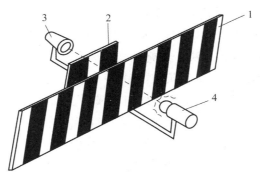

1—长光栅；2—短光栅；3—光电接收元件；4—光源。

图 5-12 直线透射光栅

2）莫尔条纹的产生和特点

若光源以平行光照射光栅时，由于挡光效应和光的衍射，则在与线纹垂直方向，更确切地说，在两块光栅线纹夹角的平分线相垂直的方向上，出现了明暗交替、间隔相等的粗大条纹，称为莫尔干涉条纹，简称莫尔条纹，如图 5-13 所示。

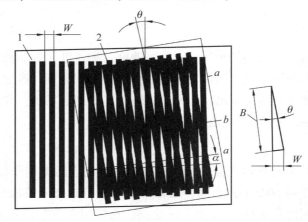

图 5-13　莫尔条纹的形成

横向莫尔条纹有以下特点。

（1）放大作用。当交角 θ 很小时，栅距 W 和莫尔条纹节距 B（单位：mm）有下列关系：

$$B = \frac{W}{\sin\theta} \approx \frac{W}{\theta} \tag{5-21}$$

由上式可知，莫尔条纹的节距为光栅栅距的 $1/\theta$ 倍。由于 θ 很小（<10′），因此节距 B 比栅距 W 放大了很多倍。若 $W = 0.01$ mm，通过减小 θ 角，将莫尔条纹的节距调成 10 mm 时，其放大倍数相当于 1 000 倍（$1/\theta = B/W$）。因此，不需要经过复杂的光学系统，便将光栅的栅距放大了 1 000 倍，从而大大简化了电子放大线路，这是光栅技术独有的特点。

（2）平均效应。莫尔条纹是由若干线纹组成的，如每毫米 100 线的光栅，10 mm 长的莫尔条纹，等亮带由 2 000 根刻线交叉形成，因而对个别栅线的间距误差（或缺陷）就平均化了。因此，莫尔条纹的节距误差取决于光栅刻线的平均误差。

（3）莫尔条纹的移动规律。莫尔条纹的移动与栅距之间的移动成比例，当光栅向左或向右移动一个栅距 W，莫尔条纹也相应地向上或向下准确地移动一个节距 B。而且莫尔条纹的移动还具有以下规律：若标尺光栅不动，将指示光栅逆时针方向转一很小的角度（设为$+\theta$）后，并使标尺光栅向右移动，则莫尔条纹便向下移动；反之，当标尺光栅向左移动时，则莫尔条纹向上移动。若将指示光栅顺时针方向转动一很小的角度（设为$-\theta$）后，当标尺光栅向右移动时，莫尔条纹向上移动；反之标尺光栅向左移动，则莫尔条纹向下移动。

3. 直线透射光栅的辨向

直线透射光栅的辨向时间不同，所以两个光电元件所获得的电信号虽然波形相同，但相位相差 90°。至于哪个超前，则取决于标尺光栅 G_s 的移动方向。如图 5-14 所示，当标尺光栅 G_s 向右移动时，莫尔条纹向上移动，隙缝 S_2 的输出信号波形超前 1/4 周期，若 G_s 向左移动时，莫尔条纹向下移动，隙缝 S_1 的输出信号超前 1/4 周期。根据两缝隙输出信号的超前或滞后，可确定标尺光栅 G_s 移动的方向。

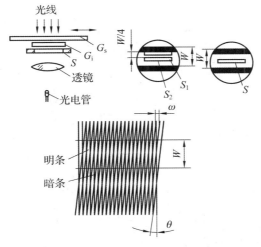

图 5-14　直线透射光栅的辨向

4. 提高光栅分辨精度的措施

为了提高光栅检测装置的精度，可以提高刻线精度和增加刻线密度。但刻线密度达 200 线/mm 以上的细光栅刻线制造比较困难，成本较高。因此，通常采用倍频的方法来提高光栅的分辨精度，如图 5-15 所示，采用四倍频方案。光栅刻线密度为 50 线/mm，采用 4 个光电元件和 4 个隙缝，每隔 1/4 光栅节距产生一个脉冲，分辨精度可提高 4 倍。当指示光栅与标尺光栅相对移动时，硅光电池接收到正弦波电流信号。这些信号送至差动放大器，再经过整形，使之成为两路正弦及余弦方波。然后经微分电路获得脉冲，由于脉冲是在方波的上升沿产生，为了使 0°、90°、180°、270° 的位置上都得到脉冲，因此必须把正弦和余弦方波分别各自反相一次，然后再微分，这样可得到 4 个脉冲。为了辨别正向和反向运动，可用一些与门把 4 个方波 sin、-sin、cos 及 -cos（即 A、B、C、D）和 4 个脉冲进行逻辑组合。

当正向运动时，通过与门 Y_1 ~ Y_4 及或门 H_1 得到 A′B+AD′+C′D+B′C 这 4 个脉冲输出。当反向运动时，通过与门 Y_5 ~ Y_8 及或门 H_2 得到 BC′+AB′+A′D+CD′ 这 4 个脉冲输出。虽然光栅栅距为 0.02 mm，但四倍频后，每一脉冲都相当于 5 μm，即分辨精度提高了 4 倍。此外，也可采用八倍频、十倍频、二十倍频及其他倍频线路。

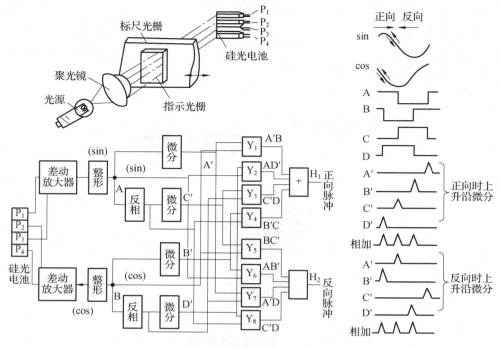

图5-15　细分电路原理图

5. 光栅检测装置的特点

（1）由于光栅的刻线可以制作得十分精确，同时莫尔条纹对刻线局部误差有均化作用，故栅距误差对测量精度影响较小；还可采用倍频的方法来提高分辨率精度，测量精度高。

（2）在检测过程中，标尺光栅与指示光栅不直接接触，无磨损，精度可以长期保持。

（3）光栅刻线要求很精确，两光栅之间的间隙及倾角都要求保持不变，故制造调试比较困难。光学系统容易受外界的影响产生误差，灰尘、切削液等污物的侵入，易使光学系统污染甚至变质。为了保证精度和光电信号的稳定，光栅和光栅读数头都应放在密封的防护罩内，对工作环境的要求也较高，测量精度高的都放在恒温室中使用。

6. 光栅检测装置的选用

由于光栅刻画技术及电子细分技术的发展，光栅检测装置在大量程测长方面其精度仅低于激光式检测装置；光栅检测装置由于具有高分辨率、大量程、抗干扰能力强的优势，宜于实现动态测量、自动测量及数字显示，是数控机床上理想的位置检测元件，在数控机床的伺服系统中有广泛应用。其主要不足之处是成本比感应同步器式磁栅检测装置高；另外，制作量程大于1 m的光栅尺尚有困难。表5-4给出了几种常用光栅的精度，若配以电子细分技术，则可达到更高的精度。

表5-4 常用光栅的精度

计量光栅		光栅尺寸/mm	线纹度/mm	精度[①]/μm
直线式	玻璃透射光栅	500	100	5
	玻璃透射光栅	1 000	100	10
	玻璃透射光栅	1 100	100	10
	玻璃透射光栅	1 100	100	3～5
	玻璃透射光栅	500	100	2～3
	金属反射光栅	1 220	40	13
	金属反射光栅	500	25	7
回转式	玻璃圆光栅	φ270	10 800/周	3°
直线式	高精度反射光栅	1 000	50	7.5
	玻璃衍射光栅	300	250	±1.5

注：①指两点间最大均方根误差。

5.2.5 磁栅

磁栅是一种利用电磁特性和录磁原理对位移进行检测的装置，其录磁与拾磁原理与普通磁带相似。磁栅一般由磁性标尺（简称磁尺）、拾磁磁头以及检测电路三部分组成，其结构如图5-16所示。磁栅按照磁性标尺基体的形状可分为平面实体型磁栅、带状磁栅、线装磁栅和圆形磁栅。前三种用于直线位移测量，最后一种用于角位移测量。磁栅与光栅相比，测量精度略低一些，但它有如下特点。

（1）制作简单，安装、调整方便，成本低。磁栅上的磁化信号录制完，若发现不符合要求，可抹去重录。亦可安装在机床上再录磁，避免安装误差。

（2）磁尺的长度可任意选择，亦可录制任意节距的磁信号。

（3）耐油污、灰尘等，对使用环境要求较低。

（4）反应速度受到限制，因磁头与磁尺有接触的相对运动，会产生磨损，对磁栅的使用寿命产生影响。

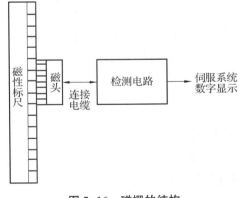

图5-16 磁栅的结构

1. 磁性标尺

磁性标尺通常采用不导磁的金属或表面涂有一层抗磁材料的钢材做基体，基尺表面镀有一层磁性材料薄膜，用录音磁头在磁性材料薄膜上沿长度方向录上波长（磁栅的磁信号节距）为w的周期性信号，作为测量基准，磁栅录制后的磁化结构相当于一个个小磁铁按照NS、SN、NS…的状态排列。节距通常有0.05 mm、0.1 mm、0.2 mm，在实际应用中，为防止磁头对磁性膜的磨损，一般在磁尺表面均匀涂上一层厚1～2 μm的耐磨塑料保护层，以防止磁头与磁尺频繁接触而引起磁膜磨损，从而提高磁性标尺的寿命。

2. 拾磁磁头

拾磁磁头是进行磁电转换的器件，用来把磁尺上的磁化信号检测出来并变成电信号送给测量电路。由于位置检测用的磁栅要求当磁尺与磁头相对运动速度很低或处于静止时也能测量位移或位置，因此应采用磁通响应型磁头，磁通响应型磁头又称静态磁头。磁通响应型磁头是一个带有可饱和铁芯的磁性调制器，它由铁芯、两个串联的励磁绕组和两个串联的拾磁绕组组成，如图5-17所示。磁通响应型磁头可分为单磁头、双磁头和多磁头。

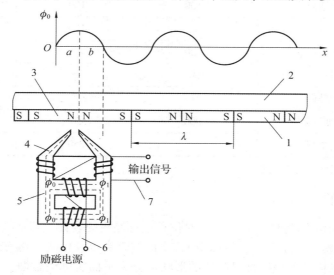

1—磁膜；2—非导磁性材料集体；3—磁尺；4—磁头；5—铁芯；6—励磁绕组；7—拾磁绕组。

图5-17　磁通响应型磁头

拾磁磁头的工作原理是将高频励磁电流通过励磁绕组时，在磁头产生上磁通，当磁头靠近磁尺时，磁尺上的磁信号产生的磁通通过磁头铁芯，并被高频励磁电流产生的磁通所调制，从而在拾磁绕组中感应出电压信号输出。其输出电压为：

$$U = U_0 \sin 2\omega t \sin \frac{2\pi X}{\lambda} \tag{5-22}$$

式中，U_0 为感应电压系数；λ 为磁尺上磁化信号节距；X 为磁头在磁尺上的位移量；ω 为励磁电流角频率。

为了辨别磁头在磁尺上的移动方向，通常采用间距为 $(m\pm1/4)\lambda$ 的两组磁头（其中 m 为任意正整数），如图5-18所示，其输出电压为

$$u_1 = U_0 \sin 2\omega t \sin \frac{2\pi X}{\lambda} \tag{5-23}$$

$$u_2 = U_0 \sin 2\omega t \cos \frac{2\pi X}{\lambda} \tag{5-24}$$

u_1 和 u_2 为相位相差90°的两列信号。根据两个磁头输出信号的超前或滞后，可判别磁头的移动方向。

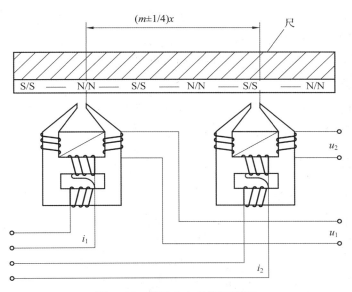

图 5-18　移动方向检测原理图

使用单个磁头的输出信号很小，为了提高输出信号的幅值，同时降低对录制的磁化信号正弦波形和节距误差的要求，在实际使用时常将几个到几十个磁头以一定的方式连接起来，组成多间隙磁头。多间隙磁头都以相同的间距 $\lambda m/2$ 配置，相邻两磁头的输出绕组反向串联。因此，输出信号为各磁头输出信号的叠加。多间隙磁头具有高精度、高分辨率、输出电压大等优点。输出电压与磁头数 n 成正比，如当 $n = 30$，频率为 10 kHz 时，输出信号的峰-峰值达数百毫伏，而频率为 50 kHz 时，峰-峰值达 1 V 左右。

3. 检测电路

磁栅检测电路包括磁头励磁电路，读取信号的放大、滤波、整形及辨向电路，细分内插电路，显示及控制电路等部分。根据检测方法不同，检测电路分为鉴幅检测和鉴相检测。鉴幅检测比较简单，但分辨率受到录磁节距的限制，若要提高分辨率就必须采用较复杂的倍频电路，所以不常采用。鉴相检测的精度可以大大高于录磁节距，并可以通过内插脉冲频率以提高系统的分辨率，故应用较多。以双磁头相位检测为例，给两个磁头分别通以频率、幅值相同、相位差 $\pi/2$ 的励磁电流，则在两个磁头的拾磁绕组中分别输出电压 u_1 和 u_2，即：

$$u_1 = U_0 \cos 2\omega t \sin \frac{2\pi X}{\lambda} \qquad (5-25)$$

$$u_2 = U_0 \sin 2\omega t \cos \frac{2\pi X}{\lambda} \qquad (5-26)$$

在求和电路中相加，则磁头总输出电压为

$$u = U_0 \sin \left(2\omega t + \frac{2\pi X}{\lambda}\right) \qquad (5-27)$$

从式（5-27）可以看出，磁尺输出电压随磁头相对于磁尺的相对位移量 X 的变化而变化，根据输出电压的相位变化，可以测量磁栅的位移量。振荡器送出的信号经分频器、低通滤波器得到较好的正弦波信号，一路经 $\pi/2$ 移相后功率放大至磁头Ⅱ的励磁绕组，另一路经功率放大至磁头Ⅰ的励磁绕组，将两个磁头的输出信号送入求和电路中相加，并经带通滤波、限幅、放大整形得到与位置量有关的信号，送入检相内插电路中进行内插细分，得到分辨率为预先设定单位的计数信号。计数信号送入可逆计数器，进行系统控制和数字显示。

4. 磁栅传感器应用

磁栅传感器作为一种高精度的长度和角度测量仪器，在三坐标测量机、数控机床及大中型自动化设备中得到较多的应用。

5.2.6 激光干涉仪

1. 双频激光干涉仪的原理

激光干涉仪以光波波长为基准来测量各种长度，具有很高的测量精度，目前在 1 m 量程内的误差只有 0.2 μm。但对这种仪器，光电转换器的前置放大器一般只能用直流放大器，因此，在测量时对环境的要求较高，仪器对外界抗干扰（如地基震动及空气湍流等）的能力较差。为了克服这种缺陷，使仪器能真正在一般环境下用于精密测量，双频激光干涉仪应运而生。

单频激光干涉仪是将激光器发出的光分成频率相同的两束光产生干涉，而双频激光干涉仪是将同一激光器发出的光分成频率不同的两束光（即拍频信号）产生干涉。双频激光干涉仪的工作原理如图 5-19 所示。分光的方法是在单频氦氖激光器的前半部分置一轴向磁场，由于塞曼效应，使激光的谱线分裂成两个旋转方向相反的左右圆偏振光。经稳频处理，使左右圆偏振光有各自的频率 f_1、f_2，且相差不大，一般为 1.5 ~ 1.8 MHz。这样的激光器又称为塞曼激光器。双频激光通过 $\lambda/4$ 波片后，形成正交的线偏振光，分别在水平方向和垂直方向振动。f_1、f_2 在分光镜 1 上分为两部分，其中一小部分（约2%）被投射，经检偏器 9 得到频差为 (f_1-f_2) 的参考信号，此信号经光电元件 D2 接收，并转换成电信号经前置放大器 10 送至整形处理。另外的一大部分反射至反射镜 2，经透射镜 3 至分光镜 4 进行分光。分光镜 4 为偏振光分光镜，其特点是对垂直方向振动的 f_2 全透射，对水平方向振动的 f_1 全反射。因而，f_1 经反射后至立体棱镜 5 再折回到分光镜 4，f_2 投射后至可动棱镜 6 再折回到分光镜 4。可动棱镜 6 与被测位移物体相连，当其移动距离为 L 时，由于多普勒效应使 f_2 反射后的频率 f_2' 为 $f_2 \pm \Delta f$（$\Delta f = 2f_2 v/c$，c 为光速，v 为可动棱镜 6 的移动速度），这两路光汇合后，经检偏器 7 折射至光电元件 D1，经前置放大器 8 送入整形处理。两路信号，进行同步相减得出多普勒频差。当被测距离为 L 时，累积脉冲数即：

$$N = \int_0^t \Delta f \mathrm{d}t = \int_0^t \frac{2v}{c} \cdot f_2 \mathrm{d}t \tag{5-28}$$

$$c = \lambda f_2, \quad v = \mathrm{d}L/\mathrm{d}t \tag{5-29}$$

由式（5-28）和式（5-29）可得被测距离与累积脉冲数：$L = N\lambda/2$。

对式（5-29）进行有理化处理，将其变为具有长度单位当量的脉冲数，则可用可逆计数器直接显示出被测长度。双频激光干涉仪以交变信号作为参考信号，可避免零点漂移，有较强的抗干扰能力。其可测量的最大距离为 60 m，最大位移速度为 300 mm/s，最小分辨率为 0.08 μm，测量精度为 5×10^{-7}m。

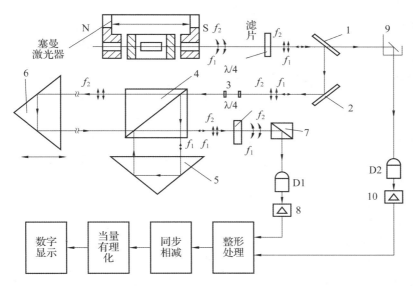

1、4—分光镜；2—反射镜；3—透射镜；5—立体棱镜；6—可动棱镜；7、9—检偏器；8、10—前置放大器。

图 5-19　双频激光干涉仪的工作原理

2. 激光干涉仪的应用

在国际标准中，激光干涉仪是唯一公认的可进行数控机床精度检定的仪器。它可以测量各种尺寸长达几十米的机床并诊断和测量各种几何误差，其精度比传统技术至少高十倍以上。激光干涉仪可进行自动数据采集，既节省了时间又可避免操作者的误操作，它以 PC 为基础，避免了人工计算，可以立即按国际标准和我国国标进行统计分析。

由于激光干涉仪具备自动线性误差补偿功能，其主要应用有以下几个方面。

（1）几何精度检测：包括直线度、垂直度、平面度、俯仰与扭摆、平行度等。

（2）位置精度的检测及其自动补偿：包括定位精度、重复定位精度、微量位移精度等。

（3）数控机床动态性能检测：利用动态特性测量与评估软件，可用激光干涉仪进行机床振动测试与分析，以及滚珠丝杠的动态特性分析、死区驱动系统的相应特性分析、导轨的动态分析（低速爬行）等。

本章小结

本章主要介绍位置检测装置的分类、对检测装置的要求，旋转变压器、感应同步器、脉冲编码器、光栅、磁栅、激光干涉仪等常用检测元件的工作原理，以及它们的应用方法。本章的重难点在于掌握旋转变压器鉴相式与鉴幅式工作方式，直线型感应同步器输出信号的鉴相与鉴幅两种方式，增量式脉冲编码器与绝对值式脉冲编码器特点，掌握光栅检测装置的选用及提高光栅分辨精度的措施。

思考与练习 ▶▶▶ ▶

5-1　数控机床对检测装置有哪些要求？

5-2　数控机床的位置检测元件有哪些？它们各自的特点和工作原理是什么？

5-3　简述旋转变压器两种不同工作方式的原理，写出相应励磁电压的形式。

5-4　透射光栅中的莫尔条纹是如何产生的？有何作用？

5-5　磁栅传感器中所使用的磁头有什么特别要求？有什么作用？

5-6　莫尔条纹的特点有哪些？在光栅的信息处理过程中，是否倍频数越大越好？

5-7　如何提高光栅的分辨率？

5-8　二进制循环码编码盘的特点是什么？

5-9　二进制码 1101 转化成葛莱码是什么？

5-10　如何应用旋转编码器？

5-11　若采用鉴相方式对感应同步器输出信号进行处理，在定尺输出感应电势与滑尺励磁电压之间相位差为 $3.6°$，$W=2$ mm 时，求出滑尺相对定尺节距为零的位置移动量。

5-12　了解目前世界上编码器主要的工艺技术路线，分析国产编码器工艺的发展方向。

第 6 章
数控机床机械结构

学习目标

（1）了解数控机床机械结构组成，熟悉常见的数控机床布局形式及其结构特点，知晓对数控机床机械结构的要求；

（2）了解数控机床主传动系统的速度调节方法，具有设计主传动系统的能力，会分析典型数控机床的机械结构；

（3）熟知数控机床对进给伺服传动系统的要求，掌握滚珠丝杠轴向间隙调整及预紧的方法，会合理选择滚珠丝杠螺母副，具有设计进给传动系统的能力；

（4）了解数控机床导轨的种类，熟悉直线运动导轨的各种组合形式及其应用场合；

（5）熟悉数控机床自动换刀装置的主要类型以及各自的适用范围；

（6）了解刀库的类型，掌握刀库的选刀方式。

6.1 数控机床的总体结构设计

6.1.1 数控机床机械结构的组成

数控机床的机械结构主要由以下几部分组成。

（1）主运动传动系统。它包括动力源、传动件和主运动执行件（主轴）等。其功用是将动力源的运动及动力传给主运动执行件，以实现主切削运动。

数控车床组成

（2）进给运动传动系统。它包括动力源、传动件和进给运动执行件（工作台、刀架）等。其功用是将动力源的运动及动力传给进给运动执行件，以实现进给切削运动。

（3）基础支承系统。它是指床身、立柱、导轨、滑座、工作台等，用于支承机床的各主要部件，并使它们在静止或运动中保持相对正确的位置。

（4）辅助装置。辅助装置视数控机床的不同而异，如自动换刀系统、液压和气动系统、润滑冷却装置等。

图 6-1 为一加工中心的外观。

立柱

鞍座

底座

主轴箱

工作台

图 6-1　加工中心的外观

6.1.2　数控机床的布局

数控机床的布局涉及如何处理机床各部件之间的相对运动和相对位置的关系，是进行机床总体设计的重要一步。数控机床由普通机床发展而来，因此，有的仍然保持普通机床的基本布局形式。大多数数控机床，由于采用了数控技术、伺服系统，有的还配备了刀库以及机械手，布局发生了很大的变化。下面介绍几种常见的数控机床布局形式。

1. 满足多刀加工的机床布局

图 6-2 为具有可编程尾架座的双刀架数控车床。该机床采用斜床身，有两个数控回转刀架，可实现多刀加工。尾座可实现编程运动，也可以用于安装刀具进行加工。

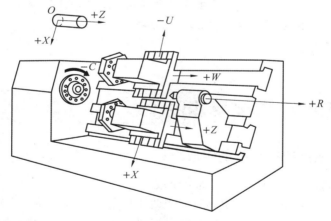

图 6-2　具有可编程尾架座的双刀架数控车床

2. 满足自动换刀要求的机床布局

加工中心都带有刀库，刀库的形式和所处位置也影响机床的布局。图 6-3 为一种刀库位于机床侧面的立式加工中心。立柱、底座、工作台、主轴箱的布局与普通机床区别不大。图 6-4 是刀库位于立柱顶部的卧式加工中心。该机床采用盘式刀库，工作台和立柱与普通机床类同。

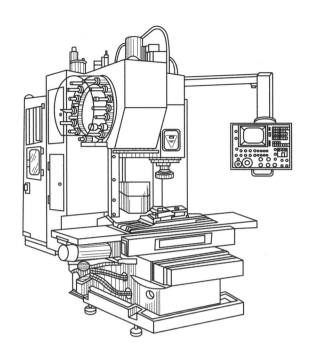

图6-3 刀库位于机床侧面的立式加工中心

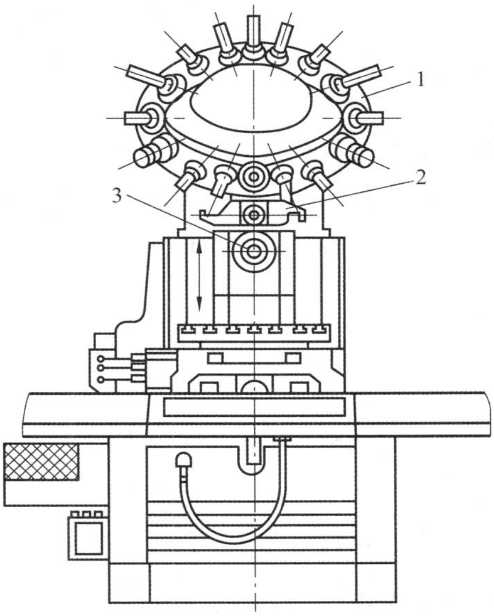

1—刀库；2—机械手；3—主轴。

图6-4 刀库位于立柱顶部的卧式加工中心

3. 满足多轴联动要求的机床布局

　　一般数控车床都可以实现 X、Z 轴方向的联动。所有的镗铣加工中心都可沿 X、Y、Z 轴三个方向运动，实现二轴或三轴联动，有些还可实现五轴甚至更多轴的联动。图6-5 为有立、卧两个主轴的五轴联动加工中心。工作台不但可以前后、左右移动，而且还可以在两个坐标方向上转动。多盘式刀库位于立柱的侧面。该机床在一次装夹工件后可完成五个面的加工，适用于模具、壳体、箱体、叶轮和叶片等复杂零件的加工。

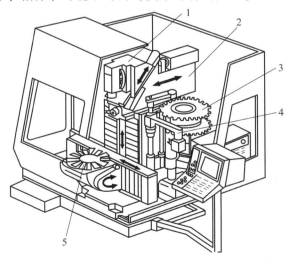

1—立轴主轴箱；2—卧轴主轴箱；3—刀库；4—机械手；5—工作台。

图6-5 有立、卧两个主轴的五轴联动加工中心

图 6-6 为具有可移动立柱的五轴联动加工中心（图中未显示刀库）。立柱沿 Z、X 轴方向移动，主轴沿立柱导轨作 Y 轴方向移动，工作台可在 A、B 轴方向转动，从而实现五轴联动。除装夹面外，可对其他各面（包括任意斜面）进行加工。

图 6-7 为可控制 3~6 轴的数控镗铣床。工作台可作 X、Y、C 轴方向运动，主轴箱沿立柱导轨作 Z 轴方向运动。主轴不但可作 B 轴方向转动，还可作 W 轴方向移动，能实现 X、Y、Z 轴联动和 C、W、B 轴的数控定位控制。除装夹面外，可对其他所有表面进行加工。这种布局在大、中、小型数控机床上均有应用。

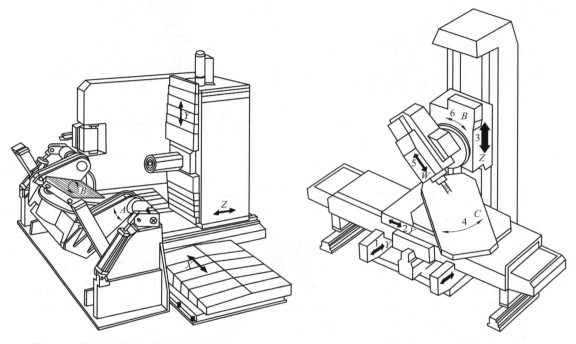

图 6-6　具有可移动立柱的五轴联动加工中心　　　图 6-7　可控制 3~6 轴的数控镗铣床

图 6-8 为工作台可作 B（A）、C 两轴方向转动的五轴加工中心。装在床身 3 上的圆台 5 能绕水平轴在 −10°~+95° 范围内作 B 轴方向摆动。装在圆台 5 下部的回转工作台 4 可随圆台 5 摆动，并能在 C 轴方向旋转 360°。回转工作台 4 上的 T 形槽用来固定工件。装在床身 3 上面的床鞍 2 可沿 X 轴方向往复运动；装在床鞍 2 上面的横向滑座 1 可沿 Y 轴方向移动。装在横向滑座 1 的垂直导轨上的主轴箱滑枕 8 可作 Z 轴方向运动。这种圆台、床鞍、横向滑座串联布局形式适用于中小型机床。这种机床带有圆台 5，使工件可沿 B 轴方向旋转较大的角度，可方便地加工五面体工件。机床上的斗笠式刀库 7 可装 16~24 把刀具。这种刀库可不用机械手，把刀库移近主轴便可直接换刀。

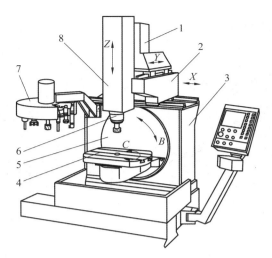

1—横向滑座；2—床鞍；3—床身；4—回转工作台；5—圆台；6—主轴；7—斗笠式刀库；8—主轴箱滑枕。

图6-8　工作台可作 *B*（*A*）、*C* 两轴方向转动的五轴加工中心

4. 适应快速换刀要求的布局

图6-9为带有转塔主轴箱的加工中心。转塔头上装有两把刀具，主轴轴线呈45°。当水平方向的主轴加工时，待换刀具的主轴换刀。这样，换刀时间与加工时间重合。转塔回转180°，新换上的刀具就可进行加工。

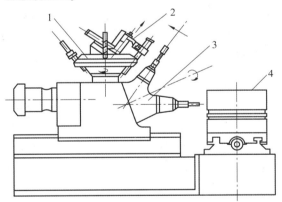

1—刀库；2—机械手；3—转塔头；4—工作台。

图6-9　带有转塔主轴箱的加工中心

5. 适应多工位加工要求的布局

图6-10为具有多工位的加工中心。该机床可实现多面加工，加工效率高。

6. 工件不移动的加工中心布局

当工件较大而不便移动时，可让机床立柱移动。图6-11所示的加工中心，其立柱可沿 *X*、*Z* 轴方向移动，主轴在立柱上作 *Y* 轴方向运动，而工作台保持不动。对于一些大型镗铣床，通常工件比立柱重，大多采用这种布局形式。

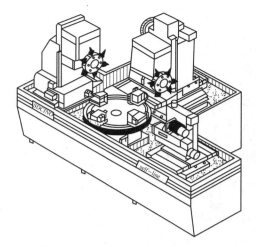

图 6-10　具有多工位的加工中心

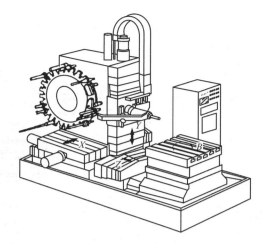

图 6-11　工件不移动的加工中心

7. 适应可交换工作台的布局

图 6-12 为具有可交换工作台的加工中心。机床上配备有两个可交换的工作台 5 和 6。在加工一个工作台上的零件时，可在另一个工作台上装卸零件，使装卸零件时间与加工时间重合，减少辅助时间，提高生产率。

8. 为提高刚度减小热变形的布局

图 6-13 为框中框结构的加工中心。双立柱框架 7 固定在底座上，活动框架 6 沿双立柱框架 7 上的导轨作 X 轴方向运动，主轴箱 5 在活动框架 6 上作 Y 轴方向运动。工作台 3 既可作 B 轴方向运动，也可作 Z 轴方向运动。由活动框架 6 和双立柱框架 7 组成的框中框结构，结构刚性好，可减小热变形，运动平稳，因而机床的加工精度高。

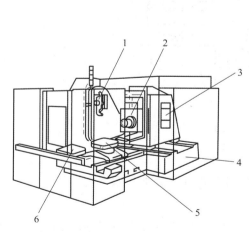

1—机械手；2—主轴头；3—操作面板；
4—底座；5、6—可交换的工作台。

图 6-12　具有可交换工作台的加工中心

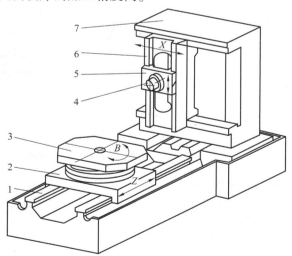

1—底座；2—滑座；3—工作台；4—主轴；
5—主轴箱；6—活动框架；7—双立柱框架。

图 6-13　框中框结构的加工中心

9. 倒置式车削中心的布局

图 6-14 是一种倒置式车削中心的布局形式。主轴套筒 3 和电动机定子 1 固定在一起，主轴和电动机的中心线重合。主轴套筒 3 的外圆柱面和电动机定子 1 的外圆柱面又作为滑动面可在滚动丝杠 2 的驱动下沿支座 8 内的圆导轨上下移动。支座 8 的下底面有导轨，在滚动丝杠 9 的驱动下沿床身支架上导轨作 X 轴方向运动。在回转刀盘 5 上装有多把刀具，有的刀具有独立动力驱动装置，可对工件 4 进行车削、钻孔、镗孔、铣削和磨削等加工。这类机床主要用于盘类零件加工。为提高生产率，实现全自动加工，机床上装有自动上下料机构 6，盘类零件 7 在自动上下料机构 6 上按生产节拍移动。

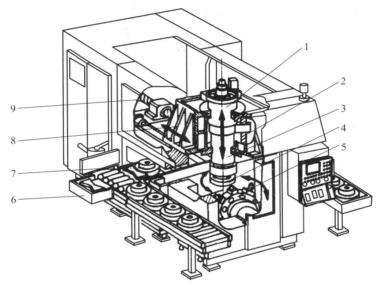

1—电动机定子；2、9—滚动丝杠；3—主轴套筒；4—工件；
5—回转刀盘；6—自动上下料机构；7—盘类零件；8—支座。

图 6-14　倒置式车削中心的布局形式

10. 虚拟轴机床（并联机床）的布局

图 6-15 是一种虚拟轴机床的布局形式。主轴组件 6 和三个驱动轴 1 铰链连接，组成三脚架结构。主轴组件 6 处在三脚架结构的支点上，通过三个驱动轴 1 的伸缩联动可使支点处在空间内的任何位置。主轴组件 6 还与两级四杆机构 3 连接，使主轴轴线保持水平状态。下一级四杆机构的底面连接在能够摆动的支座 4 上，使主轴有一个平移自由度。

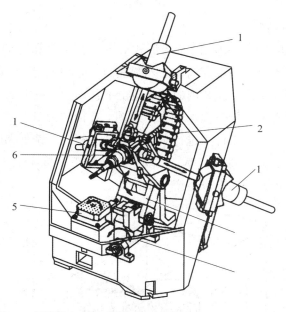

1—驱动轴；2—管线链盒；3—四杆机构；4—支座；5—工作台；6—主轴组件。

图 6-15 虚拟轴机床的布局形式

11. 龙门式双立柱加工中心

图 6-16 为龙门式双立柱加工中心的外观。主轴箱可沿横梁上的导轨左右移动（Y 轴方向），横梁可沿立柱导轨上下移动（Z 轴方向），主轴也可作上下移动（W 轴方向），工作台作前后方向移动（X 轴方向）。这种布局形式具有较好的刚度，适用于加工工件较大的机床。

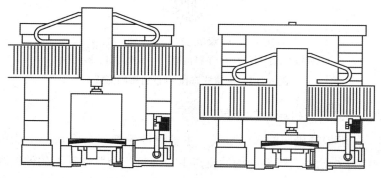

图 6-16 龙门式双立柱加工中心的外观

12. 数控滚齿机的布局

图 6-17 为数控滚齿机的布局。表面上看，它和普通滚齿机的外形很相似，但其内部的传动方式发生了根本的改变。主运动传动链是伺服电动机 7→两级齿轮→滚刀主轴 9。伺服电动机 2 经过两对减速齿轮驱动安装在工作台下面的大齿轮 3 转动，使装在工作台上的工件（被加工齿轮）随之转动。滚齿的范成运动是由伺服电动机 2 和 7 实现的。滚刀和被加工齿轮间的运动关系（即：滚刀转一转，被加工齿轮转过一个齿）是由数控程序精确控制的。伺服电动机 6 经同步齿形带和滚珠丝杠驱动滚刀刀架作轴向运动，实现轴向进给。滚切斜齿

轮时工件的附加转动也是由程序精确控制的。伺服电动机 4 经同步齿形带和滚珠丝杠驱动立柱移动，实现滚齿时的径向快进、工进和快退。伺服电动机 8 经滚珠丝杠可驱动滚刀主轴刀架移动，使滚刀主轴 9 作轴向移动，实现滚刀的轴向串刀运动。滚刀的轴向串刀有助于延长滚刀的使用寿命。但串刀时要求工件也同时有一个附加转动（属于内联系传动）。伺服电动机 5 和蜗杆相连，经蜗杆蜗轮传动使滚刀刀架转过所需要的角度，使滚刀圆周速度的方向与工件的齿向相同。机械手 1 用于工件的自动上下料。

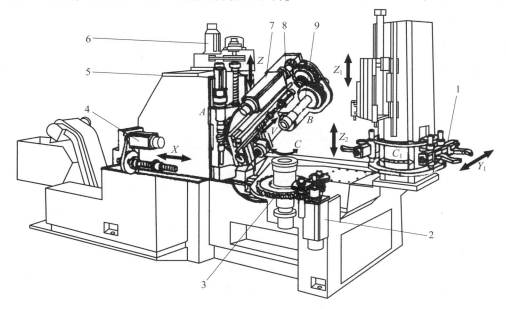

1—机械手；2、4、5、6、7、8—伺服电动机；3—大齿轮；9—滚刀主轴。

图 6-17 数控滚齿机的布局

6.1.3 对数控机床机械结构的要求

1. 高的静、动刚度

机床上各部件的变形都会直接或间接地引起刀具和工件之间的相对位移，从而产生加工误差，或影响机床切削过程的正常进行。为此，有必要采取有效措施提高机床的静、动刚度。

基础件采用封闭和整体结构，合理选择和布置隔板和肋条，提高接触刚度等，均可提高机床的静刚度；改善构件或结构的阻尼有助于提高机床的动刚度。例如，在支承构件的夹壁中填充型砂或混凝土，可有效提高阻尼特性；选用新型阻尼材料可抑制振动；在床身表面喷涂阻尼材料，也可抑制振动的产生。

2. 热变形小

机床热变形是影响加工精度的重要因素。操作者往往难以修正热变形对加工精度的影响。减少机床热变形的措施有：

（1）采用低摩擦因数的导轨和轴承，液压系统中采用变量泵等来减少发热；

（2）通过良好的散热、隔热和冷却措施来控制温升，如在机床发热部位强制冷却等；

（3）采用热传导对称的结构，使温升一致，以减少热变形；采用热变形对称结构，以减少热变形对加工精度影响等。

3. 灵敏度高

灵敏度是指系统的响应时间以及驱动装置的加速能力。数控机床工作台（或滑鞍）的位移量是以脉冲当量为最小单位的（一般为 $0.01 \sim 0.001$ mm），要求运动件能微量精确移动。减少运动件质量，减少运动件的静、动摩擦力之差，减少或消除传动间隙，缩短传动链等均有助于提高数控机床的灵敏度。例如，采用滚动导轨（见图 6-18）或静压导轨，减少摩擦副间的摩擦力，避免低速爬行；采用滚珠丝杠（见图 6-18）代替滑动丝杠，可显著减少运动副的摩擦。消除滚珠丝杠和齿轮的传动间隙，也可大大提高数控机床的传动精度。

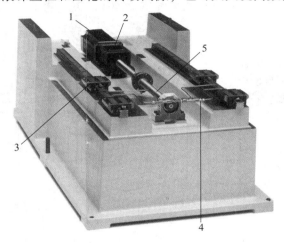

1—伺服电动机；2—减速装置；3—滚动导轨副；4—润滑系统；5—滚珠丝杠。

图6-18　数控机床进给传动装置

4. 提高机床使用寿命和精度保持性

在设计数控机床时，应充分考虑数控机床零部件的耐磨性，尤其是导轨、进给丝杠、主轴部件等主要零件的耐磨性；在使用过程中，应保证数控机床各部件润滑良好。

5. 自动化程度高，宜人的操作性和造型

采用多主轴、多刀架及带刀库的自动换刀装置等，以减少工件装夹和换刀时间，提高生产率。充分注意机床各运动部分的互锁能力，设置紧急停车装置，尽可能改善操作者的观察、操作和维护条件等。对于切屑量较多的数控机床，其床身结构必须有利于排屑或设有自动工件分离和排屑装置。

6.2　数控机床的主传动系统

数控机床的主传动系统包括主轴电动机、传动系统和主轴组件。与普通机床相比，数控机床的主传动系统结构紧凑，传动简单。这是因为变速功能全部或大部分由主轴电动机的无极调速来承担，省去了复杂齿轮变速机构。有些机床只有二级或三级齿轮变速机构，用以扩

大电动机无极调速的范围。

6.2.1 对主传动系统的要求

对主传动系统的要求如下。

（1）足够宽的主轴调速范围。对于多用途、通用性大的数控机床，如车削中心、加工中心等，不但要求具有低速大扭矩的功能，还要有较高的转速。由于加工的材料不同，如黑色金属和有色金属，就需要采用不同的切削速度。这就要求机床的变速范围大，且能胜任超高速切削。

（2）热变形小。主传动系统是数控机床的主要热源，降低温升、减小热变形是对主传动系统要求的重要指标。如图6-19所示，向主轴箱内吹冷风进行强制冷却。

图6-19 向主轴箱内吹冷风进行强制冷却

（3）主轴组件应具有高回转精度、高刚度和高抗振性。主轴回转精度是机床主要精度指标之一，对零件加工表面的几何形状精度、相互位置精度和表面粗糙度都有很大的影响。为了保证数控机床具有较高的加工精度，对主轴的静刚度和抗振性也有较高的要求。

（4）主轴组件应具有足够的耐磨性。凡是有机械摩擦的部位，如轴承、锥孔等都应具有足够高的硬度，轴承处应保持良好的润滑状态。

6.2.2 数控机床主轴的速度调节方法

目前主传动系统多采用交、直流主轴电动机无级调速系统。为了扩大调速范围，适应低速大扭矩的要求，也经常采用齿轮有级调速和电动机无级调速相结合的调速方式。数控机床的主传动系统主要有四种配置方式，如图6-20所示。

（1）带有变速齿轮的主传动［见图6-20（a）］。这是大中型数控机床较常采用的配置方式。电动机在额定转速以上的恒功率调速范围为2～5，当需要扩大这个调速范围时，常用变速滑移齿轮传动来实现。为获得主轴低速大扭矩的性能，常用齿轮降速的办法。

（2）采用同步齿形带传动主轴［见图6-20（b）］。其优点是结构简单、安装调试方便，且在传动上能满足转速与转矩的输出要求，但其调速范围仍受电动机调速范围的限制。这种配置方式主要用于转速较高、变速范围不大、低速转矩要求不高的机床上。

（3）用两个电动机分别驱动主轴［见图6-20（c）］。这是上述两种方式的组合。高速时由一个电动机通过带传动；低速时，由另一个电动机通过齿轮传动。齿轮传动起到降速和扩大变速范围的作用。由于两个电动机不能同时工作，因此也造成一种浪费。

（4）采用电主轴。电主轴是一种把主轴与电动机转子合为一体的结构［见图6-20（d）］。其优点是主轴部件结构紧凑、质量轻、惯量小，可提高启动、停止的响应特性，且利于控制振动和噪声。电主轴主要用于高速主轴。主轴组件的整机平衡、温度控制和冷却是电主轴的关键问题。

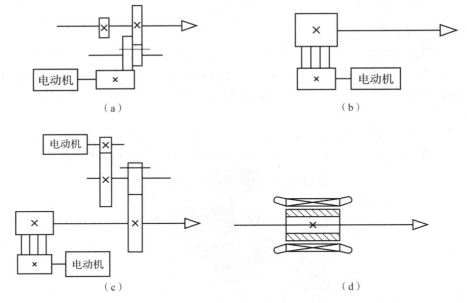

图 6-20　数控机床主传动的四种配置方式
（a）带有变速齿轮；（b）采用同步齿形带；（c）两个电动机分别驱动；（d）电主轴

6.2.3　变速传动系统设计

1. 主传动的变速方式

主传动的变速方式可分为无级变速和有级变速两种。

1）无级变速

数控机床的主传动广泛采用无级变速。无级变速是指在一定速度（或转速）范围内能连续、任意地变速。无级变速有很多优点，如可选用最合理的切削速度，没有速度损失，生产率高；一般可在运转中变速，减少辅助时间；操纵方便、传动平稳等。机床主传动采用的无级变速装置主要有以下几种。

（1）机械无级变速器。靠摩擦传递转矩，通过摩擦传动使工作半径变化实现无级变速。由于它的变速范围较窄（变速比不超过 10），通常需要与有级变速箱串联使用，多用于中小型机床。

（2）液压无级变速器。通过改变单位时间内输入液压缸或液动机中的液体流量来实现无级变速。其特点是变速范围较大，传动平稳，运动换向时冲击小，易于实现直线移动。因此，常用于直线主运动的机床。

（3）电气无级变速器。数控机床一般都采用由直流或交流调速电动机作为动力源的电气无级变速器。

直流调速电动机从额定转速 n_d 到最高转速 n_{max} 之间是用调节磁场的方式实现调速，属于恒功率调速，调速范围为 $n_{max}/n_d = 2 \sim 4$。从最低转速 n_{min} 到额定转速 n_d 之间，直流调速电动机用调节电枢电压的方式进行调速，属于恒转矩调速，调速范围为 n_d/n_{min}。通常 $n_d = 1\,000 \sim 2\,000$ r/min。由于恒转矩最低转速可以很小，甚至小到 $5 \sim 6$ r/min，因此恒转矩调速范围可达几十甚至几百。交流调速电动机通常采用变频调速方式。其调速效率高，调速范围较宽，可达 5 甚至更大，额定转速为 1 500 r/min 或 2 000 r/min 等。交流调速电动机没有电刷和换向器，采用全封闭外壳，对灰尘和切削液防护好，已逐渐取代直流调速电动机。直流和交流调速电动机的功率–转矩特性如图 6-21 所示。

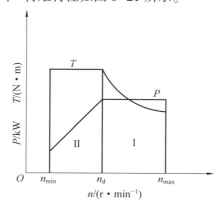

Ⅰ—恒功率区；Ⅱ—恒转矩区。

图 6-21　直流、交流调速电动机的功率–转矩特性

由于数控机床主运动的调速范围较宽，一般情况下单靠调速电动机无法满足，且调速电动机的功率–转矩特性也难于直接与机床的功率和转矩要求匹配，因此必须在调速电动机后串联机械有级变速传动。

2）有级变速

有级变速是指在若干固定速度（或转速）级内不连续地变速。这是普通机床应用最广泛的一种变速方式。其传递功率大，变速范围大，传动比准确，工作可靠；但速度不能连续变化，有速度损失，传动不够平稳。有级变速通常由下述机构实现。

（1）滑移齿轮变速机构。它的应用最普遍，优点是：变速范围大，实现的转速级数多；变速较方便，可传递较大功率；非工作齿轮不啮合，空载功率损失较小。缺点是：变速箱结构复杂；传动不够平稳；不能在运转中变速。滑移齿轮多采用双联和三联齿轮。

（2）交换齿轮（又称挂轮）变速机构。这种变速机构的优点是：结构简单，不需要操纵机构；轴向尺寸小，变速箱结构紧凑；主动齿轮与从动齿轮可以对调使用，齿轮数少。缺点是：更换齿轮费时费力；齿轮装于悬臂轴端，刚性差。这种变速机构主要适用于不需要经常变速但要求结构简单紧凑的机床，如成批大量生产的某些自动或半自动机床、专门化机床等。

（3）多速电动机。多速电动机多为双速或三速。优点是：在运动中变速，使用方便；简化变速箱的机械结构。缺点是：多速电动机在高、低速时输出功率不同，按低速小功率选定电动机，使用高速时大功率不能完全发挥能力；多速电动机体积较大，价格较高。多速电动机适用于自动或半自动机床、普通机床。

（4）离合器变速机构。采用离合器变速机构，可在传动件（如齿轮）不脱开啮合位置的条件下进行变速，因此操作方便省力，但传动件始终处于啮合状态，磨损、噪声较大，效率较低。主传动变速用的离合器主要有齿轮式或牙嵌式离合器和片式摩擦离合器两种。前者结构简单、紧凑，传动比准确，能传递较大转矩，但不能在运转中变速；后者可实现运转中变速，接合平稳，但结构较复杂，发热较大。

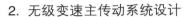

2. 无级变速主传动系统设计

1）采用机械无级变速器的主传动系统设计

主传动系统采用机械无级变速器进行变速时，由于机械无级变速器的变速范围较小，常需串联机械有级变速箱。例如，机床主轴要求的变速范围为 R_n，选取的机械无级变速器的变速范围为 R_d，串联的机械有级变速箱的变速范围 R_f 应为

$$R_f = R_n / R_d = \varphi_f^{z-1} \tag{6-1}$$

式中，z 为机械有级变速箱的变速级数；φ_f 为机械有级变速箱的公比。

通常，无级变速器作为主传动系统中的基本组，而有级变速箱作为扩大组，其公比 φ_f 理论上应等于无级变速器的变速范围 R_d。实际上，由于机械无级变速器属于摩擦传动，有相对滑动现象，因此得不到理论上的转速。为了得到连续的无级变速，设计时应使有级变速箱的公比 φ_f 略小于无级变速器的变速范围 R_d，即取 $\varphi_f = （0.90 \sim 0.97）R_d$，使转速之间有一小段重复，保证转速连续，如图6-22所示。将 φ_f 值代入式（6-1），可算出机械有级变速箱的变速级数 z。

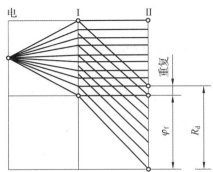

图6-22　无级变速器-有级变速箱转速图

【例6-1】 设某机床的变速范围 $R_n = 60$，机械无级变速器的变速范围 $R_d = 8$，设计机械有级变速箱，求出其级数，并画出转速图。

解： 机械有级变速箱的变速范围为：$R_f = R_n / R_d = 60/8 = 7.5$。

机械有级变速箱的公比为：$\varphi_f = （0.90 \sim 0.97）R_d = 0.94 \times 8 = 7.52$。

由式（6-1）可知有级变速箱的级数为 $z = 1 + \lg 7.5 / \lg 7.52 = 2$。

其转速图如图6-22所示。

2）采用无级调速电动机的主传动系统设计

当采用无级调速电动机实现无级变速时，对于直线运动的主传动系统，可直接利用调速电动机的恒转矩调速范围，通过电动机直接带动或通过定比传动副带动主运动执行件实现。对于旋转运动的主传动系统，虽然电动机的功率转矩特性与机床主运动要求相似，但电动机的恒功率调速范围一般小于主轴的恒功率调速范围，因此常需串联一个机械有级变速箱，把无级调速电动机的恒功率调速范围加以扩大，以满足机床主轴的恒功率调速范围要求。

如果机床主轴所要求的恒功率调速范围为 R_{np}，调速电动机的恒功率调速范围为 R_{dp}，串联有级变速箱的变速范围为 R_u，则有

$$R_u = R_{np} / R_{dp} = \varphi_f^{z-1} \tag{6-2}$$

式中，φ_f 为有级变速箱的公比；z 为有级变速箱的变速级数。

由式（6-2）可得

$$z = (\lg R_{np} - \lg R_{dp})/\lg \varphi_f + 1 \qquad (6-3)$$

有级变速箱的变速级数 z 一般取 2、3、4 级。

在实际设计时，首先根据功率要求初选调速电动机。确定其额定功率 P_d，额定转速 n_d，最高转速 $n_{d\,max}$，从而得到调速电动机的恒功率调速范围。

$$R_{dp} = n_{d\,max}/n_d \qquad (6-4)$$

然后根据 R_{dp} 及机床主轴所要求的恒功率调速范围 R_{np}，适当确定变速级数 z。根据式（6-3）可求出机械有级变速箱的公比 φ_f。φ_f 越大，级数 z 越小，机械结构越简单；反之，则要增大变速级数 z。φ_f 可根据机床的具体要求选取，分为三种不同情况。

（1）当 $\varphi_f = R_{dp}$ 时，可得到一段连续的恒功率区 AD 段，如图 6-23（a）所示。

（2）当 $\varphi_f > R_{dp}$ 时，则在主轴的计算转速 n_j 到最高转速 n_{max} 之间，功率特性曲线上将出现"缺口"，如图 6-23（b）所示，"缺口"处电动机的输出功率达不到额定功率值 P_d。若使缺口处电动机最小输出功率 P_0 值达到机床要求的功率，必须增大调速电动机的额定功率 P_d，虽然简化了机械有级变速箱的结构，却增大了调速电动机的额定功率，使电动机额定功率在很大范围内得不到充分发挥。

（3）当 $\varphi_f < R_{dp}$ 时，调速电动机经机械有级变速箱所得到的几段恒功率转速段之间会出现部分重合的现象，如图 6-23（c）所示。图中的 AH 段是主轴恒功率转速段，适用于恒线速度切削时可在运转中变速的场合，如数控车床车削阶梯轴或端面。此时 φ_f 较小，有级变速箱的变速级数将增大，使结构变得复杂。

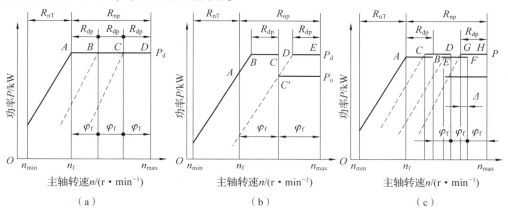

图 6-23 三种不同方案的功率特性

6.2.4 数控机床主轴组件

主轴组件是机床的执行件，由主轴、轴承、传动件、密封件和附件等组成。它的功用是支承并带动工件或刀具，完成表面成型运动，同时还起传递运动和转矩，承受切削力和驱动力的作用。

1. 主轴轴承的配置

数控机床主轴轴承的配置形式应根据刚度、转速、承载能力、抗振性和噪声等要求来确定。常见的配置形式有高速型、高刚度型和高速高刚度型。

（1）高速型。这类主轴的前后轴承都采用角接触球轴承（两联或三联）。图 6-24 为高速数控车床主轴组件。当轴向切削分力较大时，可选用接触角为 25° 的球轴承；轴向切削分力较小时，可选用接触角为 15° 的球轴承。角接触球轴承具有良好的高速性能，因而适用于高速轻载或精密机床。

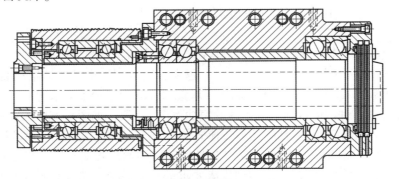

图 6-24　高速数控车床主轴组件

（2）高刚度型。这类主轴的前轴承采用双列短圆柱滚子轴承和 60° 角接触双向推力球轴承的组合，后轴承采用双列短圆柱滚子轴承，如图 6-25 所示。这种配置形式具有较高的综合刚度，可实现强力切削。因 60° 角接触双向推力球轴承的转速限制，此类型多用于中低速数控机床的主轴上。

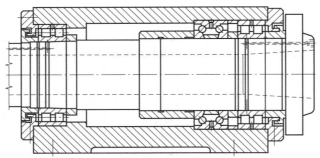

图 6-25　高刚度型数控车床主轴组件

（3）高速高刚度型。图 6-26 为卧式铣床主轴组件。其前支承采用两联角接触球轴承，具有良好的高速性能。两联角接触球轴承背靠背，增加了支承跨度；后支承采用双列短圆柱滚子轴承，因此这种配置形式又具有较高的刚度。

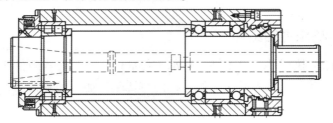

图 6-26　卧式铣床主轴组件

2. 典型主轴部件结构

1）直（交）流主轴电动机通过同步齿形带传动主轴

图6-27为同步齿形带传动主轴。专用于主轴的交流电动机（5.5/7.5 kW）通过二级塔轮4传动主轴1，传动比有1∶2和1∶1两种。低速时带轮传动比为1∶2，得到22.5～2 250 r/min的转速。高速时皮带轮传动比为1∶1，得到45～4 500 r/min的转速。主轴前支承为两个角接触球轴承，后支承为一个角接触球轴承。主轴内部是刀杆的自动夹紧机构，它由拉杆2和头部的4个钢球，碟形弹簧3、油缸活塞7和螺旋弹簧6组成。当需要将主轴上已用过的刀具换下时，油缸的上部进高压油，使活塞下移，推动拉杆下移（这时碟形弹簧3受压），钢球进入主轴锥孔上部中的环形槽（大直径处）内。此时，刀柄后面的拉头被松开，机械手即可换刀。当机械手把刀具从主轴中拔出后，压缩空气通过活塞和拉杆的中孔，吹净主轴锥孔，为新一把刀具装入主轴做好准备。当新刀具装入后，活塞上部无油压；由于碟形弹簧的恢复力作用使拉杆和钢球处于图示位置，将刀柄后面的拉钉拉紧。用液压（或电气）松开，弹簧（机械）夹紧，可保证在工作中突然停电时，刀具不会自动松脱。

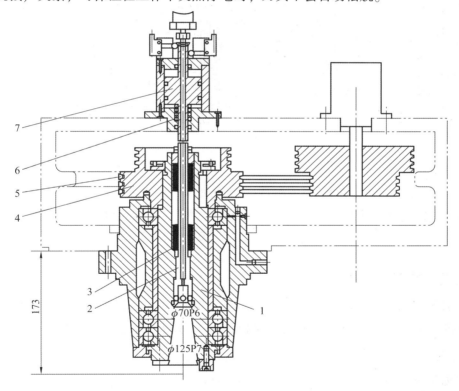

1—主轴；2—拉杆；3—碟形弹簧；4—二级塔轮；5—传动带；6—螺旋弹簧；7—油缸活塞。

图6-27 同步齿形带传动主轴

2）直（交）流主轴电动机经两级齿轮变速传动主轴

图6-28是一台立式加工中心的主传动系统展开图。交流调频电动机1的功率为7.5 kW，经齿轮Z_1/Z_3和Z_3/Z_5或Z_2/Z_3和Z_4/Z_6传动主轴9，使主轴得到876～3 500 r/min的高转

速。该加工中心主传动系统的结构特点是：交流调频电动机 1 的轴直接插在轴 I 的孔内，不用联轴器，构造简单；轴 I 用两个深沟球轴承支承在箱体内；轴 I 的上轴承孔可以做成光孔，以便于加工；因齿轮 Z_3、Z_4 均需要磨削加工，故不能制成整体双联齿轮，而采用合件结构；拨叉 3 在液压力作用下，拨动齿轮 Z_3、Z_4 沿中间传动轴 2 滑移，分别于主轴 9 上的 Z_5、Z_6 啮合，带动主轴旋转。

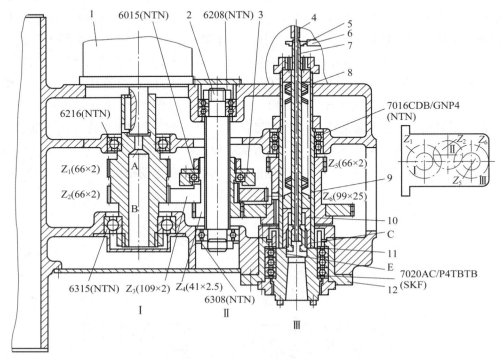

1—交流调频电动机；2—中间传动轴；3—拨叉；4—卸刀活塞杆；5—磁感应盘；
6—磁传感器；7—拉杆；8—碟形弹簧；9—主轴；10—隔套；11—弹力卡爪；12—下轴承套筒。

图 6-28　立式加工中心的主传动系统展开图

6.2.5　高速主轴结构

高速主轴单元是高速加工机床最关键的部件。为适应高速切削加工，高速主轴应具有先进的主轴结构，优良的主轴轴承，良好的润滑和散热等新技术。下面介绍几种高速主轴结构。

1. 电主轴

电主轴是把主轴与电动机转子合为一体的结构，如图 6-29 所示。由于电主轴取消了从主电动机到机床主轴之间的一切中间传动环节，主传动链的长度缩短为零，故把这种新型的驱动与传动方式称为"零传动"。其优点是主轴部件结构紧凑、质量轻、惯量小，可提高启动、停止的响应特性，有利于控制振动和噪声。转速高，目前最高可达 200 000 r/min。其缺点是电动机运转产生的振动和热量将直接影响主轴。因此，主轴组件的平衡、温度控制和冷却是电主轴的关键问题。

图6-29　电主轴

图6-30为高速电主轴结构示意图。

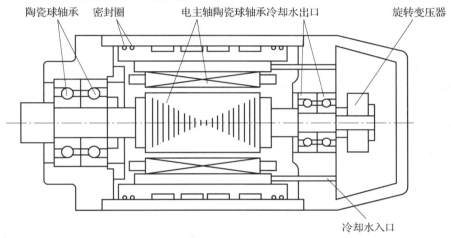

陶瓷球轴承　密封圈　　　电主轴陶瓷球轴承冷却水出口　　　旋转变压器

冷却水入口

图6-30　高速电主轴结构示意图

　　在设计电主轴时要根据用户的工艺要求确定电主轴的基本参数和结构布局。电主轴的主要参数有：①主轴最高转速和恒功率转速范围；②主轴的额定功率和最大扭矩；③主轴前端轴颈的直径和前后轴承的支承跨距。其中，主轴最高转速、额定功率和主轴前端轴颈的直径是基本参数。

2. 采用空气轴承的高速主轴

　　空气轴承也称为气浮轴承或气体静压轴承。其工作原理与液体静压轴承类似，是利用压缩气体在相对运动部件之间形成的气膜来支承负载，气膜的厚度为 $1 \sim 10 \, \mu m$。由于空气的黏度比液体小得多，故摩擦和功率损耗小，能在极高转速或极低温度下工作，且振动、噪声特别小，旋转精度高（一般在 $0.1 \, \mu m$ 以下），寿命长。这种轴承多用于超高速、高精度机床主轴组件中。由于没有污染问题，压缩空气不需回收，因此一般直接排放到大气中。由于空气轴承的气膜很薄，对零件的加工精度要求高，因此成本也比较高。图6-31为内装式双半球空气轴承主轴。半球状空气静压轴承同时起径向支承和轴向支承的作用。由于轴承的球形气浮面具有自调心作用，因此可以提高前后轴承的同心度，从而提高主轴的回转精度。

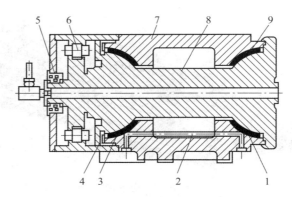

1—前轴承；2—供气孔；3—后轴承；4—定位环；5—旋转变压器；6—无刷电动机；
7—外壳；8—主轴；9—多孔石墨。

图 6-31　内装式双半球空气轴承主轴

3. 采用磁浮轴承的高速主轴

磁浮轴承也称为磁力轴承，它利用磁力来支承运动部件，使其与固定部件脱离接触，从而实现轴承功能。磁浮轴承是一种高性能机电一体化轴承，其工作原理如图 6-32 所示。电磁铁绕组通过电流而对转子产生吸力，与转子重力平衡，转子处于悬浮的平衡位置。转子受到扰动后，偏离其平衡位置。传感器检测出转子的位移，

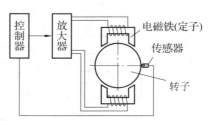

图 6-32　磁浮轴承工作原理

并将位移信号送至控制器。控制器将位移信号转换成控制信号，经功率放大器变换为控制电流，改变吸力方向，使转子重新回到平衡位置。

磁浮轴承的特点是无机械磨损，理论上无速度限制；运转时无噪声，温升和能耗低；不需要润滑，不污染环境；能在超低温和高温下正常工作，也可用于真空、蒸汽和有腐蚀性气体的环境。

装有磁浮轴承的主轴可以适应控制：通过监测定子绕组的电流，灵敏地控制切削力；通过检测切削力的微小变化控制机械运动，以提高加工质量。因此，磁浮轴承特别适用于高速、超高速加工。国外已有高速铣削磁力轴承主轴头和超高速磨削主轴头，并已标准化。磁浮轴承的主轴结构如图 6-33 所示。

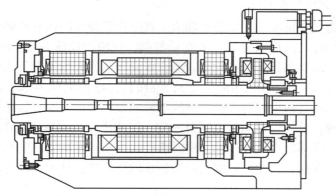

图 6-33　磁浮轴承的主轴结构

6.3 数控机床的进给传动系统

6.3.1 对进给传动系统的要求

数控机床进给传动系统的作用是接受数控系统发出的进给脉冲，经放大和转换后驱动执行元件实现预期的运动。由于运动部件的移动是靠脉冲信号来控制的，因此要求运动部件动作灵敏、低惯量、定位精度好，具有适宜的阻尼比，并且传动副不能有反向间隙。为此，需要采取如下措施：

（1）采用滚动导轨、静压导轨和滚珠丝杠螺母副等低摩擦的传动副，以减小运动副之间的摩擦力；

（2）减小传动系统折算到驱动轴上的转动惯量，提高运动部件跟踪指令的快速响应能力。

6.3.2 滚珠丝杠传动

1. 工作原理及特点

滚珠丝杠螺母机构如图6-34所示。当丝杠或螺母转动时，滚珠沿着丝杠螺旋滚道滚动。为了防止滚珠从螺母中滚出来，在螺母的螺旋槽两端设有回程引导装置，使滚珠逐个地又回到丝杠和螺母之间，构成了一个闭合的循环回路。目前，滚珠丝杠螺母机构在精密机床、数控机床中得到广泛应用。

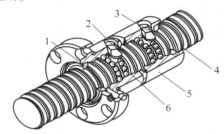

1—密封环；2、3—回珠器；4—丝杠；5—螺母；6—滚珠。

图6-34 滚珠丝杠螺母机构

滚珠丝杠传动具有以下特点：摩擦损失小，传动效率高；摩擦阻力小，运动灵敏、平稳，低速时不易产生爬行；经预紧后可消除反向间隙，提高系统轴向刚度和运动精度，但制造成本高；不能自锁，传动具有可逆性。故在传递垂直运动时，应增加制动或防止逆转装置，防止工作台因自重而自动下降等。

2. 滚珠丝杠副轴向间隙的调整和预紧

一般情况下，滚珠与丝杠和螺母的滚道之间总会存在一定的间隙。滚珠丝杠副的这种轴向间隙会引起轴向定位误差，严重时还会导致系统控制的"失步"。为了提高滚珠丝杠副的定位精度和刚度，应对其进行预紧。

常用的滚珠丝杠副消隙和预紧的方法有以下三种。

（1）螺母调隙。图6-35（a）为利用双螺母来调整间隙实现预紧的结构。滚珠丝杠左右两螺母副以平键与外套相连，用两个锁紧螺母1、2调整丝杠螺母的预紧量。这种调整方式简便易行，但不易精确控制预紧量。

（2）垫片调隙。图6-35（b）为通过改变垫片的厚度，使滚珠丝杠的左右螺母产生轴向位移，实现预紧。这种调隙方式的结构简单、刚性好，但调整间隙时需要卸下调整垫片修磨。为了装卸方便，最好将调整垫片做成半环结构。

（3）齿差调隙。图6-35（c）为齿差式预紧结构。在左右螺母的端部做成外齿轮，齿数分别为z_1、z_2，而且z_1和z_2相差一个齿。两个外齿轮分别与两端相应的内齿轮相啮合，内齿轮紧固在螺母座上。预紧时脱开两个内齿轮，使两个螺母同向转动相同的齿数。然后再合上内齿轮，两螺母的轴向相对位置发生变化从而实现间隙的调整。当两齿轮沿同一方向各转过一个齿时，其轴向位移量s为

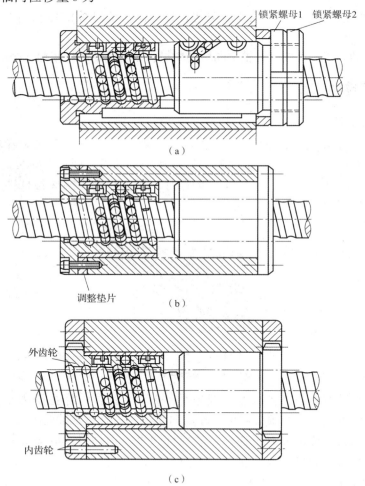

图6-35　滚珠丝杠副轴向间隙消除和预紧

（a）螺母调隙；（b）垫片调隙；（c）齿差调隙

$$s = (1/z_1 - 1/z_2)L \tag{6-5}$$

式中，L为丝杠导程。

当$z_1 = 99$，$z_2 = 100$，$L = 10$ mm 时，$s = 10/9\ 900$ mm $= 1\ \mu$m。这种方法使两个螺母相对轴

向位移最小可达 1 μm，其调整精度高，但结构复杂，尺寸较大，适合于高精密传动。

以上三种消隙结构，以垫片调隙结构最为简单，螺母调隙最为方便，齿差调隙最为准确。

3. 滚珠丝杠的支承

（1）滚珠丝杠的支承方式。常用的滚珠丝杠支承方式有三种，如图 6-36 所示。图 6-36（a）为一端固定、另一端自由方式，常用于行程小的短丝杠和垂直安装的丝杠。图 6-36（b）为一端固定，另一端简支方式，常用于较长的卧式安装丝杠。图 6-36（c）为两端固定方式，用于长丝杠或高转速、要求高拉压刚度的场合。

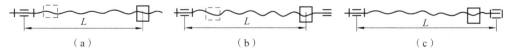

图 6-36　滚珠丝杠的支承方式

（a）一端固定，另一端自由；（b）一端固定，另一端简支；（c）两端固定

（2）滚珠丝杠的支承结构。滚珠丝杠主要承受轴向载荷，因此对丝杠轴承的轴向精度和刚度要求较高，常采用角接触球轴承（见图 6-37）或双向推力圆柱滚子轴承与滚针轴承组合的支承方式（见图 6-38）。图 6-37 采用的是图 6-36（c）所示的支承方式，而图 6-38 采用的是图 6-36（b）所示的支承方式。角接触球轴承一般用于中、小型数控机床，组合轴承多用于重载、丝杠预拉伸和要求轴向刚度高的场合。

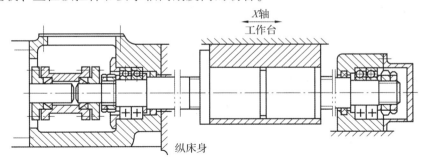

图 6-37　角接触球轴承的支承方式

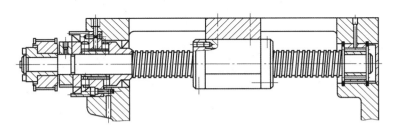

图 6-38　双向推力圆柱滚子轴承与滚针轴承组合的支承方式

4. 滚珠丝杠的预拉伸

滚珠丝杠在工作时难免要发热，使其温度高于床身温度，此时丝杠的热膨胀会改变其导程，从而影响定位精度。对于高精度丝杠，为了补偿热膨胀的影响，可将丝杠预拉伸，并使其预拉伸量略大于丝杠的热膨胀量。丝杠热膨胀的大小可由下式计算：

$$\Delta L = \alpha L \Delta t \qquad (6\text{-}6)$$

式中，ΔL 为丝杠热膨胀量（mm）；Δt 为丝杠比床身高出的温升（℃）；L 为丝杠螺纹部分的长度（mm）；α 为丝杠的线膨胀系数（mm/℃）。

当丝杠温度升高发生热膨胀时，由于丝杠有预拉伸，因此热膨胀的结果只会减少丝杠内部的拉应力，长度不会变化。为了保证定位精度，要进行预拉伸的丝杠在常温下的导程应该是其公称导程 P_h 减去预拉伸引起的导程变化量 ΔP_h。这里，$\Delta P_h = \Delta L P_h / L$。

【例 6-2】已知某一丝杠的螺纹部分长度 $L_1 = 1\ 100$ mm，跨距（两端轴承间的距离）$L = 1\ 300$ mm。工作时丝杠温度预计比床身温度高 3 ℃，丝杠（钢）的线膨胀系数 $\alpha_1 = 11 \times 10^{-6}$，求预拉伸量。

解： 由式（6-6）得：丝杠热膨胀量 ΔL_1 为

$$\Delta L_1 = \alpha_1 L_1 \Delta t = 11 \times 10^{-6} \times 1\ 100 \times 3 \text{ mm} = 0.036 \text{ mm}$$

预拉伸量应略大于丝杠热膨胀量。如果选螺纹部分预拉伸量为 0.06 mm，则温度上升 3 ℃后还有 0.024 mm 的剩余拉伸量。预拉伸力会有所下降，但并未完全消失。螺纹长度不变，故补偿了热膨胀。在订购丝杠时应向厂家说明行程补偿值为 $C = -0.06$ mm。装配时应按跨距拉伸，拉伸量为

$$CL/L_1 = 0.06 \times 1\ 300/1\ 100 \text{ mm} = 0.071 \text{ mm}$$

图 6-39 为滚珠丝杠预拉伸的结构简图。丝杠两端有推力轴承 3、6 和滚针轴承。拉伸力通过螺母 8、隔套、推力轴承 6、静圈 5、调整套 4 最终作用到支座 1 和 7 上。当丝杠安装到两个支座 1 和 7 上后，拧紧螺母 8 使推力轴承 3 靠在丝杠的台肩上。再压紧压盖 9 使调整套 4 顶紧在支座 7 和静圈 5 上。用螺钉和销子把支座 1 和 7 装在床身上。然后卸下支座 1 和 7，取出调整套 4，把调整套 4 换成加厚的调整套，加厚量等于预拉伸量。再照样装好后固定在床身上，从而完成了滚珠丝杠的预拉伸。

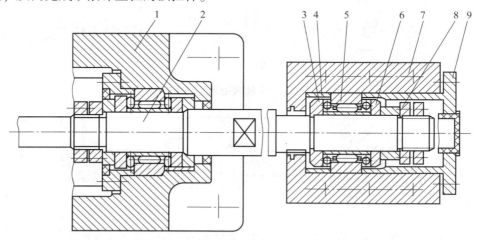

1、7—支座；2—滚珠丝杠；3、6—推力轴承；4—调整套；5—静圈；8—螺母；9—压盖。

图 6-39　滚珠丝杠预拉伸的结构简图

6.3.3　齿轮传动

齿轮传动在伺服进给系统中的作用是：改变运动方向、降速、增大扭矩、适应不同丝杠

螺距和不同脉冲当量的匹配等。在精密齿轮传动链中，往往对回差提出严格的要求。减小回差当然可以从提高齿轮的制造精度着手，但要制造没有误差的齿轮是不可能的。传动链中的空回误差是由于间隙的存在而产生的，因此减小或消除空回误差，可以通过控制或消除侧隙的影响来达到。当在伺服电动机和丝杠之间安装齿轮（直齿、斜齿、锥齿等）时，必然产生齿侧间隙，造成反向运动的死区，必须设法消除。

目前消除齿侧间隙普遍采用双片齿轮消隙结构，如图6-40（a）所示。将一对齿轮中的大齿轮分成齿轮3、4两部分，并分别用螺钉1、2固定。再将弹簧8与齿轮3、4连接起来，这样齿轮3、4自然错开，达到自动消除齿侧间隙的目的。图6-40（b）为斜齿轮传动消隙结构。它是将一个斜齿轮分成两个薄片11、12，且在其中加一垫片10，改变垫片10的厚度，薄片11、12的螺旋线就会错位，分别与宽齿轮9的齿槽左、右侧面贴紧，消除了间隙。周向齿侧间隙 Δ 与垫片增减量 Δ_t 的关系可用下式表示：

$$\Delta_t = \Delta \cot\beta \tag{6-7}$$

式中，β 为斜齿轮的螺旋角。

这种方法结构简单，但调整费事，也不能自动补偿间隙。图6-40（c）所示锥齿轮消隙结构的原理也与图6-40（a）的直齿圆柱齿轮相同。

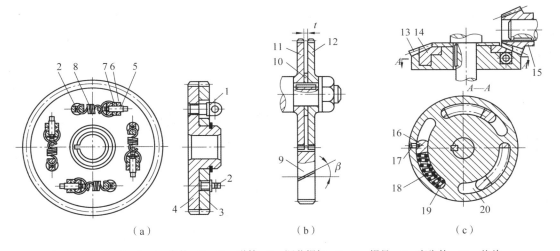

（a）　　　　　　　　　　（b）　　　　　　　　　　（c）

1、2、17—螺钉；3、4—齿轮；8、18—弹簧；5—调节螺钉；6、7—螺母；9—宽齿轮；10—垫片；
11、12—薄齿轮；13—外圈；14—内圈；15—锥齿轮；16—凸爪；19—镶块；20—圆弧槽。

图6-40　齿轮齿侧间隙的消除
（a）双片齿轮消隙结构；（b）斜齿轮传动消隙结构；（c）锥齿轮消隙结构

6.4　数控机床导轨

导轨的主要功能是导向和承载。导轨使运动部件沿一定的轨迹运动，从而保证各部件之间的相对位置精度。导轨主要由机床上两个相对运动部件的配合面组成一对导轨副，其中，与支承件连成一体固定不动的一方称为支承导轨，与运动部件连成一体运动的一方称为运动导轨。

1. 导轨的基本类型

导轨按运动轨迹可分为直线运动导轨和圆周运动导轨；按摩擦性质可分为滑动导轨和滚动导轨，其中滚动导轨在现代数控机床中已得到广泛应用。

2. 对导轨的基本要求

（1）导向精度。导向精度主要是指运动部件沿导轨运动轨迹的直线度（对直线运动导轨）或圆度（对圆周运动导轨）。影响导向精度的主要因素除导轨的制造误差外，还与导轨的结构形式、装配质量、导轨及其支承件的刚度和热变形等有关。

（2）耐磨性。耐磨性直接影响机床的精度保持性，是导轨设计制造的关键，也是衡量机床质量好坏的重要标志。影响导轨耐磨性的主要因素有导轨面的摩擦性质、材料、热处理及加工方法、受力情况、润滑和保护等。

（3）刚度。导轨受力后变形会影响部件之间的相对位置和导向精度，因此要求导轨有足够高的刚度。导轨变形包括导轨受力后的接触变形、扭转、弯曲变形以及由于导轨支承件的变形而引起的导轨变形。导轨变形主要取决于导轨的形式、尺寸及与支承件的连接方式与受力情况等。

（4）低速运动平稳性。运动部件低速移动时易产生爬行。进给运动出现爬行，会引起工艺系统产生振动，增大被加工表面的粗糙度；定位运动时的爬行，会降低定位精度。影响低速运动平稳性的因素有：静、动摩擦因数的差值，传动系统的刚度，运动部件的质量及导轨的结构和润滑。

3. 数控机床常用的滑动导轨

1）滑动导轨的结构

滑动导轨是基本导轨。根据滑动导轨的截面形状，可分为矩形导轨、三角形导轨、燕尾形导轨和圆柱形导轨，如图6-41所示。由于滑动导轨结构简单，工艺性好，便于保证精度、刚度，故被广泛应用于对低速均匀性及定位精度要求不高的机床中。

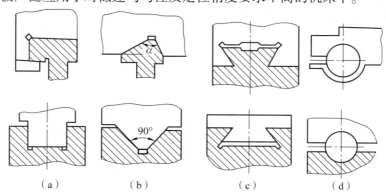

（a） （b） （c） （d）

图6-41 滑动导轨的截面形状

（a）矩形导轨；（b）三角形导轨；（c）燕尾形导轨；（d）圆柱形导轨

数控机床常用的直线运动导轨的组合形式主要有：三角形-矩形组合（见图6-42）和双矩形组合（见图6-43）。这两种组合导轨刚度高，承载能力强，加工、检验和维修方便。对三角形-矩形组合导轨来说，如果导轨所承受的颠覆力矩不大，可以使用开式导轨，如图6-42（a）所示。当导轨受较大的颠覆力矩时，应采用闭式导轨，如图6-42（b）所示。

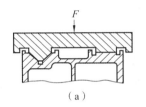
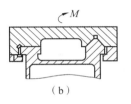

图6-42 三角形-矩形组合导轨

（a）开式导轨；（b）闭式导轨

图6-43（a）为分别由两条导轨的左、右侧面导向的宽式组合；图6-43（b）为由一条导轨两侧导向的窄式组合。导轨受热后，宽式组合比窄式组合的变形量大，调整时应留有较大侧向的间隙，因而导向性差。所以，双矩形组合导轨窄式组合比宽式组合用得多一些。

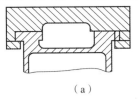
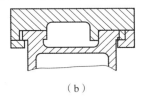

图6-43 双矩形组合导轨

（a）宽式组合；（b）窄式组合

2）塑料滑动导轨

数控机床采用的塑料滑动导轨有铸铁-塑料滑动导轨和镶钢-塑料滑动导轨。塑料滑动导轨常用在导轨副的运动导轨上，与之相配的金属导轨采用铸铁或钢质材料。塑料滑动导轨分为注塑导轨和贴塑导轨，导轨上的塑料常用环氧树脂耐磨涂料和聚四氟乙烯导轨软带。

（1）注塑导轨（见图6-44）。导轨注塑或抗磨涂层的材料是以环氧树脂和二硫化钼为基体，加入增塑剂后混合而成的双组分塑料。这种涂料附着力强，具有良好的可加工性，也有良好的摩擦特性和耐磨性，而且抗压强度比聚四氟乙烯导轨软带要高，固化时体积不收缩，尺寸稳定。其另一特性是可在调整好静导轨和动导轨间的相互位置精度后注入涂料，因此可节省许多加工工时。这种导轨特别适用于重型机床和不能用导轨软带的复杂配合型面。

（2）贴塑导轨（见图6-45）。在动导轨滑动面上贴一层抗磨的导轨软带，与之相配的静导轨滑动面经淬火和磨削加工。导轨软带以聚四氟乙烯为基材，添加合金粉和氧化物制成。导轨软带可切成任意大小和形状，用胶黏剂黏接在导轨基面上。

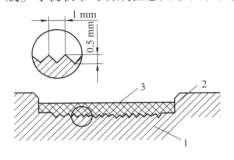

1—滑座；2—胶条；3—注塑层。

图6-44 注塑导轨

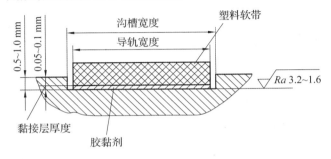

图6-45 贴塑导轨

4. 滚动导轨

在静、动导轨面之间放置滚珠、滚柱或滚针等滚动体，使导轨面之间的摩擦具有滚动摩擦性质，这种导轨称为滚动导轨。与普通滑动导轨相比，滚动导轨有以下优点：摩擦因数小，动、静摩擦因数很接近；摩擦力小，运动灵敏度高；磨损小，寿命长；低速运动平稳性好；移动精度和定位精度都较高；润滑系统简单。滚动导轨的缺点是结构较复杂，制造比较困难，抗振性能差，对脏物比较敏感，必须有良好的防护装置。滚动导轨常用于对运动灵敏度要求高的装备，如数控机床和机器人，或者精密定位、微量进给的机床。

1）滚动导轨的类型

（1）按滚动体类型分类。按滚动体类型，滚动导轨可分为滚珠式、滚柱式和滚针式三种，如图6-46所示。滚珠式为点接触，承载能力差，刚度低，多用于小荷载场景；滚柱式为线接触，承载能力大，刚度高，用于较大荷载场景；滚针式为线接触，常用于径向尺寸小的导轨中。

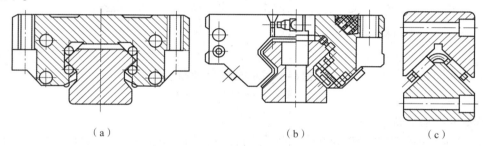

图6-46　滚动导轨

（a）滚珠式；（b）滚柱式；（c）滚针式

（2）按循环方式分类。按照流动体是否循环，滚动导轨分为循环式滚动导轨和非循环式滚动导轨。循环式滚动导轨的滚动体在运行过程中沿自己的工作轨道和返回轨道作连续循环运动，如图6-47所示。因此，运动部件的行程不受限制。这种结构装配和使用都很方便，防护可靠，应用广泛。

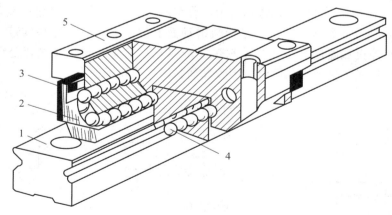

1—导轨条；2—端面挡板；3—密封垫；4—滚珠；5—滑块。

图6-47　循环式滚动导轨

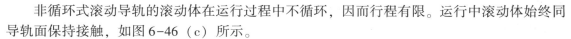

非循环式滚动导轨的滚动体在运行过程中不循环，因而行程有限。运行中滚动体始终同导轨面保持接触，如图6-46（c）所示。

2）直线滚动导轨副的工作原理

图6-47为直线滚动导轨副。导轨条1是支承导轨，一般有两根，安装在支承件（如床身）上。滑块5装在移动件（如工作台）上，沿导轨条作直线运动。每根导轨条上至少有两个滑块。若运动件较长，可在一根导轨条上装3个或更多的滑块。如果运动件较宽，也可用3根导轨条。滑块5装有两组滚珠4，两组滚珠各有自己的工作滚道和返回滚道。当滚珠从工作轨道滚到滑块的端部时，经端面挡板2和滑块中的返回轨道孔返回，在导轨条和滑块的滚道内连续地循环滚动。为防止灰尘进入，采用密封垫3密封。

3）滚动导轨块

图6-48为滚动导轨块，用滚子做滚动体。导轨块2用螺钉1固定在动导轨体3上，滚动体4在导轨块2与支承导轨5之间滚动，并经两端的挡板7和6及上面的返回槽返回。滚动导轨块由专业厂生产，已经系列化、模块化，有各种规格形式供用户选用。

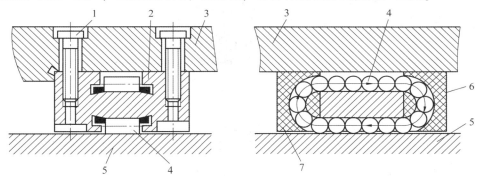

1—螺钉；2—导轨块；3—动导轨体；4—滚动体；5—支承导轨；6、7—挡板。

图6-48　滚动导轨块

6.5　数控机床回转工作台

为了扩大数控机床的工艺范围，数控机床除了沿 X、Y、Z 轴作直线进给外，往往还需要有绕 X、Y 或 Z 轴的圆周进给运动。数控机床的圆周进给运动一般由回转工作台来实现。数控机床中常用的回转工作台有分度工作台和数控回转工作台，它们的功用各不相同。分度工作台的功用只是将工件转位换面，和自动换刀装置配合使用，实现工件一次安装能完成几个面的多种工序。数控回转工作台除了分度和转位的功能之外，还能实现数控圆周进给运动。

6.5.1　分度工作台

数控机床的分度工作台能按照控制系统的指令将工件回转至所需的角度，以达到加工不同面的目的。但工作台的转位机构很难达到分度精度的要求，须有专门的定位元件来保证。因此，定位元件往往是保证分度精度的关键。常用的定位元件有定位销和鼠牙盘。前者由于其分度数的限制以及定位精度低，很少用于现代数控机床和加工中心上。目前，鼠牙盘式分度工作台被广泛地应用于具有很高精度的分度定位机构，如图6-49所示。它主要由分度工作台、夹紧液压缸、分度液压缸及鼠牙盘等零件组成。分度转位动作包括：

a）分度工作台抬起，鼠牙盘脱离啮合，完成分度前的准备工作；

b）回转分度；

c）分度工作台下降，鼠牙盘重新啮合，完成定位夹紧；

d）分度液压缸返回。

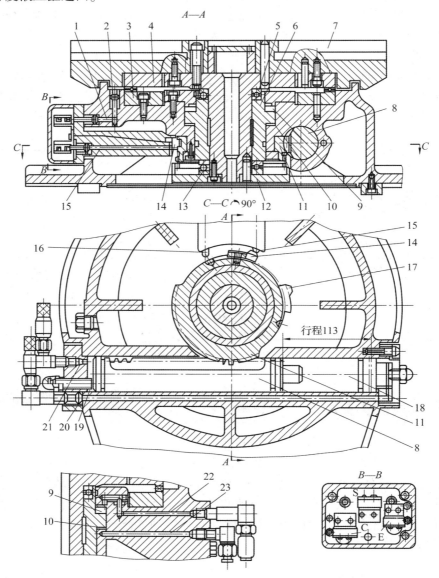

1、2、15、16—推杆；3—下鼠牙盘；4—上鼠牙盘；5、13—推力轴承；6—活塞；7—分度工作台；
8—齿条活塞；9—夹紧液压缸上腔；10—夹紧液压缸下腔；11—齿轮；12—内齿圈；14、17—挡块；
18、19—分度液压缸右、左腔；20、21—分度液压缸进回油管道；22、23—升降液压缸进回油管道。

图6-49　鼠牙盘式分度工作台

6.5.2　数控回转工作台

数控回转工作台的主要作用是根据数控装置发出的指令脉冲信号完成圆周进给运动，以便进行各种圆弧加工或曲面加工。另外，也可以进行分度工作。数控回转工作台的外形和分度工作台没有多大差别，但在结构上则具有一系列的特点。数控回转工作台可分为开环和闭环两种。

1. 开环数控回转工作台

开环数控回转工作台与开环直线进给机构一样，也可以用步进电动机来驱动。图6-50为某立式数控镗铣床的开环数控回转工作台。步进电动机3经过主动齿轮2、从动齿轮6、蜗杆4和蜗轮15带动工作台作圆周进给运动。主动齿轮2和从动齿轮6的啮合间隙是靠调整偏心环1来消除的。蜗杆4为双导程蜗杆，可以用轴向移动蜗杆的办法来消除蜗杆、蜗轮的啮合间隙。数控回转工作台的底座21上固定的支座24内均布有6个油缸14。当油缸的上腔进压力油时，柱塞16下移，并通过钢球17推动夹紧瓦18和19，将蜗轮夹紧，从而将数控回转工作台夹紧，实现精密分度定位。当要求数控回转工作台作圆周进给运动时，控制系统会发出指令，使油缸14上腔的油液流回油箱，弹簧20即可将钢球17抬起，蜗轮被放松。柱塞16到上位发出信号，步进电动机启动并按指令脉冲的要求驱动数控回转工作台实现圆周进给运动。当要求数控回转工作台作圆周分度运动时，要先分度回转再夹紧蜗轮，以保证定位可靠，并提高承载能力。

数控回转工作台的分度定位与分度工作台不同，它按控制系统所发出的脉冲数来决定转位角度，无须定位元件。数控回转工作台设有零点。当回零操作时，先由挡块11压合微动开关10，发出"快速回转"变为"慢速回转"的信号。再由挡块9压合微动开关8发出从"慢速回转"变为"点动步进"信号，最后由步进电动机停在某一固定的通电相位上，从而使转台准确地停在零点位置上。

数控回转工作台的圆形导轨采用大型推力滚珠轴承13，使回转灵活。径向导轨由滚子轴承12及圆锥滚子轴承22保证回转精度和定心精度。预紧滚子轴承12可以消除回转轴的径向间隙。改变调整套23的厚度，可以使圆导轨上有适当的预紧力，保证导轨有一定的接触刚度。

数控回转工作台的脉冲当量是指数控回转工作台每个脉冲所回转的角度，一般在0.001°/脉冲到2′/脉冲之间。设计时可根据加工精度的要求和数控回转工作台直径大小来选定。一般加工精度愈高，脉冲当量应选得愈小；数控回转工作台直径愈大，脉冲当量应选得愈小。但也不能盲目追求过小的脉冲当量。脉冲当量δ选定后，根据步进电动机的脉冲步距角θ就可确定减速齿轮和蜗轮副的齿数：

$$\delta = \frac{z_1}{z_2} \cdot \frac{z_3}{z_4} \cdot \theta \qquad (6-8)$$

式中，z_1，z_2为分别为主动、从动齿轮齿数；z_3，z_4为分别为蜗杆头数和蜗轮齿数。

在确定z_1、z_2、z_3、z_4时，一方面要满足传动比的要求，另一方面也要考虑到结构上的限制。

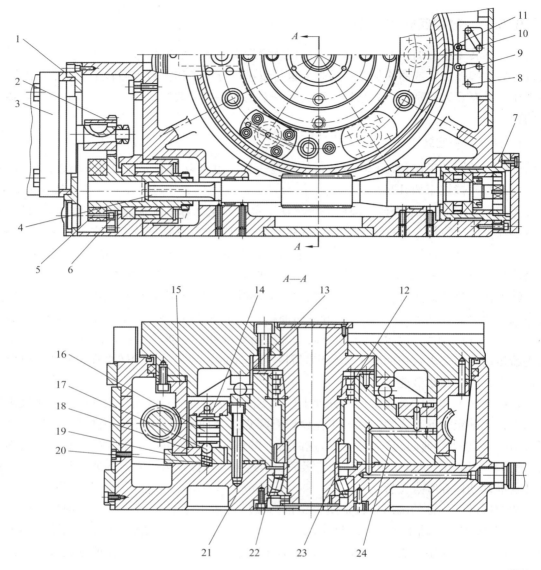

1—偏心环；2—主动齿轮；3—步进电动机；4—蜗杆；5—垫圈；6—从动齿轮；7—调整环；8、10—微动开关；
9、11—挡块；12—滚子轴承；13—大型推力滚珠轴承；14—油缸；15—蜗轮；16—柱塞；17—钢球；
18、19—夹紧瓦；20—弹簧；21—底座；22—圆锥滚子轴承；23—调整套；24—支座。

图 6-50　开环数控回转工作台

2. 闭环数控回转工作台

闭环数控回转工作台的结构与开环数控回转工作台大致相同，其区别在于：闭环数控回转工作台有转动角度的测量元件（圆光栅或圆感应同步器）。所测量的结果反馈回去与指令值进行比较，按闭环原理进行工作，使转台定位精度更高。

图 6-51 为闭环数控回转工作台，其用伺服电动机 15 通过减速齿轮 14、16 及蜗杆 12、蜗轮 13 带动工作台 1 回转，工作台的转角位置用圆光栅 9 测量。测量结果发出反馈信号与

数控系统发出的指令信号进行比较。若有偏差，经放大后控制伺服电动机朝消除偏差方向转动，使工作台精确定位。当工作台静止时，必须处于锁紧状态。工作台的锁紧用均布的8个液压缸5来完成。其夹紧放松原理与开环数控回转工作台相同。

闭环数控回转工作台的中心回转轴采用圆锥滚子轴承11及双列圆柱滚子轴承10，并经预紧消除其径向和轴向间隙，以提高工作台的刚度和回转精度。工作台1支承在滚柱导轨2上，运动平稳而且耐磨。

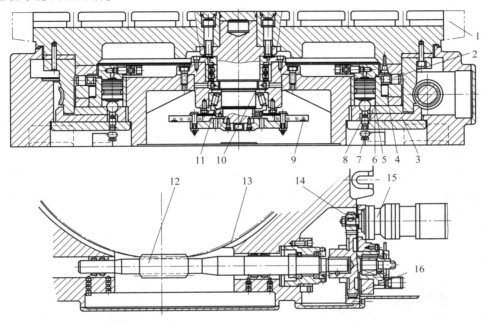

1—工作台；2—滚柱导轨；3、4—夹紧瓦；5—液压缸；6—活塞；7—弹簧；8—钢球；9—圆光栅；
10—双列圆柱滚子轴承；10、11—圆锥滚子轴承；12—蜗杆；13—蜗轮；14、16—减速齿轮；15—伺服电动机。

图6-51　闭环数控回转工作台

6.6　自动换刀装置

数控机床为了能在工件一次安装中完成多个工序甚至所有工序的加工，缩短辅助时间，减少因多次安装工件所引起的误差，应带有自动换刀装置。自动换刀装置应当满足换刀时间短、刀具重复定位精度高、足够的刀具储存量、刀库占地面积小以及安全可靠等基本要求。

6.6.1　自动换刀装置的类型

各类数控机床的自动换刀装置的结构取决于机床的结构形式、工艺范围、刀具种类及数量等。表6-1列出了数控机床自动换刀装置的主要类型、特点、适用范围。

表 6-1　自动换刀装置的主要类型、特点、适用范围

类型		特点	适用范围
转塔式	回转刀架	多为顺序换刀，换刀时间短、结构简单紧凑、容纳刀具较少	各种数控机床，数控加工中心
	转塔头	顺序换刀，换刀时间短，刀具主轴都集中在转塔头上，结构紧凑。但刚性较差，刀具主轴数受限制	数控钻、镗、铣床
刀库式	刀具与主轴之间换刀	换刀运动集中，运动部件少，但刀库容量受限	各种类型的自动换刀数控机床。尤其对使用刀具的数控镗、铣床类立式、卧式加工中心，要根据工艺范围和机床特点，确定刀库数量和自动换刀装置类型
	用机械手配合刀具进行换刀	刀库只有选刀运动，机械手进行换刀运动，刀库容量大	

1. 回转刀架换刀

这种换刀方式将多把刀具安装在回转刀架上，因而回转刀架本身就是刀库。其结构简单，只能用于数控车床、数控车削中心等工作时刀具不转的机床上。回转刀架可以设计成四方刀架、六方刀架或圆盘式轴向装刀刀架，并相应地安装四把、六把或更多的刀具。回转刀架按数控指令进行换刀。回转刀架有立式和卧式两种，如图 6-52 所示，其中卧式回转刀架应用较广泛。

（a）　　　　　　　　　　　　　　　（b）

图 6-52　回转刀架
（a）立式回转刀架；（b）卧式回转刀架

2. 更换主轴换刀

更换主轴换刀是带有旋转刀具的数控机床的一种比较简单的换刀方式。主轴头有卧式和立式两种，常用转塔的转位来更换主轴头，以实现自动换刀。在转塔的各个主轴头上，预先安装有各工序所需要的旋转刀具，当发出换刀指令时，各主轴头依次地转到加工位置、并接通主运动，使相应的主轴带动刀具旋转。而其他处于不加工位置上的主轴都与主传动脱开。图 6-53 为立式八轴转塔头的结构，每次转位包括下列动作。

（1）脱开主传动。接到数控装置发出的换刀指令后，液压缸 4 泄压，弹簧推动齿轮 1 与主轴上的齿轮 12 脱开。

（2）转塔头脱开。固定在支架上的行程开关 3 接通，表示主传动已脱开，控制电磁阀，

使液压油进入液压缸 5 的左腔，液压缸 5 活塞带动转塔头向右移动，直至活塞与油缸端部接触。固定在转塔头上齿盘 10 便脱开。

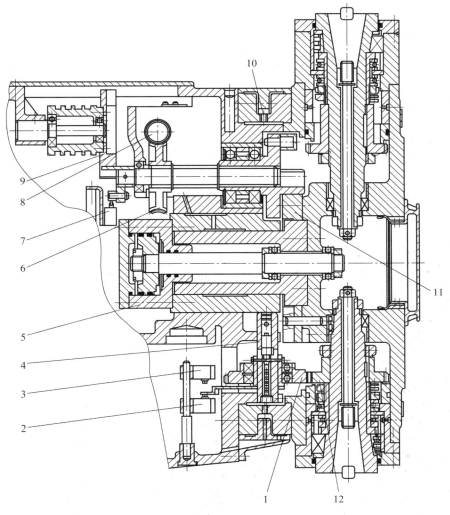

1、12—齿轮；2、3、7—行程开关；4、5—液压缸；6—蜗轮；8—蜗杆；9、10—齿盘；11—槽轮。

图 6-53　立式八轴转塔头的结构

（3）转塔头转位。当齿盘脱开，行程开关发出信号启动转位电动机，经蜗杆 8 和蜗轮 6 带动槽轮机构的主动曲拐使槽轮 11 转过 45°，并由槽轮机构的圆弧槽来完成主轴头的分度位置粗定位。主轴号的选择通过行程开关组来实现。若处于加工位置的主轴不是所需要的，转位电动机继续回转，带动转塔头间歇地再转 45°，直至选中主轴为止。主轴选好后，行程开关 7 使转位电动机停转。

（4）转塔头定位压紧。行程开关 7 使转位电动机停转的同时接通电磁阀，使压力油进入液压缸 5 的右腔，转塔头向左返回，由齿盘 10 精确定位。液压缸 5 右腔的油压作用力将转塔头可靠地压紧。

（5）主轴传动的接通。转塔头定位夹紧时，由行程开关发出信号接通电磁阀控制压力油进入液压缸4，压缩弹簧，使齿轮1与主轴上的齿轮12啮合，此时换刀动作全部完成。更换主轴换刀，省去了自动松夹，卸刀、装刀，以及刀具搬运等一系列的复杂操作，从而缩短了换刀时间，并且提高了换刀的可靠性。但是由于空间位置的限制，主轴部件结构尺寸不能太大，因而影响了主轴系统的刚性。为了保证主轴的刚性，必须限制主轴数目。因此，转塔主轴头通常只适用于工序较少、精度要求不太高的机床，如数控钻床、铣床等。

3. 带刀库的自动换刀装置

刀库动作

回转刀架、转塔头式换刀装置容纳的刀具数量不能太多，满足不了复杂零件的加工需要，自动换刀数控机床多采用带刀库的自动换刀装置。带刀库的自动换刀装置由刀库和刀具变换机构组成，换刀过程较为复杂。首先，要把加工过程中使用的全部刀具分别安装在标准刀柄上，在机外进行尺寸预调整后，按一定的方式放入刀库。换刀时，先在刀库中选刀，然后由刀具交换装置从刀库或主轴（或是刀架）取出刀具，进行交换，将新刀装入主轴（或刀架），把旧刀放回刀库。刀库具有较大的容量，既可安装在主轴箱的侧面或上方，也可作为单独部件安装到机床以外，并由搬运装置运送刀具。

采用带刀库的自动换刀装置的数控机床的主轴箱内只有一根主轴，如图6-54所示，设计时能充分增强它的刚度，可满足精密加工要求。另外，刀库可以存放数量很大的刀具（可多达100把以上），因而能够进行复杂零件的多工序加工，大大提高机床适应性和加工效率，特别适用于数控钻床、数控镗铣床和加工中心。其缺点是整个换刀过程动作较多，换刀时间较长，系统复杂，可靠性较差。

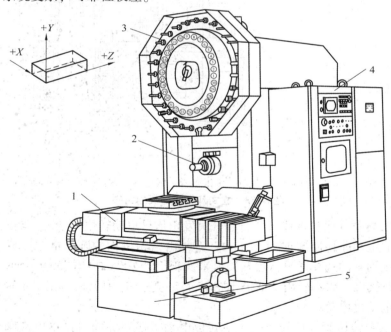

1—滑台；2—主轴；3—刀具；4—数控装置；5—底座。

图6-54　采用带刀库的自动换刀装置的数控机床

6.6.2 加工中心的刀库

刀库是提供自动化加工过程中储刀及换刀需求的一种装置，是自动换刀装置中最主要的部件之一，其容量、布局以及具体结构对加工中心的设计有很大影响。刀库动作由计算机控制，可以完成各种不同的加工需求，如铣削、钻削、镗削等。由于多数加工中心的取送刀位置都是在刀库中的某一固定刀位，因此刀库还需要有使刀具运动及定位的机构来保证换刀的可靠。

1. 刀库的类型

加工中心上常用的刀库是盘式刀库和链式刀库。密集型的鼓筒式刀库或格子刀库虽然占地面积小，但由于结构的限制，已很少用于单机加工中心。密集型的固定刀库目前多用于柔性制造系统中的集中供刀系统。

1）盘式刀库

盘式刀库结构简单，应用较多，如图6-55所示。由于刀具环形排列，空间利用率低，因此出现了将刀具在盘中采用双环或多环排列的情况，以增加空间的利用率。但这样会使刀库的外径过大，转动惯量也很大，选刀时间也较长。因此，盘式刀库一般适用于刀具容量较少的刀库。为适应机床主轴的布局，刀库上刀具轴线可以按不同方向配置，如轴向、径向或斜向。图6-55（d）是刀具可做90°翻转的盘式刀库，采用这种结构可以简化取刀动作。

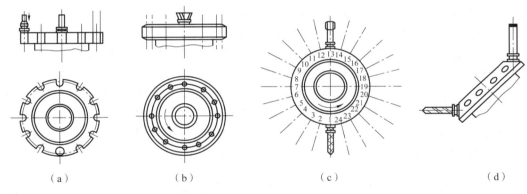

图6-55 盘式刀库

（a）径向取刀形式；（b）轴向取刀形式；（c）刀具径向安装；（d）刀具斜向安装

2）链式刀库

对于刀库容量需求较大的加工中心可采用链式刀库，如图6-56所示。链式刀库的结构紧凑，容量较大，链环的形状可根据机床的布局制成各种形状，也可将换刀位突出以便于换刀。当需要增加刀具数量时，只需增加链条的长度即可，给刀库设计与制造带来了方便。

链式刀库是较常使用的形式之一，这种刀库刀座固定在链节上。常用的有单排链式刀库，如图6-56（a）所示，刀库置于机床立柱侧面，可容纳45把刀具，如刀具存储量过大，将使刀库过高。若进一步增加存刀量，可采用多排链式刀库，如图6-56（b）所示，这种刀库常独立安装在机床之外，因此占地面积大；由于刀库远离主轴，因此必须有刀具中间搬运装置，使整个换刀系统结构复杂。图6-56（c）为采用加长链条的链式刀库，采用增加支承链轮数目的方法，使链条折叠回绕，提高其空间利用率，从而增加了刀库存储量。

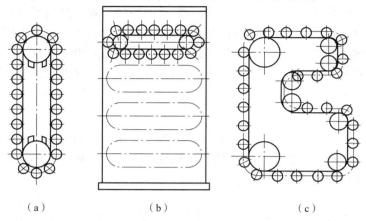

（a）　　　　　　　　（b）　　　　　　　　（c）

图6-56　链式刀库

（a）单排链式刀库；（b）多排链式刀库；（c）采用加长链条的链式刀库

2. 设计刀库时应考虑的主要问题

1）合理确定刀库的容量

刀库中的刀具并不是越多越好，太大的容量会增加刀库的尺寸和占地面积，使选刀过程时间增长。刀库的容量首先要考虑加工工艺的需要。例如，立式加工中心的主要加工方法为钻削、铣削。采用成组技术对15 000种工件进行分组，并统计了各种加工所必需的刀具数后，得出了图6-57所示的曲线。从图中可以看出，4把铣刀可完成工件90%左右的铣削工艺，10把孔加工刀具可完成70%左右的钻削工艺，因此14把刀的容量就可完成70%以上的工件钻铣工艺。如果从完成工件的全部加工所需刀具数目统计，得出的结果是大部分（超过80%）的工件完成全部加工内容所需的刀具数在40种以下。所以，一般中、小型立式加工中心配有14～30把刀具的刀库就能够胜任70%～95%的工件加工需要。盲目地加大刀库容量，将会使刀库的利用率降低，结构复杂，造成不必要的浪费。

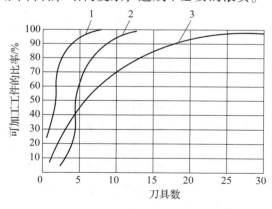

1—铣削；2—车削；3—钻削。

图6-57　加工工件与刀具数量的关系

2）尽量缩短选刀时间

例如，将选刀时间与加工时间重叠，根据所选刀具在刀库中的位置来决定刀库正转或反转，以缩短选刀时间。

3）刀库运动速度应适宜

作回转运动的刀库，其运动是间歇的，而且方向经常改变，故要求启停平稳，无冲击，能准停在预定位置，为此要求转动惯量不能过大，因而对刀库的直径、储存刀具的质量和数量以及刀库的回转速度都应有适当限制。目前，国内外链式刀库的线速度可达 100 ~ 800 mm/s，圆盘刀库的转速多为 10° ~ 30°/s。刀库中能自动换刀的最大刀具直径限制为 315 mm，最大刀具长度为 500 mm，最大刀具质量为 100 kg。

4）要求刀库运行平稳

为使刀库运行平稳，往往需设置辅助支承和导向装置。例如，对链式刀库设置刀座运动导轨，对圆盘刀库可在靠近刀盘外缘处用滚动轴承支承。

5）刀座在刀库中的排列

一般刀座的间距相等，在必要情况下，也可采用不等距排列，视刀具直径大小而定，多数刀座装小直径刀具，按小间距排列。少数刀座按大间距排列，装大直径刀具。

6）其他应注意的问题

刀具在刀座中应夹持可靠，刀库防尘、防屑及安全防护等问题都必须考虑。

3. 刀库的选刀方式

按数控装置的刀具选择指令，从刀库中挑选各工序所需要的刀具的操作称为自动选刀。自动选刀的实现，需要对刀具进行编码，然后通过某种方式来选择。

1）刀具的编码

（1）刀具编码方式。刀具采用了一种特殊的刀柄结构，对每把刀具进行编码。换刀时通过编码识别装置，根据换刀指令代码，在刀库中寻找出所需要的刀具。由于每一把刀具都有自己的代码，因而刀具可以放入刀库中的任何一个刀座内。这样，不仅刀库中的刀具可以在不同的工序中多次重复使用，而且换下来的刀具也不必放回原来的刀座，这对装刀和选刀都十分有利。刀库的容量可以相应地减小，还可以避免由于刀具顺序的差错造成事故。编码刀柄的示意图如图 6-58 所示。在刀柄的尾部的拉钉 3 上套装着一组等间隔的编码环 1，并由锁紧螺母 2 将它们固定。编码环的外径有大小两种不同的规格，每个编码环的高低分别表示二进制数的"1"和"0"。通过对两种圆环的不同排列，可以得到一系列的代码。例如，7 个编码环就能够区别出 127（即 2^7-1）种刀具。通常，全部为 0 的代码不允许使用，以避免与刀座中无刀具的状况相混淆。

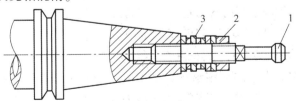

1—编码环；2—锁紧螺母；3—拉钉。

图 6-58　编码刀柄的示意图

（2）刀具识别装置。在刀库上设有编码识别装置，有接触式和非接触式两类。图 6-59 为接触式刀具编码识别装置。当刀库中带有编码环的刀具依次通过编码识别装置时，识别装置中的触针分别与编码环的大环接触，相应的继电器通电，其数码为"1"；触针与小环不接触，相应的继电器不通电，其数码为"0"。当识别装置的继电器读出的数码与所需刀具的编码一致时，控制装置就发出信号使刀库停止回转。这时，加工所需刀具就准确地停留在取刀位置上，等待机械手从刀库中将刀具取出。接触式刀具编码识别装置结构简单，但由于触针有磨损，故寿命较短，可靠性较差，且难于快速选刀。

除了机械接触识别方法之外，还可以采用非接触式的磁性或光电识别方法。图 6-60 为非接触式磁性刀具编码识别装置。编码环用直径相等的导磁材料（如软钢）和非导磁材料（如黄铜、塑料）制成，分别表示二进制数"1"和"0"。识别装置由一组感应线圈组成。刀库中的刀具通过识别装置时，对应软钢编码环的线圈感应出高电平（表示代码"1"），其余线圈则输出低电平（表示代码"0"），然后再经过专门的识别电路选出所需刀具。磁性识别装置没有机械接触和磨损，因此可以快速选刀，而且结构简单、工作可靠、寿命长和无噪声。

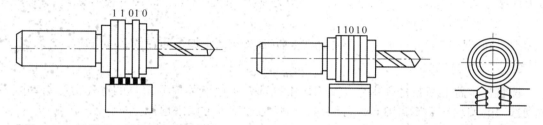

图 6-59　接触式刀具编码识别装置　　　图 6-60　非接触式磁性刀具编码识别装置

（3）刀座编码方式。刀座编码方式是对刀库的刀座进行编码，并将与刀座编码相对应的刀具一一放入指定的刀座中，然后根据刀座的编码来进行刀具的选取。刀座编码方式取消了刀柄中的编码环，使刀柄的结构大为简化，因此刀具识别装置的结构就不受刀柄尺寸的限制，而且可以放置在较为合理的位置。采用这种编码方式时，当操作者把刀具误放入与编码不符的刀座内，仍然会造成事故。而且在刀具自动交换过程中，必须将用过的刀具放回原来的刀座内，这样就增加了刀库动作的复杂性。

刀座编码方式可分为永久性编码和临时性编码两种。一般情况下，永久性编码是将一种与刀座编号相对应的刀座编码板安装在每个刀座的侧面，编码固定不变，如图 6-61 所示的圆盘形刀库的刀座编码装置。圆盘周围均布若干个刀座，其外侧边缘上装有相应的刀座编码块 1，在刀库的下方装有固定不动的刀座识别装置 2。刀库旋转，刀具（刀座）通过识别装置时，选中所需刀具（刀座），然后刀库停止转动，等待换刀。

临时性编码，也称钥匙编码，它采用了一种专用的代码钥匙，并在刀座旁设专用的代码钥匙孔。编码时先按加工程序的规定给每一把刀具系上表示该刀具号码的代码钥匙，在刀具任意放入刀座的同时，将对应的代码钥匙插入该刀座旁的代码钥匙孔内，通过钥匙把刀具的代码记到该刀座上，从而给刀座编上代码。

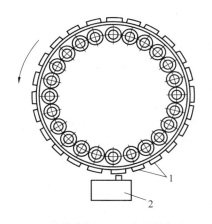

1—刀座编码块；2—刀座识别装置。

图6-61　圆盘形刀库的刀座编码装置

图6-62（a）所示的代码钥匙两边最多可带有22个方齿，前20个齿组成了一个五位的二-十进制代码，4个二个进制代码代表一位十进制数，以便于操作者识别。这种代码钥匙就可以给出从1～99 999之间的任何一个号码，并将对应的号码打印在钥匙的正面。采用这种方法可以给大量的刀具编号。每把钥匙的最后两个方齿起定位作用，只要钥匙插入刀库，就发出信号表示刀座已编上了代码。

刀座编码原理如图6-62（b）所示。钥匙1沿水平方向的钥匙缝插入钥匙孔座，然后顺时针方向旋转90°，处于钥匙有齿部分的接触片2被撑起，表示代码"1"，处于无齿部分的接触片5保持原状，表示代码"0"。刀库上装有数码读取装置，它由两排成180°分布的电刷组成。当刀库转动选刀时，钥匙孔座的两排接触片依次地通过电刷，依次读出刀座的代码，直到寻找到所需要的刀具。

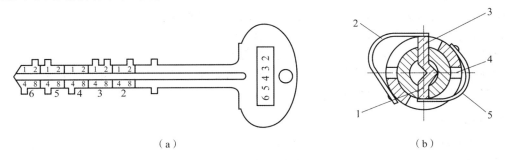

（a）　　　　　　　　　　　　　　　　　　　　（b）

1—钥匙；2、5—接触片；3—钥匙齿；4—钥匙孔座。

图6-62　钥匙编码

（a）代码钥匙；（b）刀座编码原理

这种编码方式称为临时编码的原因是在更换加工对象，取出刀库中的刀具之后，刀座原来的编码随着编码钥匙的取出而消失。这种方式具有更大的灵活性，各个工厂可以对大量刀具刀库中的每一种用统一的固定编码，对于程序编制和刀具管理都十分有利。而且在刀具放入刀库时，不容易发生人为差错。但钥匙编码方式仍然必须把用过的刀具放回原来的刀座中，这是它的主要缺点。

2）刀具的选择方式

常用的刀具选择方式有顺序选刀和任意选刀两种。

（1）顺序选刀。顺序选刀是将刀具按加工工序的顺序，依次放入刀库的每一个刀座内。每次换刀时，刀库按顺序转动一个刀座的位置，并取出所需要的刀具。已经使用过的刀具可以放回到原来的刀座内，也可以按顺序放入下一个刀座内。采用这种方式的刀库，不需要刀具识别装置，驱动控制也较简单，可以直接由刀库的分度机构来实现。因此，顺序选刀具有结构简单，工作可靠等优点。但刀库中的刀具在不同的工序中不能重复使用，因而必须相应地增加刀具的数量和刀库的容量，这样就降低了刀具和刀库的利用率。此外，人工装刀必须十分谨慎，一旦刀具在刀库中的顺序发生差错，将会造成严重事故。这种方式适合加工批量较大、工件品种数量较少的中、小型加工中心。

（2）任意选刀。随着计算机技术的发展，目前绝大多数数控系统都具有任意选刀功能。任选刀具的换刀方式可以由刀套编码、刀具编码和记忆等方式来实现。

刀具编码或刀套编码都需要在刀具或刀套上安装识别编码条，一般是根据二进制数编码原理进行编码。刀具编码选刀方式采用了一种特殊的刀柄结构，并对每把刀具编码。由于每把刀具都具有自己的代码，因而刀具可以放在刀库中的任何一个刀座内，这样不仅刀库中的刀具可以在不同的工序中多次重复使用，而且换下的刀具也不用放回原来的刀座，这对装刀和选刀都十分有利，刀库的容量也可以相应地减少，而且还可以避免由于刀具顺序的差错所造成的事故。但是，每把刀具上都带有专用的编码系统，使刀具的长度加长，制造困难，刀具刚度降低，同时使得刀库和机械手的结构也变得比较复杂。对于刀套编码的方式，一把刀具只对应一个刀套，从一个刀套中取出的刀具必须放回同一刀套中，取送刀具十分麻烦，换刀时间长。因此，无论是刀具编码还是刀套编码都给换刀系统带来麻烦。

目前，在加工中心上绝大多数都使用记忆式的任选方式。这种方式能使刀库上的刀具与主轴上的刀具直接交换，即随机任意选刀换刀。主轴上换上的新刀号及还回刀库中的刀具号，均在计算机内部相应的存储单元记忆，不论刀具放在哪个地址，都始终能跟踪记忆。刀库上装有位置检测装置，可以检测出每个刀套的位置。这样刀具就可以任意取出并送回。这种刀具选择方式需在计算机内部设置一个模拟刀库的数据表，其长度和表内设置的数据与刀库的刀座位置数和刀具号相对应。这种方法主要用软件完成选刀，从而消除了由于识别装置的稳定性、可靠性所带来的选刀失误。

4. 典型刀库举例

图 6-63 为某加工中心斗笠式旋转刀库外观。斗笠式旋转刀库因其外形像个大斗笠而得名，性价比较高，现在广泛地配置在经济型的立式加工中心上。

斗笠式旋转刀库由刀库鼓轮、分度盘、定位法兰和圆柱滚子等零部件组成，具有结构简单、成本低、易于控制和维护方便等特点。斗笠式旋转刀库一般刀库容量为 16～24 把刀具，其换刀过程为：换刀时刀库向立式加工中心的主轴平行移动，先取下主轴上原有的刀具，当主轴上的刀具进入刀库的卡槽时，主轴向上移动脱离刀具，然后主轴安装新刀具，这时刀库转动，当目标刀具对正主轴正下方时，主轴下移使刀具进入主轴锥孔内，刀具夹紧后，刀库退回到原来的位置实现换刀。

图 6-63　斗笠式旋转刀库外观

斗笠式旋转刀库的基本结构如图 6-64 所示，其工作原理如下。

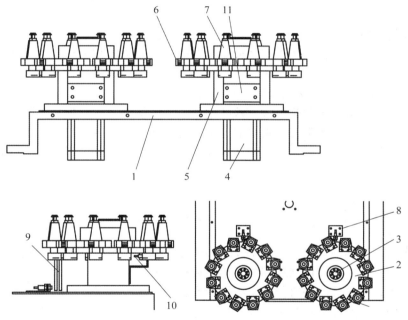

1—刀库滑板；2—刀库圆盘；3—刀库主轴；4—伺服电动机；5—刀库底座；6—刀架；7—刀具；
8—原点开关支架；9—原点棒；10—感应开关；11—感应开关支架。

图 6-64　斗笠式旋转刀库的基本结构

刀库滑板 1 上设有刀库底座 5，刀库主轴 3 和刀库圆盘 2 共轴，刀库主轴 3 的上端通过胀紧套和刀库圆盘 2 的中部连接，以保证刀库主轴 3 和刀库圆盘 2 的同轴度。伺服电动机 4 的输出轴从刀库滑板 1 的底部向上穿出，输出轴和刀库主轴 3 的底端共轴连接，刀库主轴 3 的轴体装在刀库底座 5 内部，刀库圆盘 2 的外周均匀设有多个用于放置刀具 7 的刀架 6，刀架 6 上靠近刀库圆盘 2 中心轴线的内侧边和刀库圆盘 2 的切线呈锐角设置。其中，刀架 6 优选方形刀架，方形刀架 7 的一侧设有两个沉头孔，可通过螺栓固定在刀库圆盘 2 上，两个沉头孔的连线与刀库圆盘 2 的切线呈锐角设置，且与其靠近刀库圆盘 2 中心轴线的内侧边相互平行。其次，刀架6优选沿刀库圆盘2的圆周方向均匀分布。在应用时，当机床的主轴电动机需要放刀时，刀库圆盘2从原点开始旋转，直至对应的刀架6旋转至机床的主轴的正下方后，机床的主轴就会向下移动，通过主轴内部的自动换刀装置，将刀柄放置空位刀架6中后，然后主轴会向上移动至Z轴原点，刀库也会旋转至刀库原点，主轴放刀结束。当主轴电动机需要抓刀时，刀库圆盘2从原点开始旋转，直至对应的刀架6旋转至主轴的正下方后，主轴就会向下移动，通过主轴内部的自动换刀装置，将刀架6上面的刀柄抓住后，主轴就会向上移动至Z轴原点，刀库也会旋转至刀库原点，主轴抓刀结束。由于刀库圆盘2和伺服电动机4的输出轴直接共轴相连，可保证刀库圆盘2和伺服电动机4输出轴的同轴度，因此可提高传动效率和刀库圆盘2的定位精度。此外，通过将刀架6倾斜安装在刀库圆盘2上的方式，可有效提高其装刀量，进而达到提高生产效率和降低生产成本的目的。伺服电动机4的输出轴通过联轴器和刀库主轴3的底端连接。其中，输出轴可伸入刀库底座5内，联轴器也设置在刀库底座5内，以提高其集成度。

具体地，刀库滑板1上设有通过两个伺服电动机4分别驱动的刀库圆盘2。通过两个刀库圆盘2可实现两主轴同时换刀，其中每个刀库圆盘2可装多把刀具7。因此，该旋转刀库适用于双主轴电动机数控加工中心。此外，由于刀库圆盘2上刀架7斜安装的方式，可缩小两个刀库圆盘2的中心距，进而减小旋转刀库所占用的空间。

其中，刀库滑板1上设有用于安装原点开关的原点开关支架8，刀库圆盘2上设有用于检测刀库原点的原点棒9。刀库底座5设有用于安装感应开关10的感应开关支架11。其中，感应开关10用于检测原点棒9或刀具7的刀柄。

刀库圆盘和伺服电动机的输出轴直接共轴相连，可保证刀库圆盘和伺服电动机输出轴的同轴度，从而提高传动效率和刀库圆盘的定位精度。此外，通过将刀架倾斜安装在刀库圆盘上的方式，可有效提高其装刀量，进而达到提高生产效率和降低生产成本的目的。

本章小结

本章首先用大量的图文展示了各种数控机床的布局与结构，介绍了数控机床的主要组成，揭示了数控机床在机械传动和结构上与普通机床的不同；接着用大量的篇幅分别阐述了数控机床主传动系统设计和进给传动系统设计方面的问题，这是本章的重点内容；然后介绍了数控机床几种类型的导轨及应用场合；最后介绍了数控机床自动换刀装置的主要类型以及刀库的选刀问题。本章难点是进给传动系统设计和自动换刀问题。

本章要求学生在掌握数控机床机械结构组成的基础上，重点学习数控机床进给传动系统和主传动系统的设计；结合生产实习，熟悉各种数控装备的结构组成及各组成部分的功用，至少针对一种数控机床，看清楚工件从装到卸的全部加工过程，认真分析机床完成的各个运动以及这些运动之间的联系。

思考与练习 ▶▶ ▶

6-1　数控机床的机械结构主要由哪几部分组成？

6-2　与普通机床相比，数控机床在机械传动和结构上有哪些特点？

6-3　对数控机床机械结构都有哪些要求？

6-4　数控机床对主传动系统有哪些要求？

6-5　数控机床主轴的速度调节方法有哪几种？各适用于哪种场合？

6-6　主传动的无级变速方式有哪几种？各适合于哪种场合？

6-7　主传动的有级变速方式有哪几种？各适合于哪种场合？

6-8　主轴组件的功用有哪些？

6-9　数控机床主轴常见的配置形式有哪些？各有何特点？

6-10　数控机床对进给传动系统有哪些要求？

6-11　齿轮传动间隙的消除有哪些措施？各有何优点？

6-12　试述滚珠丝杠轴向间隙调整及预紧的基本原理。常用哪几种结构形式？

6-13　选择滚珠丝杠时应考虑哪些因素？

6-14　机床导轨的功用是什么？机床导轨有哪几种类型？对数控机床导轨有哪些要求？

6-15　直线滑动导轨有哪几种基本结构形式？各用于什么场合？

6-16　直线运动导轨有哪几种组合形式？各有何优点？试举例说明。

6-17　圆周运动导轨主要用于什么场合？

6-18　什么叫塑料滑动导轨？它有什么特点？

6-19　什么叫滚动导轨？它有什么优点？有哪几种类型？

6-20　分度工作台和数控回转工作台在结构上有何区别？试述其工作原理及功用。

6-21　数控机床自动换刀装置有哪几种主要类型？各自的适用范围如何？

6-22　加工中心与一般的数控机床有何不同？加工中心是如何实现自动换刀的？

6-23　刀库有哪几种类型？刀库容量如何选择？

6-24　刀库的选刀方式有哪几种？各有何特点？

6-25　刀具的选择方式有哪几种？各有何特点？

参 考 文 献

[1] 周济，李培根. 智能制造导论 ［M］. 北京：高等教育出版社，2021.

[2] 李培根，高亮. 智能制造概论 ［M］. 北京：清华大学出版社，2021.

[3] 朱晓春. 数控技术 ［M］. 3 版. 北京：机械工业出版社，2019.

[4] 王立平. 智能制造装备及系统 ［M］. 北京：清华大学出版社，2020.

[5] 何雪明，吴晓光，刘有余. 数控技术 ［M］. 4 版. 武汉：华中科技大学出版社，2021.

[6] 国务院. 中国制造 2025. 国发 〔2015〕28 号，2015，5.

[7] 张曙. 五轴加工机床：现状和趋势 ［J］. 金属加工·冷加工，2015，（15）：1-5.

[8] 董玉红. 数控技术 ［M］. 2 版. 北京：高等教育出版社，2012.

[9] 韩建海. 数控技术及装备 ［M］. 3 版. 武汉：华中科技大学出版社，2016.

[10] 许德章，刘有余. 机床数控技术 ［M］. 北京：机械工业出版社，2020.

[11] 刘伟. 数控技术 ［M］. 北京：机械工业出版社，2019.

[12] 赵燕伟. 现代数控技术与装备 ［M］. 北京：科学出版社，2014.

[13] 张曙. 工业 4.0 和智能制造 ［J］. 机械设计与制造工程，2014，43（8）：1-5.

[14] 任小中. 先进制造技术 ［M］. 武汉：华中科技大学出版社，2021.

[15] 程俊兰，卢良旺. 数控加工工艺与编程 ［M］. 3 版. 北京：电子工业出版社，2018.

[16] 李锋. 数控加工工艺与编程 ［M］. 北京：化学工业出版社，2019.

[17] 文怀兴，夏田. 数控机床和系统设计 ［M］. 北京：化学工业出版社，2011.

[18] 张亚力. 数控铣床/加工中心编程与零件加工 ［M］. 北京：化学工业出版社，2011.